Erfolgreich als Handelsagent mit Fokus Österreich

Andreas Paffhausen
Christian Rebernig

Erfolgreich als Handelsagent mit Fokus Österreich

Leitfaden für nachhaltige Beziehungen zu Geschäftspartnern und mehr Gewinn

Andreas Paffhausen
Linz, Deutschland

Christian Rebernig
Wien, Österreich

ISBN 978-3-658-23507-9   ISBN 978-3-658-23508-6 (eBook)
DOI 10.1007/978-3-658-23508-6

Die Deutsche Nationalbibliothek verzeichnet diese Publikation in der Deutschen Nationalbibliogra-
fie; detaillierte bibliografische Daten sind im Internet über http://dnb.d-nb.de abrufbar.

Springer Gabler
© Springer Fachmedien Wiesbaden 2019

Gedruckt auf säurefreiem und chlorfrei gebleichtem Papier

Lektorat: Manuela Eckstein und Anette Villnow

Springer Gabler ist Teil von Springer Nature
Die eingetragene Gesellschaft ist Springer Fachmedien Wiesbaden GmbH
Die Anschrift der Gesellschaft ist: Abraham-Lincoln-Str. 46, 65189 Wiesbaden, Germany

Der Handelsagent[1] im Wandel der Zeit

Damals und heute ...

Was vor über hundert Jahren begann, hat auch heute noch Gültigkeit: Handelsagenten sind und waren ein ganz wesentliches Bindeglied zwischen Industrie und Handel. Ihre Marktkenntnis und das Vertrauen sind nach wie vor unschätzbar wertvoll bei der Platzierung von Produkten am Markt (vgl. Abb. 0.1). Bis zum Ende des 19. Jahrhunderts erfolgte in Europa der Vertrieb von Waren vorwiegend auf den wöchentlich abgehaltenen Zentralmärkten, wo Produzenten ihre Waren ausstellten und Kunden die Produkte begutachten und erwerben konnten. Von dieser Wirtschaftsform zeugen noch heute die großen Marktplätze der ehemals mittelalterlichen Städte in Europa.

Auftraggeber, Unternehmer

gewerblicher Abnehmer

Handelsagent

Abb. 0.1 Der Handelsagent nimmt eine wesentliche Rolle zwischen gewerblichen Unternehmen bei der Platzierung der Produkte am Markt ein.

Wegen der wachsenden Konkurrenz hatten die Märkte gegen Ende des 19. Jahrhunderts ihre Bedeutung als zentrale Umschlagplätze verloren, und nicht die Kunden suchten mehr die Produzenten auf, sondern das Angebot musste an die Abnehmer und die Händler herangetragen werden. Zu dieser Zeit entstand das Berufsbild

---

[1] Um die Lesbarkeit des Inhalts zu erleichtern, wird die Bezeichnung „Handelsagent" durchgängig verwendet. Es wird jedoch ausdrücklich darauf Wert gelegt, dass damit sowohl weibliche als auch männliche Personen gemeint sind. Ebenso wird im Allgemeinen die Handelsagentur darunter gefasst.

des Handelsagenten. Dieser wurde in der Folge als selbstständige Kaufmannskategorie anerkannt. Um die Jahrhundertwende hatte der Berufsstand bereits eine große Bedeutung erlangt.

Gegenwart … Garant einer florierenden Wirtschaft

Handelsagenten und Handelsagenturen beschäftigen sich mit der Warenvermittlung zwischen gewerblichen Unternehmen (Business-to-Business bzw. B2B). Sie sind von mehreren Unternehmen (vornehmlich Klein- und mittelständische Unternehmen – KMU) ständig mit der Vermittlung von Warengeschäften betraut und üben diese Tätigkeit gewerbsmäßig aus. Auf der Kundenseite stehen gewerbliche Abnehmer. Ausschließlich bei Zustandekommen des Geschäftes erhalten Handelsagenten eine Provision. Rund 65 % des Berufsstandes sind heute als Ein-Personen-Unternehmen (EPU) in Österreich organisiert. Die nahezu 8.800 tätigen Handelsagenten und Handelsagenturen vermitteln jährlich Aufträge im Wert von rund 23,2 Mrd. Euro und leisten damit einen wesentlichen Beitrag, um den Wirtschaftsmotor am Laufen zu halten.

Mit Stichtag 31. Dezember 2017 waren exakt 8.745 Handelsagenten und Handelsagenturen in Österreich am Markt tätig (vgl. Abb. 0.2). Die Anzahl ist in den letzten zehn Jahren leicht rückläufig. Die wirtschaftliche Entwicklung und im Besonderen die Krisen der letzten Jahre haben sich nur geringfügig auf die Anzahl der Marktteilnehmer ausgewirkt. Dies bedeutet zum einen, dass Handelsagenten eine wichtige Rolle bei der Produktplatzierung zukommt, zum anderen, dass sie als gefragte und zuverlässige Partner wahrgenommen werden.

In der Internationalen Dachorganisation der Handelsagentenverbände IUCAB wurde kürzlich eine Umfrage unter den Mitgliedsverbänden durchgeführt. In den

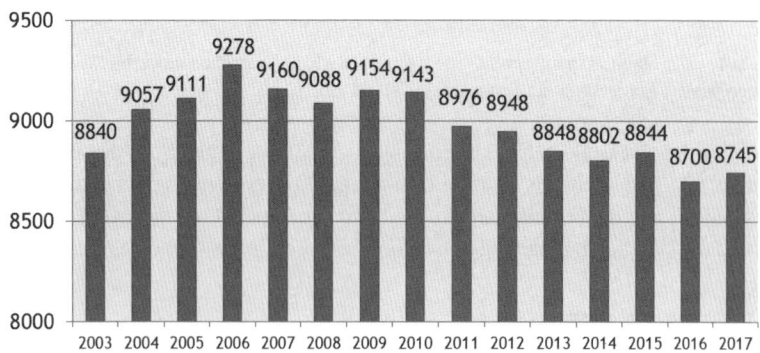

Abb. 0.2 Entwicklung der Anzahl an Handelsagenten in Österreich seit 2003. Datenquelle: Wirtschaftskammer Österreich (2018)

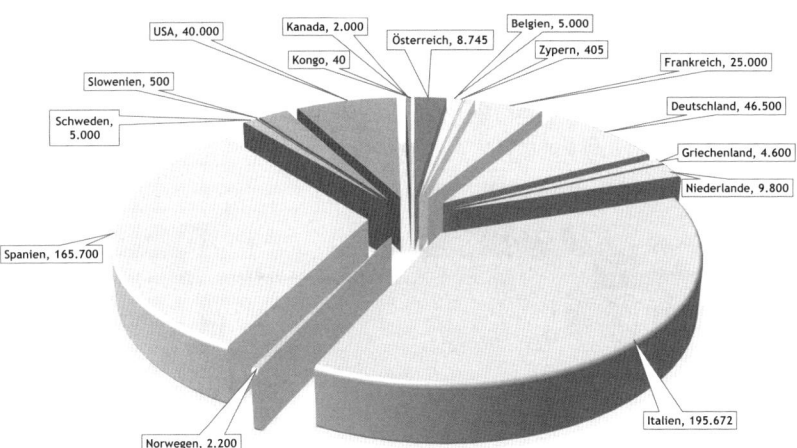

Abb. 0.3 Anzahl der Handelsagenten in ausgewählten Ländern.
Datenquelle: Internationaler Dachverband der Handelsagenten IUCAB, Umfrage bei Mitgliedsverbänden (2018)

wesentlichen Ländern, die das Berufsbild des Handelsagenten kennen, sind rund 600.000 Handelsagenten und Handelsagenturen tätig (vgl. Abb. 0.3). Die Anzahl in den mediterranen Ländern ist überproportional größer als in anderen Ökonomien, da dort einerseits die Mentalität der am Arbeitsmarkt tätigen Personen sehr stark in Richtung Selbstständigkeit ausgeprägt ist, andererseits die Auftraggeber seit jeher gewohnt sind, ihren Vertrieb outzusourcen.

Handelsagenten sind in verschiedenen Branchen tätig. Erzeuger sind mit rund 70 Prozent die größte Gruppe unter den Auftraggebern. Mehr als 10 Prozent der Handelsagenten stehen direkt mit Importeuren oder Großhändlern in einem Vertragsverhältnis. Vor allem Unternehmen aus der Bekleidungs- und der Textilindustrie vertrauen auf die Erfahrung und das Know-how der Handelsagenten, gefolgt von Möbelproduzenten und Erzeugern von Waren der Raumausstattung sowie Firmen aus dem Bereich des Holz- und Baubedarfs. Zwei Drittel der vertretenen Unternehmen kommen aus dem Ausland. Das unterstreicht, dass Handelsagenten über eine Vielzahl an nationalen und internationalen Branchen-Kontakten verfügen und für die Erschließung neuer Märkte eine wertvolle Hilfe sind. Im Durchschnitt arbeiten Handelsagenten mit 200 Kunden zusammen. Rund die Hälfte der Abnehmer kommt aus dem Bereich des Handels, ungefähr ein Fünftel der Kundschaft kommt aus der Industrie und aus dem Gewerbe (vgl. Abb. 0.4).

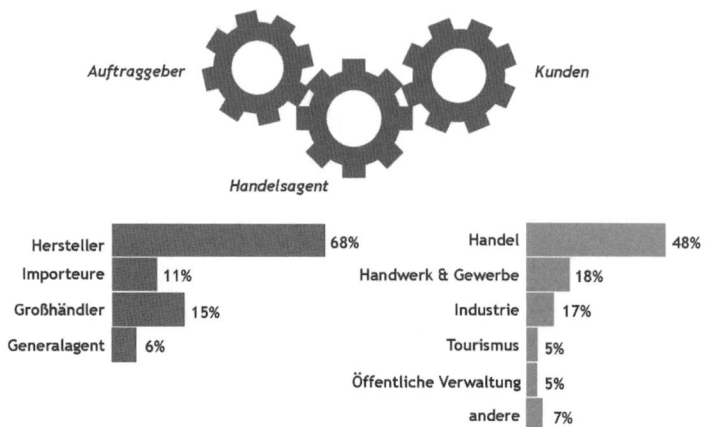

Abb. 0.4 Geschäftspartner des Handelsagenten.
Datenquelle: Market Institut (2014)

In Zukunft … Serviceorientierung gefragt

Im Zuge der Digitalisierung befinden sich nahezu alle Branchen und ganze Berufsstände im Umbruch. Auch der Beruf des Handelsagenten ist enormen Veränderungen unterworfen.

Der klassische Vertrieb vor Ort kann erfolgreich durch Online-Verkäufe unterstützt und optimiert werden, ebenso kann Multichannel als ein Erfolgsfaktor für den Vertrieb gesehen werden, in dem unterschiedliche Absatzkanäle parallel genutzt werden.

Der persönliche Kontakt und das Gespräch werden weiterhin eine fundamentale Bedeutung haben. Bei hohem Wettbewerbsdruck sind oftmals gerade der persönliche Kundenkontakt und die Nähe zum Kunden der entscheidende Wettbewerbsvorteil. Die digitale Technik erleichtert das Verkaufen, ersetzt aber nicht den Face-to-Face-Vertrieb. Allerdings müssen auch Handelsagenten im Internet Präsenz zeigen, um sicherzustellen, dass sie von Herstellern und Auftraggebern für die Übernahme des Vertriebs der Produkte gefunden werden.

Künftig werden Handelsagenten den von ihnen vertretenen Unternehmen und ihren Kunden einen Mehrwert über die klassischen Vertriebsleistungen hinaus anbieten müssen. Ein wirksames Instrument ist das Angebot zusätzlicher Dienstleistungen. Diese Serviceorientierung gewinnt für alle Branchen in Zukunft immer mehr an Bedeutung. Insbesondere in Märkten mit teilweise sehr komplexen Produkten und hohem Wettbewerbsdruck wird beispielsweise die Informations- und Beratungsfunktion des Handelsagenten in Zukunft eine noch größere Rolle spielen. Der Handelsagent entwickelt sich immer mehr vom Verkäufer hin zum Dienstleis-

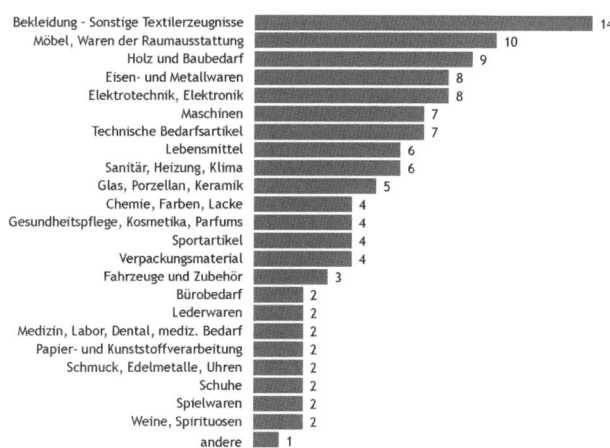

Abb. 0.5 In welchen Branchen sind Handelsagenten tätig? Angaben in %; Mehrfachnennungen. Datenquelle: Market Institut (2014)

tungsmanager. Welche Serviceleistungen dabei im Vordergrund stehen, ist von Branche zu Branche unterschiedlich, je nachdem, was der Markt verlangt.

Grundsätzlich findet man Handelsagenten in allen Branchen (vgl. Abb. 0.5). Sie sind insbesondere dort gefragt, wo es gilt, hohe Marktwiderstände zu überwinden, oder wenn es sich um sehr beratungsintensive Produkte handelt. Das gilt auch, wenn ein Unternehmen mit speziellen Produkten eine Marktnische besetzen will. Für viele ausländische Unternehmen ist der Handelsagent das Tor zum österreichischen Markt und darüber hinaus Wegbereiter in die benachbarten Länder. Insbesondere kleine und mittlere ausländische Unternehmen setzen auf die Kompetenz und die Branchenerfahrung der Handelsagenten. Gegenwärtig vertreten etwa zwei Drittel der österreichischen Handelsagenten und Handelsagenturen zumindest ein ausländisches Unternehmen. Die Tendenz ist steigend.

Um überzeugend verkaufen zu können, müssen Handelsagenten über Produktkenntnis und Branchenerfahrung verfügen. Eigenschaften wie Aufgeschlossenheit, Kontaktfreude, Geschick im Umgang mit Menschen und Überzeugungskraft spielen neben Belastbarkeit, Engagement und nicht zuletzt kaufmännischem Wissen eine wichtige Rolle. Schon heute ist es so, dass die reine Produktkenntnis für ein erfolgreiches Kundengespräch nicht mehr ausreicht. Vielmehr kommt es darauf an, vom Kunden als Problemlöser wahrgenommen zu werden.

Geschäfte werden auch künftig zwischen Menschen gemacht. Und das ist zweifelsohne eine der Stärken des Handelsagenten! Ein Berufsstand macht weiterhin Karriere.

Quellen

Wirtschaftskammer Österreich (2018) Mitgliederstatistik 2017. http://wko.at/Statistik/Extranet/Mitglied/Mitgliederstatistik17.pdf. Zugegriffen: 11. Oktober 2018

Market Institut (2014) Strukturerhebung der Handelsagenten. http://wko.madison.at/fileadmin/pdf/11_2014_Struktur_Handelsagenten.pdf. Zugegriffen: 11. Oktober 2018

Internationaler Dachverband der Handelsagenten IUCAB (2018) Umfrage bei Mitgliedsverbänden. https://www.iucab.com/wp-content/uploads/2018/04/IUCAB-Member-Key-Figures.pdf. Zugegriffen: 11. Oktober 2018

Schwarz E (2017) Einst und heute. In: CONTACT 4/2017. https://issuu.com/eco.nova/docs/contact_0417-web. Zugegriffen: 11. Oktober 2018

Warum Sie dieses Buch lesen sollten

Die Wettbewerbssituation auf dem Weg, den ein Produkt vom Hersteller zum Endabnehmer nimmt, hat sich in den vergangenen Jahren kontinuierlich verschärft. Kosten- und Leistungsdruck wurden durch steigende Kundenansprüche, den stetigen Kampf um nachhaltige Kundenbeziehungen und die Transparenz globaler Märkte erhöht. Hinzu kommt, dass sich Markt- und Branchengrenzen immer wieder ändern. In diesem von fortlaufenden Veränderungen geprägten Umfeld werden neue Leistungsanforderungen an den Vertrieb gestellt. Es stellt sich somit auch für die Handelsagenten die Frage: „Wie müssen wir uns zukünftig ausrichten, um zusätzliche Marktfelder erschließen und unsere Position festigen zu können?"

Rentabilität hat Vorrang

Die Attraktivität eines Vertriebskanals ist kein Selbstläufer, denn dieser muss ständig in Bezug auf die sich wandelnden Marktanforderungen überprüft und dementsprechend angepasst werden. Eine Reihe von Marktfaktoren hat die Planung von Vertriebswegen in den vergangenen Jahren beeinflusst – so wird es auch in Zukunft der Fall sein. Von Veränderungen unberührt geblieben ist beispielsweise das Bedürfnis nach einer ständig verbesserten Leistungsqualität. Die Qualität der Produkte und der Dienstleistungen, die ein Handelsagent anbietet, wird daher die Grundlage seiner Vertriebsstrategie bilden.

Entscheidend wird auch sein, dass der Handelsagent seine eigene Rentabilität und die seiner vertretenen Unternehmen stetig im Blick behält. Die Kunden wünschen sich ebenfalls Lieferanten und deren Repräsentanten, die sie bei der Steigerung ihrer Wirtschaftlichkeit unterstützen, beispielsweise über beratendes Verkaufen mit dem Angebot von Alternativen, damit der Kunde zu der besten Lösung seines Problems gelangt.

Die Handelsagenten werden sich zukünftig noch stärker als bisher zu Dienstleistern im Vertrieb entwickeln müssen. Sie sind für die Unternehmen die Marktpartner, mit denen die Vertriebsaufgaben erfolgreich und zu den bestmöglichen Kosten ausgeführt werden können. Insbesondere für die kleinen und mittleren Hersteller wird es zunehmend problematisch, eigene Vertriebsmitarbeiter im Außendienst zu vertretbaren Vertriebskosten zu beschäftigen. Für viele Unternehmen wird das Outsourcing des Vertriebs eine Lösungsmöglichkeit sein. Unternehmen, die bisher auf Vertriebsmitarbeiter im Außendienst gesetzt haben, werden verstärkt ihre Vertriebsaufgaben an Handelsagenten übertragen, vorausgesetzt, dass es sich rechnet, die Qualität stimmt und die Führungsfragen einvernehmlich geklärt sind.

Wettbewerbsfaktor persönlicher Verkauf

Chancen für Handelsagenten liegen auch bei den Herstellerbetrieben, die sich nicht mit ihren Produkten und durch Preiskämpfe von den Wettbewerbern abheben können. Für sie bildet der Vertrieb mit seinen Leistungen möglicherweise den einzigen und somit wichtigsten Wettbewerbsfaktor. Da die Unternehmen mehr und mehr gefordert sind, zusätzlich zu ihren Produkten ein Beratungs- und Servicepaket anzubieten, können sich die Handelsagenten an dieser Stelle entsprechend einbringen, denn sie haben ständigen Kundenkontakt, kennen die Wünsche der Abnehmer vor Ort und wissen, „wo der Schuh drückt".

Die steigende Zahl von Unternehmensneugründungen birgt ebenfalls eine nicht unerhebliche Chance für die Handelsagenten. In der Regel finden sowohl die Markteinführung als auch der Vertrieb der Produkte neuer Anbieter unter hohen Marktwiderständen statt und brauchen Marktpartner, die bereits Kundenbeziehungen aufgebaut haben. Der Vertrieb mit eigenen Mitarbeitern ist zudem für eine Reihe dieser Unternehmen nicht zu realisieren, da Ressourcen fehlen oder das Fixkostenrisiko zu hoch ist.

Ähnliche Möglichkeiten bietet eine Intensivierung des Importgeschäfts durch die Hinzunahme ausländischer Vertretungen. Für kleine und mittlere Hersteller ist die Zusammenarbeit mit Handelsagenten oft die einzige mögliche Strategie zur Markterschließung im Ausland. Die internationale Ausrichtung von Unternehmen bedeutet für die Handelsagenten eine wichtige Zukunftsperspektive.

Networking schafft neue Märkte

Neue Arbeits- und Organisationsformen lassen vermehrt Netzwerke aus kleinen Unternehmen entstehen, die je nach Kundenauftrag miteinander kooperieren und flexibel zusammenarbeiten, was sich vorteilhaft auf die Marktdurchdringung auswirkt. Eine solche Strategie bedeutet für Vertriebsmitarbeiter im Außendienst eine Abkehr vom „schlichten Verkaufen". Handelsagenten können dieses Networking mit Wertschöpfungspartnern im Rahmen der Dienstleistungen rund um das Verkaufen ebenso nutzen. Hier sind etwa Vernetzungen mit Transportunternehmen, Lagerbetrieben, Werbeagenturen oder Marktforschungsinstituten denkbar.

Service ist Trumpf

Wird von den Kunden entsprechender Service oder Dienstleistungen gefordert, das Unternehmen bietet diese Leistung aber nicht an, liegt hier nicht nur für den Herstellerbetrieb, sondern auch für den Handelsagenten Potenzial für zukünftiges Wachstum. Häufig werden die Service-Möglichkeiten von Unternehmen nicht ausgeschöpft, sondern nur eingeschränkte Dienstleistungen auf Kundenanfrage angeboten und nicht aktiv verfolgt. Natürlich muss sich die Übernahme von Dienstleistungen auch lohnen. Ein Einsatz von Zeit und Kosten muss sich selbstverständlich auch rechnen und letztendlich gewinnbringend sein. Man wird entsprechend den Vertragspartnern klarmachen müssen, dass diese Serviceleistungen – in welcher Form auch immer – vergütet werden müssen.

Überleben im E-Commerce

Das Internet eröffnet neue Vertriebswege und elektronische Marktplätze, die auch für kleine Unternehmen relativ leicht zugänglich sind und ihnen überregionale Präsenz ermöglichen. Es stellt sich somit die Frage, ob der Verkauf durch Vertriebsmitarbeiter im Außendienst in der heutigen Zeit des E-Commerce noch sinnvoll oder eher ein Anachronismus ist. Hier überwiegt die Einschätzung von Experten, dass der persönliche Verkauf weiterhin eine wichtige Rolle spielen wird. In den B-to-B-Märkten mit ihren komplexen Produkten setzen die Kunden auf einen strategischen Partner, der über viele Jahre eine enge Beziehung aufgebaut hat, nicht nur Produkte anbietet, sondern berät und der die Entscheidungswege und internen Abläufe beim Kunden kennt.

Nur wenn umfassende Informationen über die Kunden zur Verfügung stehen, wird die Individualisierung von Leistungen möglich. Diese Informationen müssen über die Kundenschnittstelle – somit über den Vertrieb – in die Unternehmen fließen. Da Unternehmen verstärkt dazu übergehen, durch Verzicht auf Handelsstufen den Vertrieb eigenverantwortlich zu organisieren und damit die Kontrolle über eben diese Kundenschnittstelle zu erhöhen, ist es für Handelsagenten besonders wichtig, sich als Vertriebspartner für die kundenorientierte Leistungserbringung zu profilieren.

Erfolg haben im Vertrieb der Zukunft

Der Vertrieb steht seit Jahren verstärkt im Zentrum der Aufmerksamkeit, abzulesen beispielsweise an der steigenden Zahl an Publikationen, Seminaren und Kongressen. Hinsichtlich Maßnahmen zur Optimierung der Vertriebsleistungen sind sich Experten in folgenden Punkten einig:

- „Der Vertrieb wird immer wichtiger." Gute Produkte allein sind kein Garant mehr für Erfolg.
- „Der Vertrieb gestaltet sich immer schwieriger." Weitgehend gesättigte, wettbewerbsintensive Märkte engen die Gestaltungsspielräume ein.
- „Der Vertrieb muss optimiert werden." Schlanke Strukturen, marktorientierte Strategien, motivierte Mitarbeiter und rentable Leistungen sind vonnöten.

Die Handelsagenten sind gefordert, die Entwicklungen aufmerksam zu verfolgen und sich an geeigneter Stelle zu positionieren und zu profilieren. Dieses Buch möchte hierfür Impulse und Hilfestellungen geben. Angesprochen werden sowohl Handelsagenten, die schon seit vielen Jahren tätig sind, als auch Newcomer, die wissen wollen, wie man als Handelsagent erfolgreich arbeitet. Darüber hinaus eignet sich dieses Buch auch für Ausbildungsstätten, die in den Berufsstand des Handelsagenten Einblick geben. Antworten werden auf folgende Fragestellungen gegeben:

- Wie wähle ich die richtige Vertretung aus?
- Wie kalkuliere ich die Provision?
- Wie mache ich mein Geschäftsmodell mit zusätzlichen Serviceleistungen zukunftsfähig?
- Wie finde ich qualifizierte Mitarbeiter?
- Wie führe ich mein Unternehmen mithilfe von Kennzahlen?
- Wie pflege ich die Geschäftsbeziehung zur den vertretenen Unternehmen?
- Wie nutze ich das Marketing zu meinen Gunsten?
- Wie rüste ich mein Steuerwissen auf?
- Wie finde ich die richtigen Antworten und Ansprechpartner in meiner Branchenvertretung?

Inhaltsverzeichnis

Die Autoren

Dr. Andreas Paffhausen

ist Diplom-Kaufmann und hat an der Universität zu Köln Betriebswirtschaftslehre studiert. Er war viele Jahre Hauptgeschäftsführer der Centralvereinigung Deutscher Wirtschaftsverbände für Handelsvermittlung und Vertrieb (CDH) in Berlin sowie Dozent an verschiedenen deutschen Hochschulen und hat zu den unterschiedlichsten Themen aus dem Bereich der Handelsvertretungen Fachbücher veröffentlicht. Andreas Paffhausen ist beratend tätig mit der berlinz consulting UG.

Kontakt:
andreas.paffhausen@t-online.de
info@berlinz-consulting.de

Mag. Christian Rebernig

hat an den Universitäten in Graz und in Bologna Betriebswirtschaftslehre studiert. Seit 1998 ist er in der Wirtschaftskammer Österreich in Wien beschäftigt und kümmert sich seit 2008 um die Branchenanliegen der Handelsagenten. 2016 hat er die Geschäftsführung im Bundesgremium der Handelsagenten übernommen und zusätzlich wurde er zum Generalsekretär des Weltverbandes der Handelsagenten IUCAB bestellt.

Kontakt:
handelsagenten@wko.at

So wählt der Handelsagent die richtige Vertretung aus

▶ Das Vertretungsportfolio der Handelsagenten ändert sich in beacht-
lichem Maße. Statistiken zeigen, dass bei fast jedem zweiten Handelsagenten jährlich die Zusammenarbeit mit einem vertretenen Unternehmen beendet wird oder dass Neuzugänge stattfinden. Es ist also
leicht abzuleiten, welche Bedeutung es für einen Handelsagenten hat,
den richtigen Auftraggeber aus den Vertretungsangeboten auszuwählen. Jeder Wechsel im Vertretungsportfolio birgt neue Herausforderungen in der Beziehungspflege mit den vertretenen Unternehmen,
im Umgang mit neuen Produkten und Kunden. Daher ist es für jeden
Handelsagenten sehr wichtig, neu aufzunehmende Aufträge zu beurteilen oder den gesamten Auftragsbestand aufgrund einer fundierten
Informationsbasis zu überprüfen. Die Situation des Handelsagenten
selbst und die des vertretenen Unternehmen sind anhand verschiedener Kriterien zu analysieren. Die hier gezeigten Checklisten helfen
dem Handelsagenten, systematisch die Auftraggeber zu finden, die
ihm langfristig Erfolg bringen.

Für Handelsagenten sind die Vertretungen, was für ein Unternehmen die Produkte
sind oder für den Handel das Warensortiment. Mit deren Qualität stehen und fallen
die Kundenbeziehungen, und mit der richtigen Zusammensetzung des Vertretungsportfolios steht und fällt der Erfolg. Zu den wichtigsten Führungsaufgaben eines
Handelsagenten gehören

- die kritische Überprüfung bereits übernommener Vertretungen,
- die Überprüfung der Zusammensetzung des Vertretungsportfolios sowie
- die Suche und Beurteilung möglicher, neu anzunehmender Vertretungen.

Entscheidungen bezüglich der Auswahl und der Kombination von Vertretungen sind
mit großen Risiken behaftet und haben auf lange Sicht gravierende Auswirkungen
auf die Existenz eines Handelsagenten. Um Überlegungen zu einzelnen Vertretun-

© Springer Fachmedien Wiesbaden 2019
A. Paffhausen, Ch. Rebernig, *Erfolgreich als Handelsagent mit Fokus Österreich,*
DOI 10.1007/978-3-658-23508-6_1

Tab. 1.1 Gesamtbeurteilung einer neuen Vertretung

Beurteilungsbereiche	Positive Ergebnisse	Negative Ergebnisse	Auswirkungen/ Maßnahmen
Eigene Situation des Handelsagenten			
Vertretungsgebiet/Kundenstruktur			
Erwartete Leistungen			
Situation des neu zu vertretenden Unternehmens			
Vergütung der Leistungen des Handelsagenten			
Vertragliche Inhalte			
Gesamturteil			

gen und das Vertretungsportfolio auf eine solide Basis zu stellen und um Fehlentscheidungen zu vermeiden, ist es daher unbedingt vonnöten, eine Vielzahl von Informationen heranzuziehen und die Sachverhalte gegeneinander abzuwägen. Hierzu wird im Folgenden eine Entscheidungshilfe angeboten.

Anhand von Checklisten können die unterschiedlichen Aspekte systematisch erfasst werden:

• zur eigenen Beurteilung des Handelsagenten,
• zur Beurteilung des zu vertretenden Unternehmens und
• zur Gesamtbeurteilung.

Durch die vergleichende Betrachtung der wichtigsten positiven und negativen Ausprägungen können mögliche Konsequenzen erkannt und werden zu ergreifende Maßnahmen sichtbar (vgl. Tab. 1.1). Die Checklisten sind so gestaltet, dass sie für Handelsagenten aller Branchen anwendbar sind. Branchenspezifische und betriebsindividuelle Besonderheiten können durch Ergänzungen oder Streichungen im Kriterienkatalog berücksichtigt werden. Die aufgeführten Kriterien beziehen sich in erster Linie auf die Auswahl eines neuen Auftraggebers. Der Großteil ist aber auch hilfreich bei der Kontrolle bestehender Vertretungen sowie bei der Überprüfung des gesamten bestehenden Vertretungsportfolios.

Qualitätscheck für eine neue Vertretung:
1. Eigene Situation des Handelsagenten
2. Vertretungsgebiet/Kundenstruktur
3. Erwartete Leistungen
4. Situation des neu zu vertretenden Unternehmens
5. Leistungsvergütung des Handelsagenten
6. Vertragliche Inhalte
7. Gesamturteil

Checkliste 1: Situation der eigenen Handelsagentur

1. Bieten die Produkte der neu zu übernehmenden Vertretung eine sinnvolle Ergänzung zum bereits bestehenden Vertretungsportfolio?

2. Sind Kollisionen mit den bereits vorhandenen Vertretungen/Produkten denkbar?

3. Handelt es sich bei den Produkten der angebotenen Vertretung eher um ein „Randsortiment", oder ist langfristig eine Entwicklung zu einer Hauptvertretung möglich?

4. Reichen die eigenen Kapazitäten (Personal, Räumlichkeiten, technische Ausstattung) aus, um eine neue Vertretung noch zu übernehmen?

5. Ist es wirtschaftlich vertretbar, dass die vorhandenen Kapazitäten eventuell ausgeweitet werden müssen?

6. Ist es zweckmäßig, die angebotene Vertretung zu übernehmen und stattdessen eine bestehende zu kündigen? Liegen Produktergänzungen vor?

7. Reicht die eigene Kompetenz für die neue Vertretung aus?

Checkliste 2: Vertretungsgebiet/Kundenstruktur

1. Wie wurde dieser Auftraggeber bisher betreut? Warum erfolgte eine Trennung?

2. Deckt sich das angebotene Vertretungsgebiet mit dem eigenen Marktbearbeitungsbgebiet?

3. Wie hoch ist die Anzahl der bereits betreuten Kunden? Wie viele A-, B- und C-Kunden gibt es?

4. Wie hoch ist das Kundenpotenzial? Wie viele sind potenzielle A-Kunden?

5. Wie ist die Kundenstruktur beispielsweise hinsichtlich der Art, Größe und Betreuungsintensität zu beurteilen?

6. Welche Warenumsätze wurden in den letzten Jahren erzielt?

7. Welche bezirksspezifischen Besonderheiten (z. B. Konkurrenzverhältnisse, Traditionen) können sich auf den Verkauf der Produkte auswirken?

Checkliste 3: Erwartete Leistungen

1. Wird vom Handelsagenten ein eigenes Vertriebskonzept verlangt?

2. Müssen besondere Serviceleistungen erbracht werden, wie etwa Auslieferungslager, Ersatzteillager, Logistik (z. B. Belieferung), Technischer Kundendienst, Regalpflege, Messebeteiligung, Marktforschung?

3. Welche Vorstellungen hat das neu zu vertretende Unternehmen hinsichtlich Informationsbedarf, Art der Kommunikation, Frequenz der Kommunikation und Ähnlichem?

Checkliste 4: Situation des neu zu vertretenden Unternehmens

1. Wie positioniert sich das Unternehmen in der Branche im Vergleich zu Wettbewerbern?

2. Welche Entwicklung hat sich in den letzten Jahren vollzogen?

3. Welche Qualität haben die Produkte?

4. Wo liegen die Wettbewerbsvorteile und -nachteile?

5. Welche Unternehmenspolitik wird verfolgt (z. B. hinsichtlich Preis, Innovationsstrategie, Expansionsstrategie)?

6. Werden unterschiedliche Vertriebskanäle genutzt?

7. Unterstützt das Unternehmen bei der Verkaufstätigkeit?

8. Wer sind die maßgeblichen Gesprächspartner in der Vertriebsleitung?

Checkliste 5: Leistungsvergütung des Handelsagenten

1. Wie hoch ist der angebotene Provisionssatz?
2. Welche Abweichungen ergeben sich von den eigenen Vorstellungen oder vom „marktüblichen" Provisionssatz?
3. Werden zusätzliche Vergütungen für besondere Serviceleistungen angeboten?
4. Welche Abrechnungsmodalitäten wünscht das vertretene Unternehmen?
5. Sind Vorschusszahlungen möglich?

Checkliste 6: Vertragsrechtliche Inhalte

1. Welche Vertragsdauer wird angeboten?
2. Ist das Vertretungsgebiet genau bezeichnet und abgegrenzt?
3. Sind bestimmte Kunden von der Vertretung ausgenommen?
4. Sind Einstandszahlungen zu leisten?
5. Welches Recht wird vereinbart?

Fazit

Das Vertretungsportfolio des Handelsagenten ist stetigen Veränderungen unterworfen. So ergänzen Handelsagenten häufig ihr Vertretungsportfolio durch neue Produkte. Oder es werden Vertretungen aufgegeben, wenn beispielsweise Produkte nicht mehr konkurrenzfähig sind bzw. von den Kunden nicht mehr nachgefragt werden. Weiters werden Vertretungen durch die vertretenen Unternehmen gekündigt, oder Vertragsverhältnisse enden durch Konkurs der Unternehmen.

Wie Statistiken zeigen, sind jährlich eine Beendigung der Vertretung, ein Zugang oder eine Veränderung in beiden Richtungen üblich. Das zeigt, wie bedeutsam es für einen Handelsagenten ist, die richtige Vertretung aus den Angeboten auszuwählen. Diese Entscheidung ist mit Risiken behaftet, die sich oftmals auch auf die Existenz eines Handelsagenten auswirken können. Denn jeder Wechsel im Vertretungsportfolio birgt neue Herausforderungen in der Beziehungspflege mit dem vertretenen Unternehmen sowie im Umgang mit neuen Produkten und Kunden. Fehlentscheidungen führen unter anderem zu Einnahmeverlusten, häufig zu höheren Kosten und Verärgerung bei Kunden.

Daher ist es für jeden Handelsagenten sehr wichtig, seine Beurteilung neu zu übernehmender Vertretungen oder die Überprüfung des Vertretungsportfolios auf eine solide Basis zu stellen. Die Situation des Handelsagenten selbst und die des vertretenen Unternehmens sind anhand unterschiedlicher Kriterien zu analysieren. Dabei soll nach Möglichkeit die gesamte Bandbreite nützlicher Informationen berücksichtigt werden. Die hier gezeigten Checklisten helfen dem Handelsagenten, systematisch die Erfolg versprechenden Auftraggeber zu finden.

So bewirbt sich der Handelsagent um eine neue Vertretung

2

> Eine große Anzahl von Unternehmen sucht Handelsagenten für ihre Vertriebstätigkeiten, die Anzahl der Interessenten ist häufig noch größer. Die Art und Weise der Bewerbung entscheidet darüber, welcher Marktpartner letztendlich den Zuschlag erhält. Eine professionelle Bewerbung ist demnach eine wichtige Voraussetzung für eine erfolgreiche Zusammenarbeit. Jedem Handelsagent sollte daher bewusst sein, dass professionelles Bewerben wie professionelles Verkaufen funktioniert. Auch bei der Bewerbung geht es darum, die Kundenwünsche genau zu verstehen, um dann ein möglichst passendes und präzises Angebot zu unterbreiten. Entscheidend ist, wie der Bewerber sich verkaufen und das Unternehmen von sich überzeugen kann, nicht, wer objektiv gesehen wirklich die beste Leistung anbietet oder der beste Bewerber ist. In diesem Kapitel wird gezeigt, wie ein vom Inhalt und von der Form perfekt gestaltetes Bewerbungspaket aussehen sollte, um die erste und mitunter wichtigste Hürde zu einer neuen Vertretung zu nehmen.

Beinahe täglich sind Unternehmen auf der Suche nach Handelsagenten und bieten neue Vertretungen an. Aufseiten der Handelsagenten ist es so, dass laut Strukturerhebung in jeder zweiten Handelsagentur pro Jahr eine neue Vertretung hinzukommt. Dafür gibt es unterschiedliche Gründe: Das Vertretungsportfolio wird ergänzt oder der Wegfall eines Handelsagenten kompensiert. Wie in vielen Märkten ist auch bei den potenziellen Vertretungen die Nachfrage größer als das Angebot, d. h., für eine Vertretung interessieren sich überwiegend mehrere Handelsagenten. Das Unternehmen, das einen Vertriebspartner sucht, kann also aus einem Kreis von Bewerbern den aus seiner Sicht „richtigen" auswählen. Daher sind die Ansprüche, die von Unternehmen an die Handelsagenten gestellt werden, entsprechend hoch – durchaus mit steigender Tendenz, beginnend beim ersten Kontakt.

Eine erfolgreiche Bewerbung läuft wie erfolgreiches Verkaufen ab. Inhalt und Gestaltung einer Bewerbung müssen den gleichen grundlegenden Kriterien folgen

© Springer Fachmedien Wiesbaden 2019
A. Paffhausen, Ch. Rebernig, *Erfolgreich als Handelsagent mit Fokus Österreich*,
DOI 10.1007/978-3-658-23508-6_2

wie eine Verkaufsanbahnung. Die eingereichten Unterlagen müssen im Wesentlichen folgende Fragen beantworten:

- Um welche Vertretung bewirbt sich ein Handelsagent?
- Was bietet er?
- Wird die Zusammenarbeit möglich und erfolgreich sein?

2.1 Sich gründlich vorbereiten

Soll eine Bewerbung erfolgreich sein, ist eine gründliche Vorbereitung unabdingbar. Dazu bilden umfassende Informationen über den potenziellen Geschäftspartner die Basis. Schon an dieser Stelle entscheidet sich, ob man überhaupt zueinander passt. Die benötigten Daten können aus unterschiedlichen Quellen beschafft werden:
- aus dem Internet,
- aus Geschäftsberichten,
- aus Gesprächen mit Kunden,
- aus Gesprächen mit anderen vertretenen Unternehmen,
- aus Gesprächen mit Kollegen,
- aus sonstigen Publikationen.

Als erster Schritt ist es unumgänglich, das Vertretungsangebot genau zu studieren und zu prüfen, ob eine Bewerbung sinnvoll ist. Sodann ist zu analysieren, auf welche Stichpunkte im Anschreiben oder an anderer Stelle eingegangen werden muss:

So prüfen und bewerten Sie ein Vertretungsangebot

Wer bietet an?
- Unternehmens- und Kontaktdaten
- Anschrift
- Ansprechpartner
- Bewerbungsform (Brief, E-Mail etc.)
- Standort und Größe des Unternehmens
- Branche des Unternehmens

Was wird angeboten?

- Grund des Angebotes
- konkrete Aufgabenbezeichnung
- Aufgabenbeschreibung
- Verantwortungsumfang
- Vertriebsgebiet
- Kundenkreis
- Entwicklungsmöglichkeiten oder -chancen

Was wird geboten?

- Informationen über das Unternehmen, angebotene Produkte bzw. Dienstleistungen, Kundengruppen, Position am Markt etc.
- Gebietsschutz/Kundenschutz
- Vergütung
- Einarbeitungsmodalitäten

Die im Rahmen der Analyse des Vertretungsangebots gesammelten Informationen zeigen im Idealfall detailliert auf, wer wen für welche Aufgaben und unter welchen Bedingungen als Vertriebspartner sucht. Der Handelsagent erhält somit Anhaltspunkte zur Gestaltung seiner Bewerbung. Das Bewerbungspaket sollte folgendermaßen aufgebaut sein:

- Anschreiben
- Präsentation des Handelsagenten
- Anlagen

2.2 Die Entscheider neugierig machen

Das Anschreiben sollte auf die im Vertretungsangebot genannten Anforderungen eingehen. Außerdem soll kurz und präzise darauf eingegangen werden, warum der sich bewerbende Handelsagent diesen Anforderungen gerecht werden kann. Es kommt vor allem darauf an, die Neugierde des Entscheiders zu wecken, sodass er auch die weiteren eingereichten Unterlagen begutachtet. Die klassischen Anforderungen der Werbepsychologie sollten hier beachtet werden:

- *Attention:* Aufmerksamkeit beim Anbieter wecken
- *Interest:* Interesse beim Anbieter wecken

- *Desire:* den Wunsch zum Kennenlernen des Handelsagenten auslösen
- *Action:* eine Entscheidung zur Übergabe der Vertretung und zu gemeinsamem Handeln herbeiführen

Aufmerksamkeit wird erzielt, wenn das Anschreiben ein genaues Bild des sich bewerbenden Handelsagenten zeichnet:

- Weshalb ist der Handelsagent fachlich und personell geeignet, die Vertriebsaufgaben für das anbietende Unternehmen zu übernehmen?
- Welche Erfahrungen hat der Handelsagent in Bezug auf die zu bedienenden Kunden und das Marktsegment?

Die in einem Unternehmen für den Vertrieb verantwortlichen Personen interessieren sich mitunter auch für die Motive eines Handelsagenten zur Übernahme der angebotenen Vertretung. Das Anschreiben sollte beispielsweise einen Vertriebsleiter in kurzer Zeit zu einer positiven Beurteilung einer Bewerbung bringen. Deshalb ist Folgendes wichtig:

▶ Der Handelsagent sollte dem Entscheider vermitteln, dass er als Marktpartner sorgfältig und zuverlässig tätig sein wird. Ordentliche Unterlagen und eine perfekte Rechtschreibung sollten also selbstverständlich sein.

Der Handelsagent sollte herausstellen, warum ausgerechnet er die Vertriebsaufgaben für das suchende Unternehmen übernehmen möchte, damit seine Bewerbung nicht beliebig wirkt.

2.3 Präsentationsunterlagen aussagekräftig gestalten

Bei einer Bewerbung um eine neue Vertretung muss die Präsentation der Leistungen, Kompetenzen und Potenziale des Handelsagenten im Vordergrund stehen. Es ist besonders wichtig, dass die Unterlagen alle für die Bewerbung bedeutsamen Fakten enthalten. Außerdem sollte die Darstellung einer klaren Struktur folgen und somit lesefreundlich und optisch ansprechend gestaltet sein. Dazu bietet es sich an, die Präsentationsinhalte wie folgt zu gliedern:

- Philosophie des Handelsagenten
- Entwicklung der Handelsagenten
- Leistungs-/Produktprogramm (ggf. andere vertretene Unternehmen)

- Mitarbeiter
- Verkaufs-/Vertretungsgebiete
- Kunden und Kundenstruktur
- technische Ausstattung (EDV, Fuhrpark, Lager etc.)
- Referenzen/Presse/Prospekte/Broschüren
- Internetauftritt des Handelsagenten
- Anfahrtsskizze und Kontaktdaten

2.4 Sich persönlich darstellen

Der Handelsagent steht in ständigem Kontakt mit der Vertriebsabteilung des zu vertretenden Unternehmens. Die Gestaltung der persönlichen Beziehung zwischen den Vertriebsmitarbeitern und dem Handelsagenten ist somit essenziell. Daher darf die eigene Darstellung des Handelsagenten bei einer Bewerbung nicht vernachlässigt werden. Ein tabellarischer Lebenslauf mit folgender Struktur ist hierzu geeignet:

- Persönliche Daten (Geburtsdatum, Geburtsort, Familienstand)
- Ausbildung (Schule, Hochschule, Berufsausbildung)
- Berufserfahrung
- Weiterbildung
- Weitere Kenntnisse (Sprachen, EDV, Qualifikationen)
- Weitere Informationen (Praktika, Auslandserfahrungen)

Fazit

Bei Bewerbungen erhält häufig nicht zwangsläufig der Beste den Zuschlag. Oftmals fehlen anwendbare und objektive Maßstäbe, die beispielsweise das Unternehmen, das einen Handelsagenten sucht, dabei unterstützen, zwischen den verschiedenen „Dienstleistungsangeboten" – also den verschiedenen Bewerbern – die richtige Auswahl zu treffen. Diese Leistungen können erst in der Zukunft – und damit, wenn sie bereits erbracht sind – bewertet werden. Es zählt bei der Bewerbung demnach nicht, wer objektiv gesehen die beste Leistung anbietet oder der beste Bewerber ist, sondern wie er sich am besten präsentieren und das Unternehmen überzeugen kann. Eine inhaltlich und äußerlich perfekt gestaltete Bewerbung ist sehr wichtig, um die erste und möglicherweise wichtigste Hürde für eine neue Vertretung zu nehmen.

Quellen

Kaapke A, Nagel M (2008). Bewerben ist wie Verkaufen – Was hat ein Handelsvertreter bei der Bewerbung um eine neue Vertretung zu beachten? CDH-Wirtschaftsdienst GmbH, Berlin

Market Institut (2014) Strukturerhebung der Handelsagenten. http://wko.madison.at/fileadmin/pdf/11_2014_Struktur_Handelsagenten.pdf. Zugegriffen: 11. Oktober 2018

So kalkuliert der Handelsagent seine Provision

3

> ▶ Beim Abschluss eines Vertrags steht der Provisionssatz meistens nicht zur Disposition. Die zu vertretenden Unternehmen gewähren überwiegend nur den „üblichen Provisionssatz", wobei gar nicht bekannt ist, wie dieser Wert überhaupt zustande kommt. In jedem Unternehmen muss jedoch überlegt werden, zu welchen Preisen die angebotenen Produkte und Dienstleistungen im Wettbewerb bestehen und auf dem entsprechenden Markt verkauft werden können. Dies gilt genauso für den Handelsagenten. Als Dienstleister im Vertrieb muss auch er einen Preis für seine Leistungen kalkulieren, der sich sowohl an den eigenen Kosten als auch an den Marktgegebenheiten orientiert. In diesem Kapitel wird thematisiert, was ein Handelsagent über die Kalkulation seiner Provision wissen muss und die Bedeutung der Vereinbarung eines individuellen Provisionssatzes ist – denn der Provisionssatz ist sein wichtigster Gewinnbringer.

Statt den Provisionssatz nur „Pi mal Daumen" zu vereinbaren, sollte der Handelsagent sorgfältig kalkulieren. Denn – wie im Folgenden gezeigt wird – der Provisionssatz ist der wichtigste Gewinnbringer eines Handelsagenten.

3.1 Der Handelsagent braucht eine leistungsgerechte Vergütung

Jede Leistung hat ihren Preis, so auch für die Handelsagenten, hier überwiegend in Form der Provision. Die Provisionseinnahmen aus den Vermittlungsgeschäften spiegeln vor allem die Ertragslage des Handelsagenten und müssen ausreichen, um

- sämtliche Kosten zu decken,

© Springer Fachmedien Wiesbaden 2019
A. Paffhausen, Ch. Rebernig, *Erfolgreich als Handelsagent mit Fokus Österreich*,
DOI 10.1007/978-3-658-23508-6_3

- dem Handelsagenten ein Einkommen zu sichern, das seiner Tätigkeit angemessen ist,
- eine Verzinsung des eingesetzten Eigenkapitals zu erreichen und darüber hinaus
- einen Überschuss zu erwirtschaften.

Sprudeln die Einnahmequellen nicht mehr im erforderlichen Maße und darüber hinaus bestehen keine Möglichkeiten der Kostensenkung, gerät der Handelagent in kritisches Fahrwasser. Es wird schwierig, die vom Markt gewünschten Leistungen zu erfüllen, und langfristig ist dann die Existenz vieler Handelsagenten gefährdet.

Argumente für Provisionsverhandlungen mit zu vertretenden Unternehmen

Der Handelsagent ist selbst Unternehmer. Und als Unternehmer muss er im harten Wettbewerb genau kalkulieren und auch unternehmerisch argumentieren. Er muss wissen, welche Vertretungen rentabel sind und welche keinen Gewinn abwerfen werden. Die Argumente für die Provisionsverhandlung müssen sich einerseits aus den Leistungen ergeben, die er den zu vertretenden Unternehmen anbietet, und andererseits aus der Kostensituation, die mit den jeweils erbrachten Leistungen verbunden ist. Nachfolgend sind beispielhaft einige Argumente und Hinweise für Provisionsverhandlungen aufgeführt:

- **Gefahr für den Markterfolg der zu vertretenden Unternehmen**
  Das Erfolgspotenzial eines Unternehmens zu sichern, ist erstes Gebot. Der Kundenkontakt sowie die Kundenbindung sind in konjunkturell schwierigen Zeiten, bei zunehmender Konkurrenz und immer härter werdendem Wettbewerb entscheidend für eine erfolgreiche Marktbearbeitung.
  Das bedeutet, dass der Handelsagent schlagkräftig und leistungsfähig sein muss. Er muss vom vertretenen Unternehmen überzeugt und mit Begeisterung für dieses Unternehmen tätig sein. Er muss sich aber auch den wachsenden Anforderungen des Marktes stellen können und in der Lage sein – auch wenn outgesourct –, in Personal und Technik zu investieren. Schließlich muss er zuversichtlich und motiviert in die Zukunft blicken können.
  Den Unternehmen wird folglich daran gelegen sein, dass keine Gefahr besteht, dass der Handelsagent – ihr wichtiger Partner an der Schnittstelle zum Markt – unter einen bedrohlichen Kostendruck gerät, was zu einer gefährlichen Belastung des Vertriebsbereiches führen kann, den heute so notwendigen verkäuferischen Elan bremst und möglicherweise den Handelagenten zu Leistungseinschränkungen zwingt.

- **Arbeit im Vertrieb ist kostenintensiv**
  Jedes zu vertretende Unternehmen sollte bedenken, dass Kundenaufträge nicht automatisch eingeholt werden, sondern das Ergebnis einer aufwendigen und kostspieligen Vorarbeit des Handelsagenten sind. Diese Kosten lassen sich kaum senken, Handelsagenten können nur in sehr begrenztem Maße rationalisieren.

  Unternehmen, die Vertriebsmitarbeiter im Außendienst beschäftigen, rechnen mit jährlichen Kostensteigerungen. Beim Vertrieb über Handelsagenten sind Erhöhungen bei den Personalkosten für die zu vertretenden Unternehmen nicht spürbar. Überwiegend werden sie vom Handelsagenten aufgefangen und durch Umsatzsteigerung mehr oder weniger ausgeglichen, aber durch den Verdrängungswettbewerb sind der Umsatzsteigerung Grenzen gesetzt.

  Auch die vertretenen Unternehmen müssen sich mit diesen Entwicklungen in ihrem eigenen Interesse und im Hinblick auf die Existenzsicherung ihrer Partner im Vertrieb beschäftigen. Ein Team von angestellten Vertriebsmitarbeitern im Außendienst ist auch nicht zu einem konstanten Kostenanteil am Umsatz zu unterhalten. Es ist illusorisch zu glauben, dass bei steigenden Vertriebskosten und veränderten Marktbedingungen die Provision des Handelsagenten auf Dauer konstant bleiben könnte: Wird ein zu niedriger Preis angesetzt, muss irgendwo an der Leistung gespart werden. Es kann aber nicht im Interesse der Unternehmen sein, dass der Handelsagent seine Leistungen aus Kostengesichtspunkten einschränken muss. Dies impliziert eine notwendige Anpassung der Provisionen in gewissen Zeitabständen.

  Empfehlenswert ist deshalb, dass jeder Handelsagent sich eine Argumentationsmappe anlegt, die alle Unterlagen enthält, um die Provisionsverhandlungen mit handfesten Argumenten untermauern zu können; beispielsweise Zahlen und Grafiken bezüglich Preisindizes, Kostenentwicklungen, Kalkulationshilfen etc.

- **Zeitfresser kosten Geld**
  Die Zeit, in der der Handelsagent Umsätze generiert und somit Geld verdient, wird immer mehr eingeschränkt durch Vorbereitungszeit, schwierige Terminvereinbarungen beim Kunden, durch Reisezeiten, Wartezeiten etc. Untersuchungen belegen, dass die effektive Verkaufszeit, also die Zeit, die mit den Kunden verbracht wird, im Durchschnitt nur noch ca. 20 bis 25 Prozent beträgt. Aber gerade der persönliche Kontakt zum Kunden ist erfolgsentscheidend. Die unproduktive Zeit muss der Handelsagent aus seinen Erfolgsprovisionen mitfinanzieren.

  Zu bedenken ist auch, dass Mitarbeiter im angestellten Außendienst den Kollektivverträgen sowie Vereinbarugen der Betriebsräte verpflichtet sind. Handelsagenten dagegen sind selbstständige Unternehmer. Unternehmerisches Denken und Handeln sowie das persönliche Engagement der Handelsagenten wirken sich positiv auf die Umsatzentwicklung aus. Selbstständige Vertriebspartner erzielen die besten Ergebnisse. Das Arbeiten in kleinen Organisationseinheiten gehört heute zum Grundprinzip moderner Unternehmen und unterstützt die Motivation.

3.2   Eine Provisionsverhandlung ist eine Preisverhandlung

Weitverbreitet ist die Ansicht, dass Handelsagenten, wenn sie eine Vertretung übernehmen wollen, den erforderlichen Provisionssatz nicht kalkulieren können. Daher bestimmt das vertretene Unternehmen, das die Dienstleistung eines Handelsagenten anfordert, selbst den Preis, den es dafür zu zahlen bereit ist. So weit sollte es der Handelsagent aber nicht kommen lassen. Er sollte zumindest annähernd berechnen, welcher Provisionssatz für die Bearbeitung einer bestimmten Vertretung vereinbart werden muss, damit die Provisionseinnahmen kostendeckend und gewinnbringend ausfallen.

Wichtig ist vor allen Dingen, notwendige Berechnungen bereits vor Vertragsabschluss vorzunehmen und ein „Provisions-Angebot" bei den Bewerbungsverhandlungen vorzulegen. Diese Vorgehensweise schließt aus, dass vage Vorstellungen oder aber auch Versprechungen über mögliche Provisionseinnahmen sich nicht verwirklichen. Außerdem zeigt die Erfahrung, dass gerade bei den Provisionsverhandlungen der Handelsagent später niemals mehr in einer derartig starken Verhandlungsposition ist wie vor der Unterzeichnung des Vertretungsvertrags.

Oft ist die angebotene Vertretung bereits vorher von einem anderen Handelsagenten in diesem Gebiet bearbeitet worden. Das vertretene Unternehmen wird in dem Fall üblicherweise den angebotenen Provisionssatz mit der Angabe der durchschnittlichen Provisionseinnahmen verbinden, um dem „neuen" Handelsagenten dessen Einnahmemöglichkeiten aufzuzeigen. Diese Information unterstützt sicher dabei, sich ein Bild von Einnahmemöglichkeiten dieser Vertretung zu machen, bildet jedoch nicht die Rentabilität dieser Vertretung ab. Das Tätigkeitsgebiet, die Kundenstruktur, die Zusammensetzung des Vertretungsportfolios und vor allen Dingen die Kostenstruktur des „Vorgängers" können differieren. Es ist also zweckmäßig, eine Nachkalkulation vorzunehmen, um zu ermitteln, ob sich die Übernahme dieser Vertretung unter betriebswirtschaftlichen Gesichtspunkten überhaupt rechnet.

Bei Verhandlungen über eine Erhöhung der Provisionssätze wird der Handelsagent von den vertretenen Unternehmen häufig auf geplante Preiserhöhungen hingewiesen und damit darauf, dass die Provisionseinnahmen steigen werden. Hierbei ist zu bedenken, dass eine Preiserhöhung erst einmal von den Kunden akzeptiert

werden muss und sich eventuell die Bestellmenge auch zum Nachteil des Handelsagenten verändert.

Wie beeinflussen die zentralen Gewinntreiber den Gewinn eines Handelsagenten?

Handelsagenten beabsichtigen, einen Gewinn zu erzielen. Sie vermitteln Produkte
also nicht nur, weil sie das besonders gut können oder weil es ihre Passion ist. Die
zentralen Faktoren zur Berechnung des Gewinns eines Handelsagenten sind aus der
Marktperspektive der vermittelte Warenumsatz bzw. der erzielte Provisionsumsatz
und aus der innerbetrieblichen Sicht die Kosten (vgl. Abb. 3.1). Will man also den
Gewinn positiv beeinflussen, können einerseits Maßnahmen ergriffen werden zur
Erhöhung der Absatzmenge oder des vermittelten Warenumsatzes und andererseits
zur Kostensenkung.

Der Provisionssatz ist der wichtigste Gewinntreiber, was an dem nachstehenden
Beispiel verdeutlicht werden soll (vgl. Abb. 3.2). Die Beispielrechnung zeigt, wie
stark sich der Gewinn ändert, wenn ein Gewinntreiber um 10 % verbessert wird,
also Provisionssatz und vermittelter Warenumsatz sich erhöhen bzw. die Kosten
gesenkt werden können. Verbessert sich der Provisionssatz um 10 %, also erhöht
sich von 4,0 % auf 4,4 %, so steigt der Gewinn bei Konstanz aller anderen Faktoren
um 177 % an.

Der Provisionssatz hat unbestritten eine große Bedeutung für den Gewinn eines
Handelsagenten. Ebenfalls zu beachten ist die Gefahr der Gewinnvernichtung,

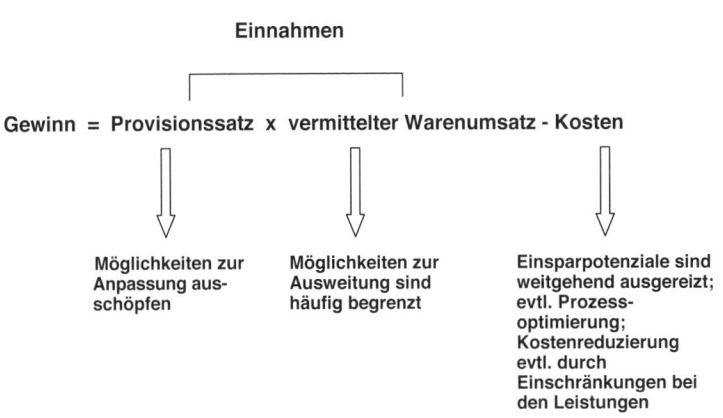

Abb. 3.1   Die drei Gewinntreiber in einer Handelsagentur
(Aus Paffhausen 2017; mit freundlicher Genehmigung von © Springer Fachmedien
Wiesbaden 2017. All Rights Reserved)

Eine 10 %ige Verbesserung von ...   **erhöht den Gewinn um ...**

	Gewinntreiber		Gewinn		
	alt	neu	alt	neu	
Provisionssatz	4,0 %	4,4 %	6.000 €	16.600 €	177 %
vermittelter Warenumsatz	2.650.000 €	2.915.000 €	6.000 €	13.600* €	127 %
variable Kosten	30.000 €	27.000 €	6.000 €	9.000 €	50 %
Fixkosten	70.000 €	63.000 €	6.000 €	13.000 €	117 %

(*bei einer Erhöhung der variablen Kosten um 10 %)

Abb. 3.2   Einfluss von Gewinntreibern auf den Gewinn

wenn Provisionskürzungen erfolgen. Umso erstaunlicher ist daher die eher verhaltene Beschäftigung in der Praxis mit Fragen rund um die Provisionskalkulation.

3.3   Leistungsangebote des Handelsagenten sind Kalkulationsgrundlage für den Provisionssatz

Zunächst ist es wichtig, dass der Handelsagent, der einen Provisionssatz als Preis für eine vertriebliche Dienstleitung kalkuliert, ein klares Konzept erstellt. Dieses sollte beinhalten, wie er den Markt bearbeiten wird und welche Leistungen er erbringen möchte. Ein solches Konzept hat folgende Vorteile:

- Der Handelsagent präsentiert seine betriebliche Leistungsfähigkeit.
- Der Handelsagent kann leichter ableiten, welche Kosten mit der Übernahme einer Vertretung verbunden sind.
- Der Handelsagent kann mithilfe des Leistungsangebots einen angemessenen Provisionssatz begründen.
- Der Handelsagent kann nach einer bestimmten Dauer der Zusammenarbeit überprüfen, ob sich das Tätigkeitsfeld verändert hat und entsprechend eine Provisionsangleichung verhandelt werden sollte.

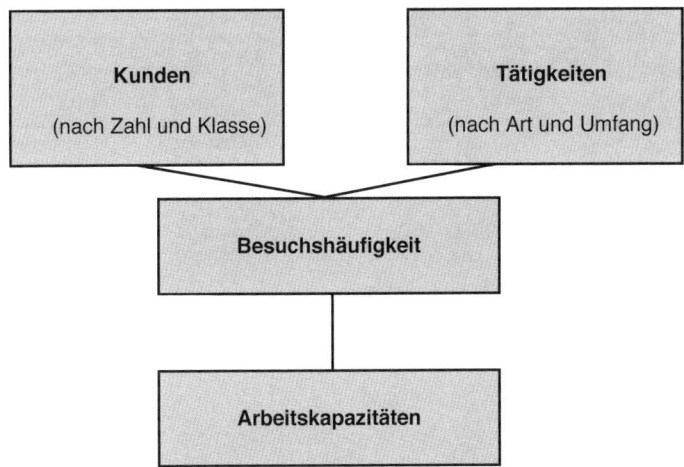

Abb. 3.3 Umfang der Verkaufsarbeit (Aus Paffhausen 2017; mit freundlicher Genehmigung von © Springer Fachmedien Wiesbaden 2017. All Rights Reserved)

Der Handelsagent legt also fest, wie die aktuellen und potenziellen Kunden vertriebsseitig betreut werden sollen, die Basis für den Einsatz aller Marketing-Instrumente. Dabei sind die Wünsche und Anforderungen des vertretenen Unternehmens mit zu beachten. Sowohl die Breite als auch die Tiefe der Verkaufsarbeit müssen bestimmt werden (vgl. Abb. 3.3).

In der Breite der Marktbearbeitung wird bestimmt, welche Kunden in die Betreuung durch den Handelsagenten einbezogen werden. Zu erfassen ist also zum einen, wie viele Kunden bereits im Gebiet vorhanden sind. Zum anderen sollte die Zahl der zu bearbeitenden potenziellen Kunden zumindest annähernd genau festgelegt werden.

Dabei empfiehlt sich, die Kunden in Klassen einzuteilen, um deren Bedeutung und den Betreuungsaufwand besser festlegen zu können. Oftmals verschlingen die vielen „kleinen" Kunden, mit denen nur ein geringer Teil des Gesamtumsatzes getätigt wird, einen Großteil des gesamten Besuchs- und Betreuungsaufwandes. Man kann also beispielsweise alle Kunden nach Maßgabe der Höhe ihrer Umsätze bzw. Umsatzerwartungen in eine Reihenfolge bringen. Aufgrund dessen bildet man drei Kundenklassen, in denen etwa die ersten 10 % der Kunden (die größeren Kunden) der Klasse A, die nächsten 20 % (die mittleren Kunden) der Klasse B und die restlichen 70 % (Kleinkunden) der Klasse C zugeordnet werden.

In der Tiefe der Marktbearbeitung legt der Handelsagent sodann den Umfang seiner Tätigkeit fest, den er für die einzelnen Kunden erbringen kann bzw. erbringen

Ermittlung der Marktbearbeitungskapazität für eine Vertretung			
	Anzahl	Besuche je Kunde pro Jahr	Kundenbesuche insgesamt pro Jahr
bestehende Kunden:			
▪ A-Kunden	____	____	____
▪ B-Kunden	____	____	____
▪ C-Kunden	____	____	____
potenzielle Kunden:	____	____	____
▪ A-Kunden	____	____	____
▪ B-Kunden	____	____	____
▪ C-Kunden	____	____	____
		Summe	=======

$$\frac{\text{Gesamtzahl der Besuche pro Jahr}}{\text{Zahl der möglichen Besuche pro Tag}} = \text{Tage (Arbeitstage im Außendienst)}$$

abzüglich Zeiteinsparung, da Kunden
bereits wegen anderer Vertretung be-
sucht werden   ./.   Tage

zuzüglich geschätzte Zeit für Sonder-
aufgaben außerhalb der normalen
Kundenbetreuung   +_____ Tage

gebundene Arbeitskapazität für
vertretenes Unternehmen   =_____ Tage

Abb. 3.4   Ermittlung der Marktbearbeitungskapazität für eine Vertretung
(Adaptiert nach Paffhausen 2017; mit freundlicher Genehmigung von © Springer
Fachmedien Wiesbaden 2017. All Rights Reserved)

möchte, wobei auch hier geklärt werden muss, wie intensiv die Betreuung der derzeit nicht kaufenden Kunden ausfallen soll. Insbesondere müssen der Handelsagent und das vertretene Unternehmen festlegen, welche der über die normale Vertriebstätigkeit hinausgehenden Aufgaben getätigt werden sollen (Reparaturdienste, Teilnahme an Messen, Durchführung spezieller Befragungen, Regalpflege, Reklamationsbearbeitung, Personalschulung etc.).

Mit der Festlegung der Kundenanzahl und des Betreuungsaufwandes lässt sich die Besuchsfrequenz ermitteln. Aus den jährlichen Besuchsfrequenzen wiederum ergeben sich dann die Arbeitskapazitäten, die die neue Vertretung bindet. Richtschnur ist dabei die Tagesleistung eines Vertriebsmitarbeiters im Außendienst, beispielsweise vier bis sechs Besuche pro Tag.

Die Kapazität der Marktbearbeitung für ein bestimmtes vertretenes Unternehmen muss im Zusammenhang mit allen weiteren vertretenen Unternehmen gesehen werden, die mit dem Handelsagenten zusammenarbeiten. Da der Handelsagent meistens mehrere Unternehmen vertritt, wird ein beachtlicher Teil der zu besuchenden Kunden für mehrere vertretene Unternehmen angesprochen. Dadurch lassen sich die Kosten pro Besuch auf mehrere Schultern verteilen.

Außerdem muss berücksichtigt werden, dass im Innendienst eines Handelsagenten ebenfalls Tätigkeiten anfallen. Diese Personalkapazität ist zusätzlich zur Außendienst-Kapazität zu beachten. Das Schema in Abb. 3.4 zeigt, auf welche Weise die Marktbearbeitungskapazität ermittelt werden kann. Auf dieser Basis ist es dann möglich zu berechnen, was ein Kundenbesuch bzw. ein Arbeitstag eines Handelsagenten kostet (vgl. Tab. 3.2).

3.4 Die Kosten dienen als Berechnungsbasis des Handelsagenten für die Provision

Hat der Handelsagent sein Leistungsangebot und die dafür benötigte Arbeitskapazität festgelegt, sind damit auch die Kostenarten und die Kostenhöhe bestimmt, beispielsweise Personalkosten, Reisekosten usw. Jedem Gespräch mit vertretenen Unternehmen über die Höhe des Provisionssatzes müssen daher Kosten-Berechnungen vorausgehen.

Dazu zählen eigene Kalkulationsunterlagen. Die Buchführung ist also nicht nur eine Einrichtung für das Finanzamt. Ihre Zahlen liefern dem Handelsagenten Anhaltspunkte für seine unternehmerischen Überlegungen.

Tab. 3.1 Durchschnittskosten einer Handelsagentur

Betriebswirtschaftliche Kosten	In % der Provisionseinnahmen	Beispielrechnung: Provisionseinnahmen in Höhe von € 106.000
Personalkosten inkl. Lohnnebenkosten ohne Provisionen an Subagenten und ohne Unternehmerlohn	20,8	22.050
Provisionen an selbstständige Subagenten	2,0	2.120
Kalkulatorischer Unternehmerlohn	31,8	33.715
Kraftfahrzeugkosten exkl. Privatanteil	11,7	12.400
Reisekosten	3,2	3.390
Werbekosten	1,4	1.480
Telekommunikations- und Portokosten	1,6	1.700
Sozialversicherungsbeiträge inkl. Pflichtabgaben	13,3	14.100
Abschreibungen	2,5	2.650
Sonstige Kosten und pauschale Betriebsausgaben	5,5	5.825
Betriebswirtschaftliche Gesamtkosten	**93,8**	**99.430**
Betriebswirtschaftliches Betriebsergebnis	**6,2**	**6.570**

Das Beispiel in Tab. 3.1 zeigt die Durchschnittskosten einer Handelsagentur ohne Geschäfte auf eigene Rechnung.[1]

Die angegebenen Prozentzahlen der betriebswirtschaftlichen Kosten beziehen sich auf durchschnittliche Provisionseinnahmen eines Handelsagenten.

Anhand dieser Erläuterungen und des Schemas in Abb. 3.4 können die Gesamtkosten des Handelsagenten ermittelt werden.

Wie man den Provisionssatz ermittelt

Auf Grundlage dieser Durchschnittskosten lassen sich zunächst die Kosten für einen Arbeitstag und einen Kundenbesuch errechnen. Betragen also die Gesamtkosten eines Handelsagenten – wie in der Beispielrechnung dargestellt – € 99.430 bei

---

[1] Die nachfolgenden Musterberechnungen für Österreich beruhen auf internen Berechnungen des Bundesgremiums der Handelsagenten auf Basis von GuV von Handelsagenten (2016)

Tab. 3.2 Berechnung der Kosten für einen Arbeitstag und einen Kundenbesuch (Adaptiert nach Paffhausen 2017; mit freundlicher Genehmigung von © Springer Fachmedien Wiesbaden 2017. All Rights Reserved)

Wenn jährlich zur Verfügung stehen	Ein Arbeitstag in €	Ein Kundenbesuch bei 3 Besuchen pro Tag in €	Ein Kundenbesuch bei 5 Besuchen pro Tag in €
240 Arbeitstage	414,29	138,09	82,86
220 Arbeitstage	451,95	150,65	90,39
200 Arbeitstage	497,15	165,72	99,43

Bruttoprovisionseinnahmen von € 106.000, ergeben sich die in Tab. 3.2 dargestellten Kosten.

Hierbei ist zu beachten, dass es sich um eine Vollkostenbetrachtung handelt. Alle Kosten einer Handelsagentur einschließlich des kalkulatorischen Unternehmerlohnes für die Arbeitsleistung des Handelsagenten sowie der kalkulatorischen Zinsen für das eingesetzte Eigenkapital sind einbezogen. Nicht berücksichtigt ist an dieser Stelle ein Gewinnzuschlag, der jedoch bei einer individuellen Berechnung unbedingt in angemessener Höhe einzubeziehen ist.

Zur Berechnung oder Nachkalkulation eines Provisionssatzes muss der Handelsagent ermitteln, wie viel Zeit seine Tätigkeit für die jeweils vertretenen Unternehmen durchschnittlich in Anspruch nimmt. Es dürfte ausreichen, den Arbeitsanfall (Innendienst- und Außendiensttätigkeiten) über einen gewissen Zeitraum zu ermitteln.

Bei einer neuen Vertretung kann die zeitliche Belastung natürlich nur geschätzt werden. Grundlage sind genaue Vorstellungen über die Kundenzahl und der Kundenbesuche sowie über die zu leistenden Tätigkeiten, wie bereits weiter oben beschrieben.

Eine andere Möglichkeit, um eine Kalkulationsbasis zu erhalten, ist, über einen gewissen Zeitraum die Anzahl der Kundenbesuche für jedes einzelne vertretene Unternehmen aufzuzeichnen. Die Höhe der für jedes vertretene Unternehmen aufgewendeten Gesamtkosten ergibt sich durch Multiplikation der Anzahl der Besuche mit den Kosten pro Besuch (siehe Werte in der Beispielrechnung).

Der weitere Weg, um den richtigen Provisionssatz zu finden, soll nun an der Beispielrechnung gezeigt werden.

Beispiel

Ein Arbeitstag in unserer Beispiel-Handelsagentur kostet – bei 220 zur Verfügung stehenden Arbeitstagen – € 451,95, und die Tätigkeit für eine neue Vertretung nimmt schätzungsweise 30 % der Arbeitszeit in Anspruch. Dies ergibt einen Kostensatz pro Tag von € 135,59 (€ 451,95 × 30 %) und Gesamtkosten pro Jahr in Höhe von € 29.829,80. Dieser Berechnung liegt die Annahme zugrunde, dass alle Vertretungen die gleichen Kosten für Personal, Reise, Verwaltung usw. verursachen. Ferner wird unterstellt, dass die bestehenden Kapazitäten ausreichend sind, um eine weitere Vertretung übernehmen zu können. Damit nun alle Kosten für diese Vertretung gedeckt sind (noch kein Gewinn!), sind folgende Warenumsätze und somit folgende Provisionssätze erforderlich:

Bei einem Provisionssatz von (%)	Ein Warenumsatz von (in €)
1	2.982.980
2	1.491.490
3	994.327
4	745.745
5	596.596
6	497.163
7	426.140
8	372.873
9	331.442
10	298.298

Die Beispielrechnung zeigt nun: Um die jährlichen Gesamtkosten in Höhe von € 29.829,80, die für diese Vertretung anfallen, decken zu können, ist beispielsweise ein Provisionssatz von 3 % erforderlich, wenn ein vermittelter Warenumsatz von rund € 1 Mio. erwartet werden kann.

Auch wenn die hier zugrunde liegenden Kosten nur grob ermittelt worden sind, so ergeben sich gute Näherungswerte, die zeigen, welche Warenumsätze bei den verschiedenen Provisionssätzen getätigt werden müssen bzw. welche Provisionssätze vereinbart werden müssen, um bei einer geschätzten Umsatzgröße eine Kostendeckung zu erreichen.

Fazit

Den Preis für die Tätigkeiten des Handelsagenten bildet überwiegend die Provision. Zu Beginn einer Zusammenarbeit zwischen einem Handelsagenten und einem zu vertretenden Unternehmen wird häufig über die Höhe des Provisionssatzes nicht ernsthaft verhandelt, sondern es wird der „übliche Provisionssatz" vereinbart. Die Handelsagenten als Dienstleister im Vertrieb müssen jedoch ebenfalls einen Preis für ihre Leistungen kalkulieren, der sich sowohl an den eigenen Kosten als auch an den Marktgegebenheiten orientiert. Die Preiskalkulation und damit die Vereinbarung eines individuellen Provisionssatzes sind von großer Bedeutung, da hier der wichtigste Schalthebel für den Gewinn eines Handelsagenten liegt.

Quellen

Bundesgremium der Handelsagenten (2016) Interne Berechnungen auf Basis von GuV von Handelsagenten
Paffhausen A (2017) Erfolgreich als Handelsvertreter. Springer Gabler, Wiesbaden

So macht der Handelsagent sein Geschäftsmodell mit zusätzlichen Serviceleistungen zukunftsfähig

4

> ▶ Handelsagenten agieren in hart umkämpften Märkten. Dabei haben sie nicht nur Kunden, sondern auch zu vertretende Unternehmen von ihrem Leistungsangebot zu überzeugen. Sie befinden sich also in zweierlei Hinsicht in einer Konkurrenzsituation, die sich in den vergangenen Jahren sukzessive verschärft hat. Viele Handelsagenten wissen in diesem Zusammenhang um das Potenzial, das im Angebot zusätzlicher Dienstleistungen liegt: Sie bieten zahlreiche zusätzliche Dienstleistungen an, die weit über die eigentliche Geschäftsvermittlung hinausgehen. Das nachstehende Kapitel beschäftigt sich damit, wie ein Servicepaket erstellt werden kann, mit dem dazugehörigen Preismodell und wo die Erfolgsfaktoren im Hinblick auf die Auswahl und das Angebot von Dienstleistungen liegen.

In hart umkämpften Märkten müssen auch Handelsagenten sich positiv von ihren Wettbewerbern abgrenzen und damit ihre Wettbewerbsfähigkeit sichern. Eine Möglichkeit ist, den zu vertretenden Unternehmen sowie ihren Kunden einen Mehrwert zu bieten, der über die „klassischen" Vertriebsleistungen hinausgeht. Das Angebot zusätzlicher Dienstleistungen rund um die Kernleistungen der Handelsagenten ist an dieser Stelle ein wirksames Instrument. Neben der Differenzierung vom Wettbewerb haben die Handelsagenten zentrale Vorteile durch die Generierung zusätzlichen Umsatzes sowie die stärkere Bindung zu Marktpartnern.

Eine respektable Zahl an Handelsagenten hat die Notwendigkeit eines stimmigen Dienstleistungsangebots sowie der damit einhergehenden Chancen erkannt und erbringt bereits besondere Dienstleistungen für die Marktpartner. Vielfach wird dabei jedoch wenig systematisch vorgegangen, sowohl in Bezug auf die Auswahl bzw. Zusammenstellung der angebotenen Leistungen als auch in Bezug auf deren Vergütung. Es fehlt ein umfassender Überblick darüber, welche ergänzenden Dienstleistungen im Einzelnen von Handelsagenten angeboten werden, in welchem Ausmaß, in welcher Qualität und zu welchem Preis.

© Springer Fachmedien Wiesbaden 2019
A. Paffhausen, Ch. Rebernig, *Erfolgreich als Handelsagent mit Fokus Österreich*,
DOI 10.1007/978-3-658-23508-6_4

Es gilt zum einen, ein Angebot an ergänzenden Dienstleistungen zu entwickeln, das an beiden Marktpartnern orientiert ist, also sowohl an den Abnehmern der vermittelten Produkte als auch an den vertretenen Unternehmen. Beide Partner müssen in diesem Angebot einen klaren Mehrwert erkennen. Zum anderen muss das Angebot entsprechend vergütet werden. Es gilt also auch, adäquate Preise für die Erbringung der Leistungen festzulegen und diese gegenüber den Marktpartnern durchzusetzen. Sind diese beiden Voraussetzungen erfüllt, hat der Handelsagent ein effektives Wettbewerbsinstrument zur Hand.

Für den Begriff „Dienstleistungen" gibt es keine allgemein anerkannte Definition in der betriebswirtschaftlichen Fachliteratur. Vielfach wird dieser vom Begriff „Services" abgegrenzt, worunter häufig Zusatzdienstleistungen von Unternehmen gefasst werden. Als Serviceleistungen bezeichnet man ebenso kostenlose oder zumindest zum Teil kostenlose Zusatzleistungen. Da in der Praxis unterschiedliche Auffassungen darüber existieren, ob es sich bei den Dienstleistungsangeboten um Kernleistungen oder Zusatzleistungen handelt, wird im Folgenden der Servicebegriff synonym zum Dienstleistungsbegriff verwendet.

Um die Besonderheit von Dienstleistungen herauszustellen, werden ihre konkreten Merkmale und Erscheinungsformen betrachtet:

Merkmale von Dienstleistungen
- Eine Dienstleistung ist gegenstandslos und damit nicht greifbar.
- Eine Dienstleistung ist Vertrauenssache. Sie ist ein Versprechen auf eine Leistung, die in der Zukunft erbracht wird.
- Eine Dienstleistung ist kaum quantifizierbar. Die Kundenzufriedenheit ist der beste Gradmesser für ihre Qualität.
- Eine Dienstleistung ist nicht lagerfähig. Sie kann nicht bevorratet werden.
- Die meisten Dienstleistungen unterscheiden sich im Detail.
- Dienstleistungen können als Service angeboten werden und damit die Kernleistung eines Unternehmens ergänzen. Sie können aber auch als eigenständige Leistungen vermarktet werden und damit unabhängig von den Produkten des Unternehmens sein.

Die angeführten Merkmale beeinflussen die Vermarktung von Dienstleistungen generell und auch in Handelsagenturen. Sie erfordern besondere Visualisierungs- und Inszenierung-Maßnahmen, um sie gegenüber den vertretenen Unternehmen und den Abnehmern herauszustellen.

Darüber hinaus kommt der Vermittlerposition des Handelsagenten eine besondere Bedeutung zu: Beide Marktpartner des Handelsagenten sind als ihre Kunden zu betrachten. Vom Anbieter (vertretenes Unternehmen) erhält der Handelsagent den Vertretungsauftrag, vom Abnehmer den Auftrag zur Warenlieferung. Beide zusammen bilden die Grundlage für seine Einnahmen. Diese Position setzt eine konsequente Umsetzung der Idee des dualen Marketings voraus. Die Vermittlung zwischen Anbietern und Abnehmern beschränkt sich in diesem Fall nicht nur auf Güter, sondern schließt auch die Informations-, Dienstleistungs- und Interessenvermittlung für beide Marktpartner mit ein.

Im Folgenden sind Beispiele für zusätzliche Dienstleistungen aufgeführt, die Handelsagenten ihren Marktpartnern anbieten und auch realisieren:

- Messe: eigene Ausstellung
- Messe: Speditions- sowie Auf- und Abbauleistungen
- Messe: Besetzung der Stände
- Technische Dienste wie Inbetriebnahme oder Installation
- Reklamationsbearbeitung
- Retourenmanagement
- Programmierung (partiell oder gesamt)
- Events/Veranstaltungen
- Angebotserstellung
- Planungsaufgaben: Projektplanung
- Produktentwicklung/-engineering
- Produktschulungen
- Schulungen unabhängig vom eigenen Produktangebot (z. B. Verkaufsschulung)
- Marktbeobachtung
- Marktforschung: z. B. Store Checks oder Kundenzufriedenheitsanalysen
- Verkaufsförderungsmaßnahmen wie Einsatz von Werbepersonal oder Verkostungen
- Unterstützung bei bzw. Zusammenarbeit in der PR-Arbeit
- Marketingunterstützung generell
- Marketingberatung wie Sortiments- oder Konditionenberatung
- Unternehmensberatung
- Regalpflege im Allgemeinen
- Gestaltung der Verkaufsfläche
- Aufbau der Verkaufsfläche wie Sonderplatzierungen (z. B. im Lebensmitteleinzelhandel) oder Kojenbau (z. B. im Möbelhandel)
- Aushandeln und Optimierung der Platzierung (Einzelhandel)

- Besuchsservice (Übernahme der Besuchspflicht für das vertretene Unternehmen)
- Angebot von Systemen/Baueinheiten (bestehend aus den Einzelteilen mehrerer Auftraggeber)
- Unterhaltung eines Auslieferungslagers
- Transportleistungen
- Fakturierung/Inkasso
- Übersetzungen (im internationalen Kontext)
- Prüfung auf Verkehrsfähigkeit (im internationalen Kontext)

4.1 Zusätzliche Dienstleistungen und ihre Bedeutung für den Handelsagenten

Produkte sind aus Kundensicht zunehmend austauschbar in einem Markt, in dem Abnehmer aus einer Vielzahl von Angeboten sowie Mitanbietern auswählen können. Unternehmen müssen also ihr Angebot so attraktiv gestalten, dass sie sich von der Konkurrenz abheben und der Kunde die Leistung von ihnen und nicht vom Konkurrenzanbieter bezieht. Der Preis ist zweifelsohne ein zentrales Entscheidungskriterium des Abnehmers für ein bestimmtes Produkt oder einen bestimmten Abnehmer. Ein wettbewerbsfähiger Preis ist daher notwendig, keinesfalls sichert er aber einen dauerhaften Wettbewerbsvorteil. Eine stark preisgesteuerte Unternehmensführung birgt die Gefahr von Preiskriegen und letztlich Gewinneinbußen, die für einige Marktteilnehmer negative Folgen haben.

Auch Handelsagenten agieren in hart umkämpften Märkten. Sie müssen nicht nur (potenzielle) Kunden, sondern auch (potenzielle) vertretene Unternehmen von ihrer Vertretung und ihrem Leistungsangebot überzeugen. Aufseiten der vertretenen Unternehmen haben Handelsagenten dabei immer wieder mit **Ausschaltungstendenzen** zu kämpfen. Denn sie konkurrieren nicht nur untereinander, sondern darüber hinaus mit zahlreichen Substitutionskonkurrenten, sowie mit Betriebsformen wie Online-Shopping-Systemen und Outlet Centern.

Handelsagenten müssen deshalb ihre Attraktivität sowohl für die vertretenen Unternehmen als auch für die Kunden erhöhen und ihre Marktposition stärken. Sie sind sich des Potenzials bewusst, das im Angebot zusätzlicher Dienstleistungen liegt, und bieten heute schon zusätzliche Dienstleistungen an, die weit über die eigentliche Funktion der Geschäftsvermittlung hinausgehen. In manchen Fällen entwickelt sich der Handelsagent gegenüber dem vertretenen Unternehmen gar zu einem **Komplettanbieter**, der Aufgaben und Services von der Marktforschung bis zur Logistik übernimmt. Allerdings sind die zusätzlichen Leistungen nicht zwingend umsatz- bzw. provisionsrelevant. Viele Dienstleistungen werden vielmehr automatisch in der Geschäftsbeziehung vorausgesetzt und werden zum unprofitablen „Zeitfresser". Um Dienstleistungen zielführend und gewinnbringend einzusetzen, sollten Handelsagenten für zusätzlich erbrachte Leistungen entsprechend eine höhere Provision oder eine aufwandsorientierte Prämie aushandeln.

Möglichst viele Dienstleistungen anzubieten, ist zum einen unter Kostengesichtspunkten kaum leistbar und verhilft zum anderen nicht zu einer klaren Differenzierung im Markt. Vielmehr ist es wichtig, systematisch ein angemessenes und kundenorientiertes Dienstleistungsangebot zusammenzustellen – dem **zielgerichteten Einsatz** von Dienstleistungen. Entscheidend ist, die Sicht der vertretenen Unternehmen bzw. der Kunden einzunehmen und möglichst genau zu verstehen, was diese von einer Dienstleistung erwarten.

Mithilfe eines klug gewählten und stimmigen Dienstleistungspaketes gelingt es dem Handelsagenten idealerweise, die Erwartungen der vertretenen Unternehmen bzw. der Kunden nicht nur zu erfüllen, sondern sie sogar zu übertreffen und Begeisterung auszulösen. Auf diese Weise hebt er sich nicht nur in besonderem Maße vom Wettbewerb ab, sondern schafft darüber hinaus eine **besondere Kundenbindung**.

Das Dienstleistungsangebot des Handelsagenten hängt in starkem Maße von den Entwicklungen der Marktpartner – den vertretenen Unternehmen und Kunden – ab. Das Dienstleistungsangebot wird darüber hinaus von den Leistungen mitbestimmt, die die Substitutionskonkurrenz erbringt.

Generell sind Produkt-, Branchen- und Sektorengrenzen ständigen Veränderungen unterworfen. Diese Veränderungen und Konzentrationsprozesse in Handel und Industrie lassen den Wettbewerbsdruck kontinuierlich ansteigen und zwingen auch die Handelsagenten geradezu, neue Dienstleistungen anzubieten. Auch die Kundenansprüche sind gestiegen. Kunden fragen immer weniger nach Standardprodukten, sondern fragen individuell auf sie abgestimmte **Leistungsbündel** nach. Hersteller und Vertriebspartner müssen daher ihre angebotenen Produkte und Dienstleistungen überdenken. Zusätzlich verkürzt der technische Fortschritt zunehmend die Lebenszyklen von Produkten und Technologien, was wiederum die Leistungsanforderungen an den Vertrieb ansteigen lässt. Um kompetent auf Fragen der Kunden antworten und Lösungsmöglichkeiten anbieten zu können, muss jederzeit aktuelles Knowhow verfügbar sein.

Auftraggeber gehen vom Vertrieb standardisierter Produkte zu komplexen Leistungen über, die eine Differenzierung vom Wettbewerb ermöglichen. Der Handelsagent als Vertriebspartner bietet an dieser Stelle durch den persönlichen Kontakt ein nicht unerhebliches Potenzial.

Eine **Individualisierung von Leistungen** wird nur durch umfassende Informationen über Kunden und Kundenwünsche möglich. Diese Informationen müssen über den Vertrieb, der die Kundenschnittstelle bildet, in die Unternehmen fließen. Auftraggeber gehen verstärkt dazu über, durch Einsparen von Handelsstufen den Absatz verstärkt in die eigenen Hände zu nehmen und damit die Kontrolle über eben diese Kundenschnittstelle zu erhöhen. Für Handelsagenten wird es damit besonders wichtig zu zeigen, dass sie als Vertriebspartner für die kundenorientierte Leistungserbringung ebenso geeignet sind wie die im Vertrieb des Unternehmens angestellten Mitarbeiter.

Das Internet hat neue Vertriebswege und elektronische Marktplätze entstehen lassen, die auch für kleine Unternehmen relativ leicht zugänglich sind und ihnen eine überregionale Präsenz ermöglichen, was ebenfalls neue Anforderungen an den Vertrieb generell und an die Handelsagenten stellt. Beispielsweise verfügen die Kunden über deutlich detailliertere Informationen, auch in Bezug auf den Preis. Damit ist es kaum noch möglich, höhere Margen aufgrund von Informationsdefiziten beim Kunden zu realisieren.

Bei der Suche nach neuen Wachstumsfeldern sollten die Handelsagenten ihr Augenmerk auch auf die **nachgelagerten Märkte** richten. In vielen Branchen spielt nämlich nicht nur der Erstmarkt eine wichtige Rolle, Erstkauf und nachgelagerter Kauf lassen sich oftmals durch Serviceangebote besser bedienen.

Die Service-Möglichkeiten von Auftraggebern werden oft nicht ausgeschöpft, sondern nur eingeschränkte Dienstleistungen auf Kundenanfrage angeboten und nicht aktiv beworben. Auch an dieser Stelle eröffnen sich dem Handelsagenten neue Chancen. Mit dem vertretenen Unternehmen könnte er beispielsweise in Bezug auf die Übernahme und somit das **Outsourcing** dieser Dienstleistungen verhandeln.

Für Handelsagenten gehören Veränderungen der Betriebsformen im Einzelhandel zu den wichtigsten Determinanten ihrer Wettbewerbssituation und bezüglich der Ausrichtung ihrer Kern- und Zusatzleistungen. Probleme bereiten zweifellos diejenigen Angebotsformen, bei denen Waren vornehmlich direkt bei den Auftraggebern bezogen werden.

Trotz dieser Ausschaltungstendenzen bei diesen Betriebstypen des Handels können viele Beispiele belegen, dass Handelsagenten Geschäftspartner von Großunternehmen oder gewerblichen Verbundgruppen des Einzelhandels sind. Voraussetzungen sind jedoch die Übernahme namhafter Vertretungen, attraktive Produkte und handelsbezogene Dienstleistungen.

Gute Chancen für die Handelsagenten bietet die steigende Anzahl von **Unternehmensneugründungen**. Markteinführung und Produktvertrieb neuer Anbieter finden in der Regel unter hohen Marktwiderständen statt und brauchen Marktpartner, die bereits über Kundenbeziehungen verfügen. Auch kann der Vertrieb mit eigenen Mitarbeitern für eine Reihe dieser Unternehmen nicht realisiert werden aufgrund fehlender Ressourcen oder eines zu hohen Fixkostenrisikos. Diese Umstände wiederum begünstigen die Zusammenarbeit mit Handelsagenten und ermöglichen das Anbieten weiterer Dienstleistungen.

Ähnliche Erweiterungschancen bestehen auch durch die **Hinzunahme ausländischer Vertretungen** zur Intensivierung des Importgeschäftes. Für die Exportstrategien kleiner und mittlerer Hersteller ist die Zusammenarbeit mit Handelsagenten oft die einzige Möglichkeit, den östereichischen Markt und die Nachbarländer zu erschließen.

4.2 Die Kosten zusätzlicher Dienstleistungen erfassen und die Preise berechnen

Einige Besonderheiten der Preispolitik von Dienstleistungsbetrieben treffen auch für Handelagenten zu. Zu nennen ist etwa der hohe Anteil von Fixkosten, die in der Regel Gemeinkostencharakter aufweisen, resultierend daraus, dass der Dienstleistungsanbieter seine Leistungsbereitschaft permanent aufrechterhalten muss. Hierfür Beispiele sind die Personalkosten oder die Kosten für die Bereitstellung von Fahrzeugen. Eine derartige Kostenstruktur erschwert eine verursachungsgerechte Aufteilung der Kosten auf die einzelnen Kostenträger, sprich Dienstleistungen.

Schwierig ist es, die Bereitschaft des Nachfragers einer Dienstleistung, einen bestimmten Preis zu zahlen, zu erfassen – im Falle eines Handelsagenten die vertretenen Unternehmen und Kunden. Dies gilt im Besonderen für neue Dienstleistungen. Im Wesentlichen lieg dies darin begündet, dass Dienstleistungen immaterieller Art sind und somit sichtbare Leistungsmerkmale weitestgehend fehlen. Zudem können der Nutzen und die Qualität einer Dienstleistung, die die Bereitschaft, einen bestimmten Preis zu bezahlen, im Wesentlichen bestimmen, zumindest am Anfang nur schwer vermittelt werden. Selbst wenn die Qualität einer Leistung stimmt, erhöht dies nicht unbedingt die Akzeptanz eines Preises.

Um das Bewusstsein für die Vergütung einer Dienstleistung zu schaffen, wird der Handelsagent nicht umhinkommen, dem Vertriebsleiter bei seinem vertretenen Unternehmen oder dem Einkäufer beim Kunden vorzurechnen, was das Unternehmen an Geld spart, wenn er die Dienstleistung erbringt.

Darüber hinaus haben die meisten Dienstleistungen eines Handelsagenten einen hohen Individualisierungsgrad, sodass einheitliche Preise für die Inanspruchnahme einer Dienstleistung nur schwerlich festgelegt werden können. Hier kann mit jedem vertretenen Unternehmen oder mit Kunden eine Rahmenvereinbarung für die Vergütung einer Dienstleistung getroffen werden und erst nach erbrachter Dienstleistung oder nach einer bestimmten Periode wird dieser Dienstleistungspreis dann endgültig fixiert. Unternehmensberatungen praktizieren häufig diese Vorgehensweise.

4.2.1   Mit Dienstleistungen als Handelsagent Geld verdienen

In aller Regel trägt ein Handelsagent alle Kosten selbst, die mit der Erfüllung seines Kerngeschäftes zusammenhängen. Diese Kosten auf Basis des vereinbarten Provisionssatzes werden normalerweise durch die zu erzielenden Provisionseinnahmen gedeckt. Werden jedoch Dienstleistungen aufgrund von Veränderungen des Marktes notwendig oder von Marktpartnern neu gewünscht, sollte mit dem vertretenen Unternehmen die Anpassung der Vergütung der Dienstleistungen verhandelt werden. Bei Vertragsschluss wurde erst einmal ein bestimmter Umfang an vertrieblichen Leistungen zugrunde gelegt und ein entsprechender Provisionssatz vereinbart.

Aus der Praxis ist häufig zu vernehmen, Provisionssätze seien überwiegend „in Stein gemeißelt" und könnten schwerlich nach oben korrigiert werden. In solchen Fällen ist es ratsam, über sich direkt auf die Vergütung einzelner Serviceleistungen beziehende Vergütungsformen zu verhandeln. Handelsagenten können auf folgende Arten mit Dienstleistungen höhere Einnahmen und einen höheren Gewinn erzielen:

- Eine Zahlungsbereitschaft für einzelne Dienstleistungen ist natürlich für den Handelsagenten der schönste Fall. Diese Sonderzahlungen erbringen in der Regel die vertretenen Unternehmen. Die Kunden sehen die Dienstleistungen meistens als selbstverständlich an.
- Es mag mitunter die Dienstleistung nicht separat gezahlt werden, dafür aber einen höheren Lieferanteil beim Kunden, was sich auf die Provisionseinnahmen auswirkt.
- Ein bestimmtes Dienstleistungsniveau des Handelagenten wird auch ausschlaggebend sein für Entscheidung des Kunden.
- Dienstleistungen bieten zukünftige Gewinnmöglichkeiten dadurch, dass neue Kundenkreise erschlossen werden.
- Dienstleistungen enthalten für den Handelsagenten häufig Informationsvorteile durch einen detaillierten Blick auf den Kunden. Beispielsweise sind Handelsagenten, die Reklamationen oder Schulungen durchführen, öfter vor Ort und können zusätzliche Bedarfe der Kunden erkennen.

Ausgangspunkt ist zunächst die Berechnung eines internen Preises, wozu insbesondere den einzelnen Dienstleistungen die entstehenden Kosten zugeordnet werden. Die Ausrichtung des Preises an den Kosten, die bei der Leistungserstellung entstehen, ist hier traditionell weitverbreitet.

Kostenorientierte preispolitische Entscheidungen orientieren sich am Prinzip der Wirtschaftlichkeit. Es soll also ein Preis ermittelt werden, der zumindest die Kosten deckt oder mit dem ein festgelegtes Gewinnziel erreicht werden kann. Bei der an den Kosten orientierten Preisfestlegung werden alle Kosten oder zumindest bestimmte Kostenbestandteile einbezogen.

Ob der interne Preis, den der Handelsagent kalkuliert hat und der sich auch an einem Gewinnziel orientiert, bei den vertretenen Unternehmen oder bei den Kunden tatsächlich angesetzt werden kann, bestimmen Faktoren wie Verhandlungsgeschick, die Beziehung zu den Marktpartnern, die Wettbewerbssituation und andere mehr. Ein zu hoher Kostenpreis kann dazu führen, dass Dienstleistungen nicht angefordert werden. Wird der Dienstleistungspreis nicht akzeptiert und auf ein Minimum gesenkt, wird mit dem Handelsagenten vielleicht weiter zusammengearbeitet; allerdings arbeitet er womöglich nicht mehr kostendenckend und muss dann Maßnahmen zur Kostensenkung ergreifen.

4.2.2 Den Preis mittels Verrechnungseinheiten kalkulieren

Die Stückkosten je Dienstleistung können meist nur schwer verursachungsgerecht ermittelt werden, weshalb auf die Kalkulation von Verrechnungseinheiten zurückgegriffen wird. Dienstleistungen sind sehr personalintensiv und es ist daher sinnvoll ist, die Verrechnungseinheit auf der Grundlage der Personalkapazität zu errechnen. Die Verrechnungseinheit (VE) lautet daher:

▶ VE = Kosten des Handelsagenten/fakturierfähige Stunden = €/Std.

Vielfach werden aber die Kosten nicht nur auf Stunden, sondern auf kürzere Zeiteinheiten heruntergerechnet, z. B. 15 min. Das erlaubt die flexiblere Abrechnung von Dienstleistungen. Fallen dazu noch Einzelkosten an, für besondere Dienstleistungen in einem hohen Umfang, werden diese in voller Höhe zu der Verrechnungseinheit hinzuaddiert.

Die Verrechnungseinheit oder hier der Stundenverrechnungssatz wird kalkuliert, indem alle bei dem Handelsagenten anfallenden Kosten addiert werden und diese Gesamtkosten durch die „fakturierfähigen" Stunden geteilt werden.

▶ Die „fakturierfähigen" Stunden können für die Arbeitsleistung angerechnet werden.

Es bleibt jedem Handelsagenten selbst überlassen, wie er die Definition und somit die Berechnung vornimmt. Entweder wird die volle Arbeitskapazität, d. h. die Anwesenheitstage des Handelsagenten, oder die Zeit für die Tätigkeit im Außendienst zugrunde gelegt. Tab. 4.1 und 4.2 zeigen zunächst exemplarisch die Berechnung der Arbeitstage sowie der „fakturierfähigen" Stunden eines Handelsagenten im Jahr.

Tab. 4.1   Berechnung der Arbeitstage im Jahr

Tage im Kalenderjahr	365
./.Samstage und Sonntage	104
./.Feiertage	10
./.Urlaubstage	25
./.Krankheit und sonstige Ausfalltage	15
= **Arbeitstage**	**211**
./.Innendiensttätigkeit/Messebesuche/Besprechungen	31
= **Arbeitstage im Außendienst**	**180**

Tab. 4.2   Berechnung der „fakturierfähigen" Stunden einer Handelsagentur

Arbeitstage	211	180
× Stunden pro Tag	7,7	7,7
× produktiv Beschäftigte	1,5	1,5
= **Arbeitsstunden insgesamt**	**2.437**	
oder Arbeitsstunden im Außendienst		**2.079**

Legt man nun die Gesamtkosten des Beispiel-Handelsagenten (vgl. Tab. 3.1) zugrunde, so ergeben sich beispielhaft die in Tab. 4.3 dargestellten Stundenverrechnungskostensätze.

Diese Verrechnungssätze enthalten noch keinen Gewinn, die angestrebte Gewinnmarge ist entsprechend hinzuzurechnen. Beispielsweise ergeben sich bei einem betrieblichen Gewinnziel von 10 % Stundenverrechnungskostensätze von € 44,88 bzw. € 52,61.

Mit diesen Verrechnungssätzen können nun nahezu alle Dienstleistungen kalkuliert werden, die ein Handelsagent anbietet bzw. die entweder von den vertretenen Unternehmen oder den Kunden gewünscht werden.

Tab. 4.3   Beispiel für die Berechnung eines Stundenverrechnungskostensatzes (Gesamtkosten der Handelsagentur € 99.430)

Arbeitsstunden	Stundenverrechnungskostensatz
Insgesamt 2.437	€ 40,80/Std.
Außendienst 2.079	€ 47,83/Std.

Anmerkung (Tab. 4.2): Die Wochenarbeitszeit beträgt 38,5 gemäß Kollektivvertrag für Angestellte im Handel = 7,7 h pro Tag.

Abb. 4.1 zeigt, dass die Höhe der Kosten und des Preises also durch die beanspruchte Arbeitszeit, den Stundenverrechnungssatz und einen Gewinnzuschlag bestimmt wird.

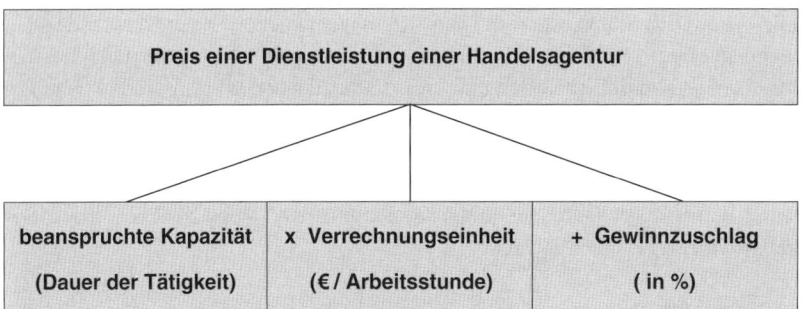

Abb. 4.1 Bestimmungsgrößen der Kosten und des Preises
(Adaptiert nach Paffhausen 2017; mit freundlicher Genehmigung von © Springer Fachmedien Wiesbaden 2017. All Rights Reserved)

4.2.3 Den Dienstleistungspreis durch Erfassen und Berechnen von Einzel- und Gemeinkosten festlegen

Ein Handelsagent kann mehrere Unternehmen vertreten, sodass häufig auch eine Vielzahl an Produkten verkauft und Dienstleistungen unterschiedlichster Art durchgeführt werden. Dementsprechend kommt für die Preisberechnung von Dienstleistungen die Zuschlagskostenrechnung zum Zuge. Diese Methode führt im Vergleich zur dargestellten Berechnung von Dienstleistungspreisen mithilfe eines Verrechnungssatzes zu genaueren Ergebnissen.

Beispiele für die Anwendung der Zuschlagskostenrechnung sind besonders kostenintensive Dienstleistungen oder Dienstleistungen, die nur für bestimmte Kunden oder Auftraggeber erbracht werden. Hier ist die Preisermittlung durch Erfassen der anfallenden Einzel- und Gemeinkosten zweckmäßiger, aber entsprechend aufwendiger. Zu den Einzelkosten zählen Kosten, die den Dienstleistungen direkt zugeordnet werden können. Die Gemeinkosten werden den Dienstleistungen hingegen über Bezugsgrößen zugerechnet. Das Grundschema der Zuschlagskostenrechnung in allgemeiner Form für Dienstleistungen eines Handelsagenten sieht folgendermaßen aus:

▶ Einzelkosten einer Dienstleistung + Gemeinkosten einer Dienstleistung
  = **Selbstkosten der Dienstleistung**

▶ Selbstkosten der Dienstleistung + Gewinnzuschlag
= **kostenorientierter Preis für eine Dienstleistung**

Der Endpreis, den der Kunde bezahlen soll, wird bei der kostenorientierten Preisbildung aus den Stückkosten der Dienstleistung abgeleitet. Die prozentual dazugerechnete Marge ergibt den Gewinn bzw. die Rendite. Wenn auch kein direkter Zusammenhang zwischen Kosten und Preis vorhanden ist, wird in der Praxis dieser Ansatz zur Preisbildung häufig herangezogen. Dies liegt zweifellos in der methodisch einfachen und schnell durchzuführenden Preisfindung auf Kostenbasis begründet und mit bei dieser Methode kann einfacher argumentiert werden, beispielsweise bei Kostensteigerungen. Folgende Kostenarten zählen zu den Vertriebseinzelkosten eines Handelsagenten:

- Kosten für die Inanspruchnahme von Arbeitsleistungen (Personalkosten)
- Kosten für den Verbrauch von materiellen Gütern
- Kosten für die Abnutzung von materiellen Gütern (Abschreibungen)
- Kosten für die Nutzung von Kapital
- Kosten für die Inanspruchnahme fremder Dienstleistungen
- Kosten für die Berücksichtigung von Risiken

4.2.4   Die Kosten für Lagerhaltung erfassen und berechnen

Übernimmt ein Handelsagent für ein vertretenes Unternehmen oder für Kunden die Lagerhaltung, können folgende Kosten anfallen, die bei der Preiskalkulation für diese Dienstleistung berücksichtigt werden sollen:

- Personalkosten des Lagerarbeiters sowie des Lagerverwalters (evtl. auch anteilig)
- Abschreibung des Lagergebäudes, der Lagereinrichtung sowie der Transportvorrichtung des Lagers
- Stromkosten für Beleuchtung sowie Kosten Energiekosten zum Heizen bzw. Kühlen des Lagers
- Kosten für gebundenes Kapital in den lagernden Produkten, Lagergebäude etc.
- Kosten der Lagerversicherung und des Lagerrisikos
- Bürokosten im Zusammenhang mit der Leitung und Verwaltung des Lagers

Diese Kosten können beispielsweise verrechnet werden, indem die gesamten in einem Jahr anfallenden Lagerkosten gleichmäßig auf die lagernden Mengeneinheiten der Produkte verteilt werden.

Eine andere Möglichkeit ist die Kostenverrechnung anhand der Einkaufspreise oder Selbstkosten der Produkte, es wird jedoch die Beanspruchung des Lagers durch die einzelnen Produkte nicht berücksichtigt. Ist ein genaueres Verfahren zur Verrechnung der Lagerkosten vonnöten, müssen die durchschnittliche Lagerdauer pro Mengeneinheit oder die Anzahl der Lagerbewegungen noch mitberücksichtigt werden.

4.2.5 Die Kosten für die Auslieferung von Produkten erfassen und verrechnen

Übernimmt ein Handelsagent für ein vertretenes Unternehmen die Auslieferung von Produkten, sind folgende Kosten bei der Berechnung einer Vergütung für diese Dienstleistung zu berücksichtigen:

- Abschreibung des Fahrzeugs
- Treibstoffkosten
- Reparatur- und Wartungskosten
- Kraftfahrzeugsteuer
- Prämien der Transportversicherung
- Personalkosten des Kraftfahrers
- Bürokosten im Zusammenhang mit der Leitung und Verwaltung der Transporte

Auch bei der Berechnung dieser Kosten ist eine eher grobe oder feinere Form der Verrechnung möglich. Es sind die Transportstrecken, die Transportzeiten und transportunabhängige Kosten der Auslieferung wie beispielsweise die Verwaltungskosten zu berücksichtigen. Ob die Berechnung des Preises bezogen auf die auszuliefernden Produkte erfolgen kann, ist auch vom Volumen und Gewicht abhängig.

4.2.6 Die Kosten für Marktforschung erfassen und berechnen

Handelsagenten können auch die Marktforschung für vertretene Unternehmen und Kunden übernehmen. Bei dieser Dienstleistung kann ebenfalls eine Kalkulation der Vergütung auf Basis von Einzel- und Gemeinkosten erfolgen. Dazu sind die folgenden Kostenarten zu erfassen:

- Personalkosten

- Abschreibung der IT-Technik, die bei der Datenerhebung und -auswertung verwendet wird
- Kosten für Marktforschungsmaterial (Papierkosten und Portokosten bei schriftlichen Erhebungen)
- Bürokosten

Bei dieser Dienstleistung eignet sich eine Verrechnung der Marktforschungskosten auf Mengeneinheiten von Produkten eher nicht. Auf der Grundlage der geschätzten Sach- und Personalkosten kann dann ein Preisangebot abgegeben werden.

4.3   Zehn Tipps für das Anbieten von Dienstleistungen

Das Anbieten von Diensleistungen trägt in hohem Maße zur Zukunftssicherung des Berufes „Handelsagent" bei. Daher sollten folgende Tipps besonders beachtet werden:

Tipp 1: Zusatzleistung stützt Kernleistung

Für jeden Handelsagenten ist es von großer Bedeutung zu unterscheiden, was zu seiner Kernleistung zu rechnen ist und was darüber hinaus als ergänzende Dienstleistung zu bewerten ist. Das Vorstehende hat dargelegt, dass als Kernleistung eines Handelsagenten die Produktvermittlung und alle unmittelbar für das Verkaufen notwendigen Dienstleistungen zu subsumieren sind. Alle darüber hinausgehenden Dienstleistungen sind Ergänzungen seines Angebotes und dementsprechend nicht über den vereinbarten Provisionssatz abgegolten.

Dementsprechend ist es erforderlich, alle erbrachten Leistungen hinsichtlich dieser Aufteilung zu bewerten, wobei generelle Empfehlungen der Vorgehensweise nicht gegeben werden können.

Tipp 2: Tue Gutes und rede darüber

Sowohl viele vertretene Unternehmen als auch Abnehmer betrachten die erbrachten Dienstleistungen als selbstverständlich. Dies liegt nicht zuletzt daran, dass die Handelsagenten selbst kein klares Bild von den eigenen erbrachten Dienstleistungen haben, geschweige denn diese aktiv vermarkten. Es ist hilfreich, die eigenen angebotenen Dienstleistungen detailliert aufzulisten, sowohl die Kernleistung als auch die ergänzenden Dienstleistungen.

Es bietet sich darüber hinaus an, alle oder ausgewählte Dienstleistungen der Zielgruppe entsprechend aktiv zu vermarkten. In einem homogenen Produktumfeld kann gerade die aktive Vermarktung der Dienstleistungen für den Verkaufserfolg ausschlaggebend sein. Auch vermeintlich Selbstverständliches sollte man darstellen. Was von einem Handelsagenten klar dem Tagesgeschäft zugeordnet wird, kann beispielsweise für Kunden eine Besonderheit darstellen.

Tipp 3: Systematisch suchen und über den Tellerrand blicken

Es sollten allerdings nicht nur bereits erbrachte Dienstleistungen aufgelistet werden. Da Dienstleistungen der entscheidende Wettbewerbsvorteil sein können, sind Handelsagenten erst durch eine regelmäßige und systematische Suche nach neuen Dienstleistungen dauerhaft erfolgreich.

Unter systematischer Suche ist zu verstehen, dass stets sowohl bei den vertretenen Unternehmen als auch bei den Abnehmern nach Aufgaben gesucht werden sollte, die weder von den Marktpartnern selbst noch von anderen Dienstleistern adäquat, zeitnah und zu einem angemessenen Preis-Leistungs-Verhältnis erbracht werden können. An dieser Stelle sind auch Dienstleistungen zu eruieren, die über das bisherige Produktumfeld, die gegenwärtigen Märkte sowie die bisherigen Zielgruppen hinausgehen. Damit positioniert sich der Handelsagent als Dienstleister weit über das angebotene Produktportfolio hinaus. Diese neu hinzukommenden Dienstleistungen ermöglichen neue Konditionenverhandlungen und eröffnen auch in bestehenden Verträgen zusätzliche Spielräume. Hier übernimmt der Handelsagent eine aktive Rolle, indem er dem Marktpartner einen Vorschlag unterbreitet und bereits eine Lösung anbietet.

Tipp 4: Vermarktungsformen mit Zielgruppen verbinden

Es gibt eine Vielzahl denkbarer Vermarktungsmöglichkeiten von Dienstleistungen. Je nach Zielgruppe können unterschiedliche Vermarktungsformen infrage kommen. Erreicht man beispielsweise die eine Zielgruppe eher mithilfe eines Flyers, können die gleichen Inhalte eine andere Zielgruppe eher über soziale Netzwerke transportiert werden. Die Vermarktungsformen sollen daher regelmäßig, möglichst jährlich, daraufhin überprüft werden, ob sie noch zu den Zielgruppen passen.

Tipp 5: Strategische Kooperationspartner suchen

Um stets eine qualitativ hochwertige Dienstleistung sicherzustellen und im Auge zu behalten, dass der Handelsagent nicht den Eindruck erweckt, irgendwie alles, aber nichts richtig zu können bzw. anzubieten, kann es sinnvoll sein, zwar die Dienstleistung im eigenen Namen anzubieten, deren Durchführung aber einem strategischen Kooperationspartner zu überlassen, für dessen einwandfreie Leistung der Handelsagent sich dann verbürgt. Auf diese Weise kann der Handelsagent ein größeres Dienstleistungsportfolio in besserer Qualität anbieten.

Tipp 6: Win-win-Situation durch Outsourcing

Das gezielte Angebot ergänzender Dienstleistungen von Handelsagenten kann das Segment der reinen Produktlieferung kleinerer Abnehmer insgesamt deutlich attraktiver machen.

Kleinabnehmer können notwendige Dienstleistungen, die sie aber selbst nicht erbringen können, auf den Handelsagenten outsourcen. Handelsagenten sollten gezielte Dienstleistungspakete für diese Zielgruppe schnüren, um einen vergleichsweise hohen Standardisierungsgrad zu erreichen. Nur auf diese Weise kann ein betriebswirtschaftlich sinnvolles Kosten-Nutzen-Verhältnis entstehen.

Tipp 7: Für ausländische Unternehmen Märkte machen

Vertretene Unternehmen mit internationalem Hintergrund benötigen gerade zur Erschließung neuer Absatzmärkte das Angebot zahlreicher Dienstleistungen. Der alleinige Produktvertrieb reicht nicht aus, um gerade auf einem internationen Markt im Wettbewerb zu bestehen, weshalb Dienstleistungen wie etwa Übersetzungsarbeiten, Moderationstätigkeiten, Begleitung und Unterstützung bei Verhandlungsterminen angeboten werden sollten.

Tipp 8: Transparenz durch Kalkulation der Kosten

Alle ergänzenden Dienstleistungen sind möglichst genau zu kalkulieren, was zum einen die interne Steuerung und Kontrolle der eigenen Ressourcen ermöglicht. Zum anderen können diese Dienstleistungen gegenüber dem vertretenen Unternehmen sowie Kunden mit in die Rechnungsstellung einbezogen werden.

Auf jeden Fall stärken ergänzende Dienstleistungen die Verhandlungsposition des Handelsagenten, da er immer wieder auf ergänzende Leistungen hinweisen kann.

Tipp 9: Neues Spiel, neues Glück

Bei bestehenden Verträgen ist ein Nachverhaneln nur schwer möglich. Die Kalkulation und Vermarktung dienen in erster Linie der Stärkung der eigenen Verhandlungsposition sowie der internen Steuerung und Kontrolle.

Neue Verträge sollten die ergänzenden Dienstleistungen nicht nur explizit anführen, sondern diese sollten auch gesondert kalkuliert werden, etwa in Form eines höheren Provisionssatzes oder in ergänzenden Vergütungen je nach Aufwand der erbrachten Dienstleistung.

Tipp 10: Dienstleistungen sichern die Position im Wettbewerb

Handelsagenten sind stärker als andere Distributionssysteme von Ausschaltungsgefahren betroffen, was mit ihrer hohen Unabhängigkeit und der großen Gestaltungsfreiheit ihrer Arbeit aus Sicht der Marktpartner zusammenhängt. Zudem wird fälschlicherweise angenommen, dass Brutto-Provisionseinnahmen und tatsächlicher Verdienst des Handelsagenten identisch sind. Das Angebot von Dienstleistungen ermöglicht es, sich dieser Ausschaltungstendenzen zu entziehen.

Quelle

Paffhausen A (2017) Erfolgreich als Handelsvertreter. Springer Gabler, Wiesbaden

So findet der Handelsagent qualifizierte Mitarbeiter

5

▶ Internationalisierung, Konzentrationen auf Anbieter- und Nachfragerseite und neue Vertriebsformen wie E-Commerce zwingen Handelsagenturen dazu, ihre Vertriebsaufgaben zu intensivieren und ihre Dienstleistungen zu erweitern. Diese Maßnahmen sind nur mit qualifizierten und engagierten Mitarbeitern möglich – ein echter Engpassfaktor. Inhalt dieses Kapitels sind die Maßnahmen, die eine Handelsagentur zur Mitarbeitersuche und -bindung ergreifen sollte, wie zum Beispiel die Motivationssteigerung durch Leistungsanreize oder auch Weiterbildungsmöglichkeiten. Es wird auf die Vergütung der Vertriebsmitarbeiter in einer Handelsagentur eingegangen, und es wird gezeigt, wie hoch die Kosten für einen Mitarbeiter veranschlagt werden müssen und wie viel ein Kundenbesuch kostet.

Bei immer ähnlicheren Produkten in Bezug auf Preis, Leistung und Qualität wird der Handelsagent für den Vertriebserfolg immer bedeutsamer. Nur ein Handelsagent kann im direkten Kontakt zum Kunden schnell und flexibel selbst auf komplexe oder häufig schlecht strukturierte Kundenwünsche eingehen und unmittelbar Problemlösungsmöglichkeiten aufzeigen. Wenn auch der Verkauf über das Internet und Online-Marketing möglicherweise vermuten lassen, dass – ähnlich wie bei der „mitarbeiterlosen Fabrik" – die Zukunft zunehmend in einem „mitarbeiterfreien Vertrieb" liegen könnte, so ist dies jedoch zu kurz gedacht. Das Vertrauen der Kunden ist auch zukünftig für den Vertriebserfolg ausschlaggebend.

Die elektronischen Medien eröffnen zweifellos neue Möglichkeiten der Kundenkommunikation, aber erschweren die Kundenbindung. Um langfristige Kundenbindungen zu entwickeln, wächst die Bedeutung des Faktors Mensch in erfolgreichen Vertriebsprozessen.

© Springer Fachmedien Wiesbaden 2019
A. Paffhausen, Ch. Rebernig, *Erfolgreich als Handelsagent mit Fokus Österreich*,
DOI 10.1007/978-3-658-23508-6_5

5.1 Personal als Engpassfaktor

Schon hier stellt sich die Frage, ob überhaupt ausreichend qualifiziertes Personal gewonnen und gebunden werden kann. Denn auch die demografische Entwicklung birgt für den Vertrieb eine strategische Herausforderung. Bereits zum jetzigen Zeitpunkt sind in den Augen vieler Experten die meisten Vertriebsorganisationen unterbesetzt. Außerdem werden in den nächsten zehn Jahren viele qualifizierte Verkäufer in den Ruhestand gehen. Nachwuchs ist wohl in diesem Metier rar. Personalberater weisen darauf hin, dass es sich abzeichnet, dass sich Mitarbeiter ihr Unternehmen aussuchen werden – und nicht umgekehrt. Wie Ergebnisse aus Befragungen mittelständischer Unternehmen zeigen, gelingt es nicht mehr überall, geeignete Bewerber zu bekommen. Mehr und mehr ist für Unternehmen der Fachkräftemangel ein Hemmnis ihrer wirtschaftlichen Entwicklung und somit ein Geschäftsrisiko.

Vor allem bei den größeren Handelsagenturen wird man sich verstärkt mit der Frage beschäftigen müssen, welche Maßnahmen ergriffen werden sollten, um qualifizierte Vertriebsmitarbeiter für den Außendienst zu finden. Schon jetzt bereitet die Personalrekrutierung größeren Handelsagenturen Probleme, überwiegend in den technischen Branchen oder mit beratungsintensiven Produkten.

5.1.1 Ein förderliches Betriebsklima

Um die Basis qualifizierter Mitarbeiter zu sichern, können die Handelsagenturen verschiedene Maßnahmen ergreifen. An erster Stelle steht ein angenehmes Betriebsklima, denn wenn sich Mitarbeiter bei ihrer Tätigkeit und in ihrem betrieblichen Umfeld wohlfühlen, identifizieren sie sich stärker mit ihrem Unternehmen, zeigen eine hohe Leistungsbereitschaft und verlassen eher selten das Unternehmen. Dies zeigt sich auch nach außen bei den Kunden in Form von höherer Produktivität und besser ineinandergreifenden Entscheidungsprozessen sowie Arbeitsabläufen.

Die Arbeitszufriedenheit wird aber auch davon beeinflusst, wie sinnvoll der Mitarbeiter seine Tätigkeiten erlebt. Gemeinsam mit dem Mitarbeiter sollten die ihm übertragenen Aufgaben daraufhin untersucht werden, ob diese in Art und Umfang noch sinnvoll, zeitgemäß und mitarbeiterfreundlich sind. Auch Betriebsabläufe sind ständigen Veränderungen unterworfen und können wiederum veränderten Wünschen des Personals angepasst werden. Die Mitarbeiterwünsche sind also mitzuberücksichtigen und mit den Zielen des Betriebes abzugleichen.

5.1.2 Die richtigen Anreize setzen

Um Mitarbeiter in einer Handelsagentur zu einem Wettbewerbsvorteil werden zu lassen, müssen auch die Leistungsanreize betrachtet werden, die den Mitarbeiter bei seiner Tätigkeit im Vertriebsaußendienst steuern und motivieren sollen. Häufig besteht noch immer das Anreizsystem lediglich aus der finanziellen Entlohnung. Natürlich muss die Vergütung ausreichen, dass der Mitarbeiter mindestens seinen Lebensunterhalt daraus bestreiten kann. Die monetäre Entlohnung ist aber nur ein Faktor, mit dem sich ein Betrieb von einem anderen abheben kann oder der neue Mitarbeiter anzieht. Dazu gehören beispielsweise flexible Arbeitszeiten, Homeoffice oder Betreuungsangebote für die Kinder von Mitarbeitern und Mitarbeiterinnen. Zu arbeitnehmerfreundlichen Leistungen zählen darüber hinaus der Abschluss einer Zusatzversicherung oder die private Nutzung eines Firmenwagens. Motivierend für einen Mitarbeiter ist auch, wenn er durch regelmäßige Besprechungen informiert und in Unternehmensentscheidungen und -prozesse einbezogen wird. In der modernen Arbeitswelt sollten auch kleine Betriebe größere Gestaltungsfreiräume für ihre Arbeitnehmer einräumen.

5.1.3 Weiterbildung ist wichtig

Wie zahlreiche Unternehmensbefragungen zeigen, kümmern sich erfolgreiche Betriebe intensiv um die Mitarbeiterentwicklung und somit um das Thema Weiterbildung, was gerade in Zeiten von Fachkräftemangel besonders wichtig ist. Kleine Unternehmen, die Mitarbeiter nicht mit Top-Gehältern locken oder binden können, positionieren sich durch Weiterbildungsangebote ebenfalls als attraktive Arbeitgeber. Denn durch Weiterbildungsangebote wächst nicht nur die Mitarbeiterkompetenz, sondern auch deren Zufriedenheit. Außerdem ist die Qualifikation der Gesprächspartner aus Industrie und Handel in den letzten Jahren immer mehr gestiegen. Darauf müssen sich die Mitarbeiter in den Handelsagenturen einstellen, damit sie als adäquate und kompetente Partner akzeptiert werden. Für die zukünftige Außendiensttätigkeit ist das Wissen über Marketing, Vertriebsstrategien, bezüglich der Nutzung neuer Technologien und vor allem über die betriebswirtschaftlichen Basisthemen von Vorteil.

5.2   Die Mitarbeitervergütung in Handelsagenturen

In jedem Unternehmen ist die Mitarbeitervergütung ein wichtiges Thema. Dies gilt im Besonderen bei der Vergütung der angestellten Außendienstmitarbeiter, denn hier spielt die Motivation eine besonders große Rolle und es wird ein hohes Maß an Einsatzbereitschaft erwartet. Allerdings ist es nicht einfach, deren Arbeitsleistung zu messen und zu kontrollieren.

Vergütungssysteme können auf unterschiedliche Art ausgestaltet werden. Keine Form gilt aber per se als die „richtige". Beispielsweise sind Fixgehälter oder Provisionen, die auf den getätigten Umsatz gezahlt werden, nicht generell schlechter oder besser zu beurteilen als von der betrieblichen Zielerreichung abhängige Prämien oder Boni. Jede Handelsagentur muss ihre betriebsspezifischen Umstände berücksichtigen, wie etwa Marktbearbeitungsstrategien, Branchengegebenheiten, die eigene Kostensituation, Art und Umfang der Tätigkeiten der einzelnen Mitarbeiter sowie psychologische Faktoren.

Problematisch ist eine „falsche" Entlohnungsform oder wenn Mitarbeiter ihre Tätigkeit nicht als leistungsgemäß vergütet ansehen. Der Arbeitgeber sollte daher „Warnsignale" beachten, wie zum Beispiel die folgenden Verhaltensweisen der Mitarbeiter:

- Vermehrte Kündigungen zeigen an, dass bei der Vergütung etwas nicht stimmt.
- Die Mitarbeiter bevorzugen unproblematische Kunden. Sie meiden schwierige Kunden und vor allem Neukunden.
- Die Mitarbeiter versuchen, ihr Einkommen durch Spesen aufzubessern, indem sie Routen und Besuche schlecht planen, was zu zusätzlichen Kosten führt.
- Die Verkaufsleistungen schwanken stark. Leistungssteigerungen sind beispielsweise nur durch angekündigte Prämienzahlungen möglich.

5.2.1   Leistungsabhängige Vergütung

Die leistungsabhängige Entlohnungsform hat sich als besonders motivierend durchgesetzt. Die Zusammensetzung aus fixen (Grundgehalt) und variablen (Provisionszahlungen, Prämien) Komponenten ist mittlerweile gängig bei der Vergütung der Handelsagenten. Umfragen zufolge werden die angestellten Vertriebsmitarbeiter in Handelsagenturen überwiegend leistungsbezogen bezahlt. Mehr als die Hälfte erhalten neben ihrem Grundgehalt Provisionen und/oder Prämien als Leistungsanreize.

Erfolgsorientierte Vergütungssysteme haben Vor- und Nachteile. Ein Vorteil ist, dass fähige Mitarbeiter ihr Einkommen durch die variablen Vergütungskomponenten selbst beeinflussen können. Für die Handelsagentur liegt der Vorteil darin, dass höhere Umsatzleistungen pro Person sich auch in prozentual niedrigeren Personalkosten niederschlagen. Allerdings wird die monetäre Motivation oft überschätzt, und für den Vertriebsmitarbeiter ist es häufig sehr schwierig, seine Vergütung selbst zu berechnen. Dieses Vergütungssystem birgt dazu die Gefahr, dass die wichtigen Beratungs- und Dienstleistungen, die nicht leistungsorientiert vergütet werden, vernachlässigt werden.

5.2.2   Das Grundgehalt als Sicherheit

Das Grundgehalt bildet eine tragende Säule der Vergütung der angestellten Vertriebsmitarbeiter. Es honoriert die Leistungsbereitschaft des Mitarbeiters. Bei dieser Vergütungsart fehlt jede Leistungsbezogenheit, es wird demnach die erwartete „Normalleistung" abgegolten. Der Mitarbeiter hat hier nicht den Druck zu verkaufen. Das Grundgehalt ist die stabilste Einkommensform, die damit ein hohes Maß an sozialer Sicherheit gewährleistet.

An die Buchhaltung stellt das Grundgehalt nur geringe Anforderungen und wird deshalb noch immer bevorzugt. Grundgehälter sind aber Fixkosten, die eher kritisch zu betrachten sind. Das Grundgehalt ist vor allem berechtigt,

- wenn keine direkte Beziehung zwischen Leistung und Entlohnung existiert. Beispielsweise überwiegt im Rahmen der Verkaufstätigkeit bei komplexen Produkten der Anteil der Beratungstätigkeit; der Mitarbeiter erbringt überwiegend Serviceleistungen;
- wenn die Zuordnung der Verkaufsleistung auf die am Verkauf beteiligten Mitarbeiter problematisch ist (Teamarbeit);
- bei starken saisonalen Absatzschwankungen;
- wenn neue Mitarbeiter eingearbeitet werden.

5.2.3   Provision als Leistungsanreiz

Ein Teil der Handelsagenturen zahlt Kombinationen von Grundgehalt und Provision. Mit dem Grundgehalt trägt der Arbeitgeber dem sozialen Sicherheitsbedürfnis des Mitarbeiters Rechnung und setzt mit der Zahlung von Provisionen einen Anreiz zur Steigerung der Verkaufsleistung. Diese Entlohnungsform ist zwar aufwendiger für die Gehaltsbuchhaltung gegenüber dem reinen Grundgehalt, sie setzt jedoch bei richtiger Anwendung starke Leistungsanreize und garantiert einen sich weitgehend selbst steuernden Vertriebsaußendienst. Die Mitarbeiter haben die Chance, ein höheres Gesamtgehalt zu erzielen.

5.2.4 Die Festlegung von fixen und variablen Einkommensbestandteilen

Die folgenden Grundsätze sollten bei der Festlegung der fixen und variablen Einkommensbestandteile beachtet werden:

- Je stärker der angestellte Vertriebsmitarbeiter seine Leistung beeinflussen kann, desto höher muss der variable Entlohnungsanteil angesetzt werden. Und je umfangreicher die zeitorientierten Tätigkeiten wie Service und Innendienstaufgaben sind, desto geringer sollte der variable Anteil an der Gesamtvergütung ausfallen.
- Erkenntnissen aus der Praxis der Entlohnung von Außendienstmitarbeitern in der Industrie zufolge sollte der variable Vergütungsanteil nicht unter 20 % liegen, da sonst nur noch ein geringer Anreiz besteht. Und er sollte auch nicht über 50 % angesetzt sein, da sonst für den Mitarbeiter eine zu große Unsicherheit hinsichtlich seiner Lebensführung besteht. Von Personalleitern und Entlohnungsberatern werden daher auch rund 30 % als zweckmäßig angesehen.
- Die Bemessungsgrundlage und die Höhe des Provisionssatzes sind von Bedeutung für die Berechnung der variablen Vergütung der Vertriebsmitarbeiter. Beide Größen sind wichtig, damit das Einkommen über einem fest vereinbarten Grundbetrag liegen kann. Für die Berechnung des anteiligen Leistungslohnes bieten sich verschiedene Möglichkeiten an wie beispielsweise der vermittelte Warenumsatz, die Provisionseinnahmen oder Deckungsbeiträge. Die Auswahl lässt sich nur betriebsindividuell festlegen. Entscheidend ist, welche Ziele die Handelsagentur verfolgt, wie z. B. Forcierung des Verkaufs bestimmter Produkte, Steigerung der Provisionseinnahmen aus bestimmten Vertretungen, und welchen Aufwand man beim Abrechnungsverfahren in Kauf nimmt.
In der Praxis bilden der vermittelte Warenumsatz und die Provisionseinnahmen überwiegend die Basis für die Berechnung, da die Ermittlung dieser Größen relativ einfach ist. Deckungsbeiträge haben als Zielgrößen der Außendienstvergütung bei Weitem nicht die Bedeutung erlangt, wie es von Beratern vielfach prognostiziert wurde. Diese Feststellung gilt auch für die Entlohnung der Vertriebsmitarbeiter im Außendienst von Unternehmen.

5.2.5 Prämien zur Feinsteuerung

Provisionssätze können bei Mitarbeitern kurzfristig kaum angepasst werden. Das erschwert ein notwendiges schnelles Reagieren bei Veränderungen im Markt. Kurz- bzw. mittelfristige Einzel- und Zusatzleistungen können daher relativ einfach mithilfe von Prämien beeinflusst werden.

Sie sind kein fester Gehaltsbestandteil, sondern honorieren gute Leistungen bzw. das Erreichen bestimmter Zielsetzungen zusätzlich, kommen in Verbindung mit allen Entlohnungsformen vor und können stark leistungsmotivierend wirken, je nach festgesetzter Höhe. Zum einen werden Prämien für bestimmte, zeitlich begrenzte Aktionen gezahlt, etwa in Form der Einmalzahlung, z. B. für das Erreichen bestimmter Umsatzziele oder für die Neukundengewinnung. Zum anderen gibt es beispielsweise für die Einführung neuer Artikel sowie für den Verkauf von Saisonware Zeitprämien.

5.2.6 Dienstwagen als Leistungsanreiz

Der angestellte Vertriebsmitarbeiter einer Handelagentur benötigt ein Kraftfahrzeug für seine tägliche Arbeit. Wird ihm ein Dienstwagen zur Verfügung gestellt und er kann ihn für private Zwecke nutzen, handelt es sich um eine geldwerte Zusatzleistung, die in Festlegung der Vergütung einbezogen werden muss. Die private Nutzung des Dienstwagens wird gerne als wirksames Belohnungs- und Anreizmittel eingesetzt.

5.3 Die Kosten von Vertriebsmitarbeitern im Außendienst einer Handelsagentur kalkulieren

Die Notwendigkeit einer intensiveren Bearbeitung des Marktes oder die Ausweitung des Vertretungsportfolios um eine neue Vertretung stellt eine Handelsagentur häufig vor Kapazitätsprobleme. Der Personalbestand muss angepasst werden. Bevor jedoch Einstellungsgespräche geführt werden, sind die Kosten eines Vertriebsmitarbeiters im Außendienst zu berechnen. Daraus kann dann abgeleitet werden, wie hoch die Provisionseinnahmen ausfallen müssen, um diese Kosten zu decken. Reichen die Einnahmen zur Kostendeckung nicht aus, müssen andere Wege gesucht werden, um den personellen Engpass zu beseitigen.

Aber nicht nur bei der Einstellung eines Vertriebsmitarbeiters muss die Handelsagentur sich ein genaues Bild von der Höhe der Personalkosten machen. Sie dienen

Tab. 5.1 Jährliche Kosten für einen Vetriebsmitarbeiter im Außendienst in einer Handels-agentur (Beispielrechnung auf Vollzeitbasis) (Adaptiert nach Paffhausen 2017; mit freund-licher Genehmigung von © Springer Fachmedien Wiesbaden 2017. All Rights Reserved)

Kostenart	Betrag in €
Jahreseinkommen (Gehalt + Provision + Prämie)	40.000
Lohnnebenkosten (ca. 30,5 %)	12.200
Personalkosten	**52.200**
Regiekosten (ca. 10 % der Personalkosten)	5.220
Kfz-Kosten (37.300 km à € 0,42)	15.666
Spesen	1.714
Summe	**74.800**
Gewinnzuschlag (z. B. 8 %)	5.984
Einsatzkosten	**80.784**

ebenfalls zur Beurteilung der Effizienz eines Mitarbeiters. Eine solche Überprüfung wird immer bedeutsamer, zumal bei einer Tendenz zum Anstieg der Außendienst-kosten für die nächsten Jahre und der immer kürzer werdenden Zeitspanne für Kundenbesuche. Tab. 5.1 zeigt auf, mit welchen Kosten zu rechnen ist. Damit kann jede Handelsagentur die Kosten für einen Mitarbeiter im Außendienst kalkulieren. Dabei müssen natürlich die individuellen Bedingungen wie Jahreseinkommen, Re-giekosten, Gewinnzuschlag usw. zugrunde gelegt werden.

Zunächst sind die Gesamtbezüge pro Jahr eines Vertriebsmitarbeiters im Außen-dienst anzusetzen, also das Jahres-Grundgehalt sowie zusätzlich gezahlte Provisio-nen und Prämien. Dazuzurechnen sind die Lohnnebenkosten in Höhe von rund 30,5 %. Dieser Wert findet in der Praxis überwiegend Anwendung. Zu den Lohn-nebenkosten zählen beispielsweise Arbeitgeberbeiträge zur Pensions-, Unfall-, Kranken- und Arbeitslosenversicherung, Aufwendungen für die betriebliche Alters-versorgung, Aufwendungen für die berufliche Bildung und sonstige freiwillige Leistungen. Außerdem fallen im Personalwesen einer Handelsagentur auch Regie-kosten an, die in die Kalkulation miteinbezogen werden müssen, wie etwa der Verwaltungsaufwand für die Gehalts- und Spesenabrechnung, die Arbeitsplatzkos-ten sowie die Einstellungskosten. Schließlich zählen zu den Einsatzkosten eines Vertriebsmitarbeiters im Außendienst die Aufwendungen für ein Kraftfahrzeug sowie die Tages- und Übernachtungsspesen. Zugeschlagen werden sollte auch ein prozentualer Gewinnbeitrag für den Kapitaleinsatz und das Risiko zu den ermittel-ten Gesamtkosten eines Vertriebsmitarbeiters im Außendienst einer Handelsagen-tur.

Tab. 5.2 Provisionssätze und vermittelte Warenumsätze bei Einsatzkosten von € 80.784 (Aus Paffhausen 2017; mit freundlicher Genehmigung von © Springer Fachmedien Wiesbaden 2017. All Rights Reserved)

Provisionssatz (%)	Vermittelter Warenumsatz (€ Mio.)
3	2,693
5	1,616
7	1,154
9	0,897

Wenn nun die Handelsagentur die Einsatzkosten für ihren Vertriebsmitarbeiter kennt, kann sie errechnen, welche Einnahmen dieser Mitarbeiter erzielen muss, um Kosten und Gewinnmarge zu erwirtschaften. Dabei gilt:

▶ Einsatzkosten = Provisionseinnahmen und somit Provisionssatz x vermittelter Warenumsatz

Tab. 5.2 zeigt, wie die Einnahmenseite bei dem hier vorgestellten Beispiel aussehen müsste. Verursacht ein Vertriebsmitarbeiter beispielsweise Einsatzkosten (einschließlich eines Gewinnzuschlags) in Höhe von € 80.784 entspricht dies den Provisionseinnahmen pro Jahr bei den in Tab. 5.2 angeführten Provisionssätzen und vermittelten Warenumsätzen.

Beabsichtigt eine Handelsagentur, einen Mitarbeiter für ihren Vertriebsaußendienst einzustellen, ist es unbedingt erforderlich, die Provisionseinnahmen zu schätzen und den möglichen Kosten gegenüberzustellen. Wichtig sind vor allem möglichst realistische Vorstellungen darüber, inwieweit der zu bearbeitende Markt den notwendigen vermittelten Warenumsatz hergibt. Sollte der Vergleich ergeben, dass die Einnahmen zu gering sind, ist zu überlegen, ob auf der Kostenseite Kürzungen vorgenommen werden können – beispielsweise beim Einkommen des Mitarbeiters oder beim Gewinnzuschlag. Eine Lösung wäre auch, erst dann den Personalbestand aufzustocken, wenn eine weitere Vertretung vonseiten eines Unternehmens zusätzliche Einnahmen generiert. Hierbei ist natürlich zu prüfen, ob die Betreuungskapazität des Mitarbeiters dies zulässt. Auch die Konsequenz, auf die Einstellung eines Mitarbeiters und damit auf die Übernahme einer neuen Vertretung ganz zu verzichten, muss in Betracht gezogen werden. Entscheidend ist immer, dass sich der Einsatz bzw. die Neuaufnahme rechnet.

So viel kostet ein Kundenbesuch eines Vertriebsmitarbeiters

Eine Handelsagentur sollte auch wissen, wie hoch die Kosten eines Kundenbesuches für einen Vertriebsmitarbeiter sind. Diese Information ist beispielsweise hilfreich für die Besuchs- und Rouren-Planung der Mitarbeiter. Sie dient darüber hinaus

Tab. 5.3 Arbeitszeit eines Vertriebsmitarbeiters im Außendienst pro Jahr (Adaptiert nach Paffhausen 2017; mit freundlicher Genehmigung von © Springer Fachmedien Wiesbaden 2017. All Rights Reserved)

Kalenderjahr	**365 Tage**
./.Sonn-/Samstage	104
./.Feiertage	10
./.Urlaub	25
./.Krankheit	10
./.Schulung/Messebesuche	9
	207
./.Innendiensttätigkeit/Besprechungen	27
Zeit für Tätigkeit im Außendienst (Reisetage)	**180**

als Grundlage bei Gesprächen mit den vertretenen Unternehmen über die Besuchsfrequenz der Kunden sowie bei Provisionsverhandlungen.

Die Einsatzkosten eines Vertriebsmitarbeiters im Außendienst werden für ein Jahr auf kleinere Zeiteinheiten (Arbeitstag, -stunde, -minute) heruntergebrochen. Diese Beträge zeigen der Handelsagentur die Kosten eines Kundenbesuchs insgesamt an und – bei entsprechender Aufteilung – die Kosten, die beim Kundenbesuch für die verschiedenen vertretenen Unternehmen verursacht werden. Zunächst ist die Arbeitszeit des Vertriebsmitarbeiters im Außendienst zu ermitteln, beispielsweise wie in Tab. 5.3.

Bei Gesamtkosten von € 80.784 kostet somit ein Arbeitstag im Vertriebsaußendienst € 448,80 (€ 80.784: 180). Vorausgesetzt, der Mitarbeiter kann täglich sechs Kunden besuchen, betragen die Kosten für einen Besuch € 74,80. Um diese Kosten decken zu können, müssen bei jedem Besuch im Durchschnitt die in Tab. 5.4 dargestellten Aufträge eingeholt werden.

Tab. 5.4 Provisionssätze und vermittelte Warenumsätze bei den Kosten eines Kundenbesuches von € 74,80 (Aus Paffhausen 2017; mit freundlicher Genehmigung von © Springer Fachmedien Wiesbaden 2017. All Rights Reserved)

Ø Provisionssatz (%)	Vermittelter Warenumsatz (€)
3	2.493
5	1.496
7	1.069
9	831

Tab. 5.5 Beispiel für die Ermittlung der produktiven Arbeitszeit des Vertriebsmitarbeiters im Außendienst (Adaptiert nach Paffhausen 2017; mit freundlicher Genehmigung von © Springer Fachmedien Wiesbaden 2017. All Rights Reserved)

Arbeitszeit	In Tagen und Stunden	Prozentualer Anteil (%)
Zur Verfügung stehende Arbeitszeit pro Jahr	207 Tage	100
× Arbeitszeit 7,7 h pro Tag = Arbeitsstunden pro Jahr	1.594 h	100
Davon Innendiensttätigkeit (27 Tage × 7,7 h)	208 h	13,0
= Arbeitsstunden im Außendienst	1.386 h	87,0
Davon Fahrtzeit (37.300 km × ∅ 50 km/Std.)	746 h	46,8
Davon Zeit für Warten, Parken, Pausen usw. (1/2 Std. pro Tag)	90 h	5,6
Effektive Verkaufs-/Beratungszeit	550 h	34,5

Anmerkung: Die Wochenarbeitszeit beträgt 38,5 gemäß Kollektivvertrag für Angestellte im Handel = 7,7 h pro Tag.

Eine Handelsagentur hat in aller Regel mehrere Vertretungen weshalb sowohl für einen Kosten-Nutzen-Vergleich als auch für Provisionsverhandlungen bekannt sein sollte, welche Kosten beim Kundenbesuch für ein bestimmtes Unternehmen entstehen. Hierzu wird über einen Zeitraum hinweg (beispielsweise für einen Monat) eine Zeitanalyse für einen Vertriebsmitarbeiter vorgenommen (siehe beispielsweise eine Zeitanalye in Tab. 5.5).

Bei Gesamtkosten von € 80.784 für einen Vertriebsmitarbeiter pro Jahr ergeben sich die in Tab. 5.6 dargestellten Werte. Die Kosten eines Kundenbesuchs lassen sich dann, wie die Beispielrechnung zeigt, für ein bestimmtes vertretenes Unterneh-

Tab. 5.6 Beispiele für Kosten je Arbeitsstunde und -minute eines Vertriebsmitarbeiters im Außendienst bei jährlichen Gesamtkosten von € 80.784 (Adaptiert nach Paffhausen 2017; mit freundlicher Genehmigung von © Springer Fachmedien Wiesbaden 2017. All Rights Reserved)

Kosten	Berechnung (€)	€/Stunde bzw. €/ Minute
Je Arbeitsstunde (Innendienst- und Außendiensttätigkeit)	80.784: 1.594	50,68
Je Stunde im Außendienst	80.784: 1.386	58,29
Je verkaufs-/beratungsaktive Stunde	80.784: 550	146,88
Je Minute im Außendienst	58,29: 60	0,97
Kosten je verkaufs-/beratungsaktive Minute	146,88: 60	2,45

Für jeden Kundenbesuch können dann die Kosten wie folgt ermittelt werden: (Fahrtzeit + Gesprächszeit) × € 0,97/min. oder Gesprächszeit × € 2,45/min.

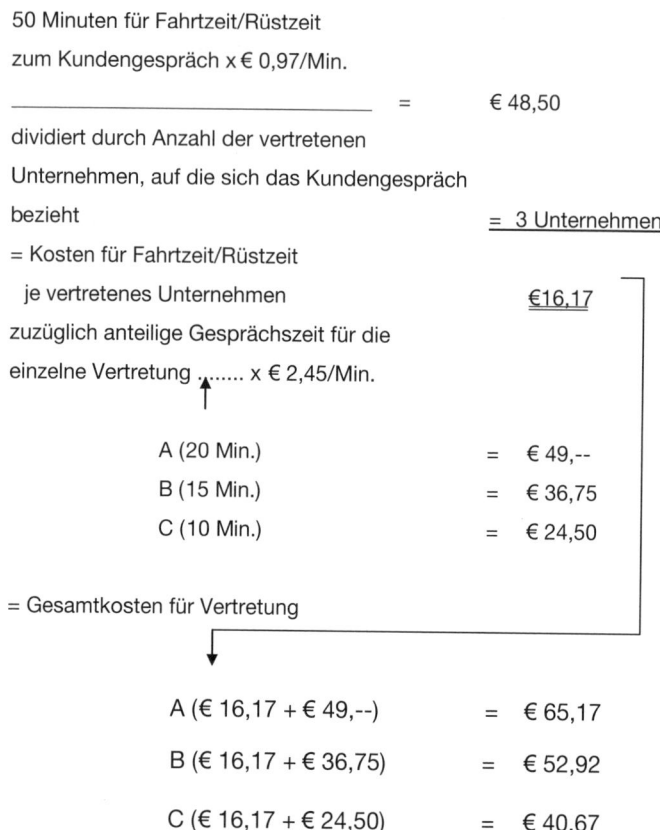

50 Minuten für Fahrtzeit/Rüstzeit

zum Kundengespräch x € 0,97/Min.

_____ =   € 48,50

dividiert durch Anzahl der vertretenen

Unternehmen, auf die sich das Kundengespräch

bezieht   = 3 Unternehmen

= Kosten für Fahrtzeit/Rüstzeit

   je vertretenes Unternehmen   €16,17

zuzüglich anteilige Gesprächszeit für die

einzelne Vertretung .... x € 2,45/Min.

        A (20 Min.)   =   € 49,--

        B (15 Min.)   =   € 36,75

        C (10 Min.)   =   € 24,50

= Gesamtkosten für Vertretung

        A (€ 16,17 + € 49,--)   =   € 65,17

        B (€ 16,17 + € 36,75)   =   € 52,92

        C (€ 16,17 + € 24,50)   =   € 40,67

Abb. 5.1 Beispielrechnung für die Kosten eines Kundengesprächs je Vertretung (Adaptiert nach Paffhausen 2017; mit freundlicher Genehmigung von © Springer Fachmedien Wiesbaden 2017. All Rights Reserved)

men wie in Abb. 5.1 ermitteln. Werden diese Kosten über eine bestimmte Periode den jeweiligen Provisionseinnahmen gegenübergestellt, hat damit die Handelsagentur eine sehr informative Rentabilitätsanalyse je Kunde bzw. je vertretenes Unternehmen zur Hand.

Quelle

Paffhausen A (2017) Erfolgreich als Handelsvertreter. Springer Gabler, Wiesbaden

So führt der Handelsagent
sein Unternehmen mithilfe von Kennzahlen

▶ Betriebswirtschaftliche Kennzahlen sind auch für jeden Handelsagenten wichtig, denn sie stellen zahlenmäßig erfassbare Sachverhalte in konzentrierter Form dar. Keine Führungskraft kann heute
ihren Betrieb ohne Kennzahlen kontrollieren und managen. Die
Markteinflüsse, die Veränderungsgeschwindigkeit, die Komplexität der
Rahmenbedingungen und die starke Zunahme des Aufgabenspek-
trums erfordern ein individuelles Controlling. Dieses Kapitel zeigt, wie
ein Frühwarnsystem in einer Handelsagentur aufgebaut werden kann,
also welche Kennzahlen Auskunft über die Entwicklung der Leistungen und Kosten geben. Weiters wird dargestellt, welche personenbezo-
genen Kennzahlen von besonderer Bedeutung sind. Zusätzlich werden
Antworten auf Fragen wie „Wo liegen unsere Stärken, und wo sind
unsere Schwächen?" gegeben.

Wo stehen wir mit unseren Leistungen im Vergleich zum Vorjahr? Wo liegen unsere
Stärken? Was sind unsere Schwächen? Diese und weitere Fragen müssen sich Handelsagenten permanent im Auge behalten, um nicht nur zu improvisieren, sondern
planvoll und zukunftsorientiert zu handeln. Betriebswirtschaftliche Leistungskenn-
zahlen liefern hierzu wertvolle Auskünfte. Sie sind auch für jeden Handelsagenten
ein wichtiges Führungsinstrument, denn sie stellen zahlenmäßig erfassbare Sachverhalte in konzentrierter Form dar. Dabei ist es schwierig, aus der Datenflut die
wirklich benötigten Zahlen herauszufiltern.

Die vielen Detailinformationen verstellen oftmals den Blick auf das Wesentliche, es bleiben in der Folge Zusammenhänge unerkannt. Kennzahlen in unterschiedlicher Ausformung können hier weiterhelfen:

- als absolute Zahlen in Form von Summen (z. B. gesamte Provisionseinnahmen),
  Differenzen (z. B. Gewinn) oder Mittelwerte (z. B. durchschnittlicher Lagerbe-
  stand);

© Springer Fachmedien Wiesbaden 2019
A. Paffhausen, Ch. Rebernig, *Erfolgreich als Handelsagent mit Fokus Österreich*,
DOI 10.1007/978-3-658-23508-6_6

- als relative Zahlen, gebildet als Quotient aus zwei oder mehreren absoluten Zahlen (z. B. Umsatz je Handelsagent, Provisionsanteil der Vertretung A an den gesamten Provisionseinnahmen eines Handelsagenten; Veränderungen der Jahres-Umsätze bezogen auf ein bestimmtes Basisjahr).

6.1 Betriebswirtschaftliche Kennzahlen

Betriebswirtschaftliche Kennzahlen werden gebildet zu laufenden Kontrolle der betrieblichen Leistung, der Kosten und des Betriebsergebnisses, können aber auch als Planungshilfen dienen. Mittels Kennzahlen und Vergleichsrechnungen können Handelsagenten

- Schwachstellen in den verschiedenen Bereichen ihrer Handelsagentur erkennen und Fehlentwicklungen aufspüren;
- Ansatzpunkte für das rechtzeitige Einleiten von Anpassungsmaßnahmen finden;
- ihren vertretenen Unternehmen Verbesserungen vorschlagen und betriebliche Entscheidungen vorbereiten.

Kennzahlen sind zwar ein modernes Führungsinstrument, aber nicht die Lösung für alle Probleme! Sie zeigen lediglich Störungen an, beseitigen sie aber nicht automatisch. Sie zeigen negative oder positive Tendenzen an, geben aber mitunter keine

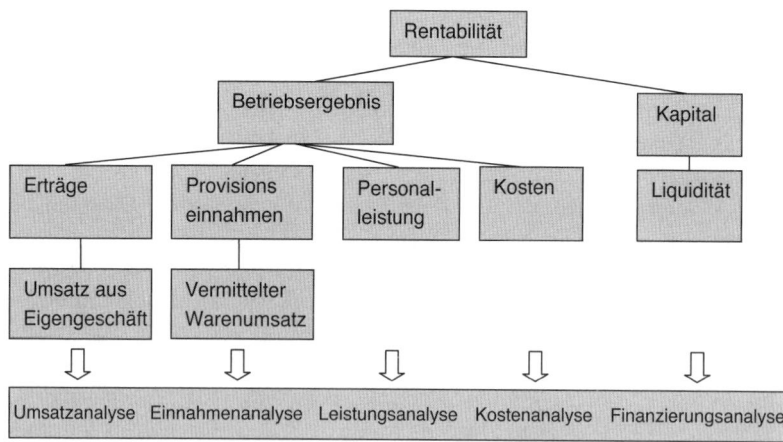

Abb. 6.1 Kennzahlensystem einer Handelsagentur (Aus Paffhausen 2017; mit freundlicher Genehmigung von © Springer Fachmedien Wiesbaden 2017. All Rights Reserved)

Hinweise auf deren Ursachen. Kennzahlen können nur adäquat eingesetzt werden, wenn sie regelmäßig ermittelt und als Informationsquelle einbezogen werden. Eine isolierte Betrachtung einzelner Kennzahlen kann leicht zu falschen Schlüssen führen. Das Kennzahlensystem einer Handelsagentur zeigt die Übersicht in Abb. 6.1 in vereinfachter Form.

6.2 Wichtige Kennzahlen der Handelsagentur und ihre Berechnung

Für jeden Unternehmer ist die folgende Frage bedeutsam: Wie hat sich das eingesetzte Kapital verzinst? Jeder Handelsagent sollte sich diese Frage stellen, denn er hat Kapital in seiner Handelsagentur angelegt, das sich ausreichend verzinsen muss. Wichtigster Maßstab ist hier die Höhe der Kapitalverzinsung oder die Kapitalrendite. Damit wird der Gewinn zum eingesetzten Kapital in Beziehung gesetzt. Die Rentabilität des eingesetzten Kapitals wird mit den beiden Kennzahlen „Eigenkapitalrentabilität" und „Gesamtkapitalrentabilität" beurteilt. Zur Berechnung der Gesamtkapitalrentabilität wird der Gewinn um die Fremdkapitalzinsen und das Eigenkapital um das Fremdkapital erweitert.

$$\frac{\text{Gewinn}}{\text{Eigenkapital}} \times 100 = \text{Rentabilität des Eigenkapitals}$$

$$\frac{\text{Gewinn} + \text{Fremdkapitalzinsen}}{\text{Gesamtkapital}} \times 100 = \text{Rentabilität des Gesamtkapitals}$$

Die Umsatzrendite ist eine weitere Kennzahl, die in der Praxis häufig gebraucht wird, um den Erfolg einer Handelsagentur messen zu können, und wird wie folgt errechnet:

$$\frac{\text{Gewinn}}{\text{Umsatz}} \times 100 = \text{Umsatzrendite}$$

Der Gewinn einer Handelsagentur kann sowohl mit dem vermittelten Warenumsatz als auch mit Provisionseinnahmen (= Provisionsumsatz) ins Verhältnis gesetzt werden. Eine Verbesserung der Umsatzrendite kann also sowohl mit einer Erhöhung des Waren- oder Provisionsumsatzes als auch bei einer Verbesserung des Gewinns erzielt werden. Das Augenmerk liegt folglich auf einen Umsatz mit relativ geringem Kosteneinsatz oder auf einer Anhebung der Provisionssätze.

6.2.1 Die Leistungen der Handelsagentur im Blick behalten

Das Fundament einer Handelsagentur bilden die Kundenbeziehungen, die dadurch erzielten Verkaufsabschlüsse und die fließenden Warenumsätze. Ohne diese Umsätze sind keine Provisionseinnahmen möglich, werden die Kosten nicht gedeckt und kann kein Gewinn erzielt werden. Daher sollte jede Handelsagentur ihre Umsatzentwicklung planen und kontrollieren, wobei folgende Rechenformel unterstützt:

$$\frac{\text{vermittelter Warenumsatz des lfd. Jahres}}{\text{vermittelter Warenumsatz des Vorjahres}} \times 100 = \text{Umsatzentwicklung in \%}$$

Wichtig ist auch die Höhe der Provisionseinnahmen, die die vertrieblichen Leistungen in Form des vermittelten Warenumsatzes gebracht haben. Hierüber gibt die folgende Kennzahl Auskunft, sie zeigt gleichzeitig den durchschnittlichen Provisionssatz der Handelsagentur:

$$\frac{\text{Gesamtprovision}}{\text{vermittelter Warenumsatz}} \times 100 = \text{Rohertrag in \%} \ (= \varnothing \ \text{Provisionssatz})$$

Die Entwicklung des vermittelten Warenumsatzes für die gesamte Handelsagentur kann bei einem breit gestreuten Sortiment zu wenig aussagekräftig sein. Es ist entsprechend zweckmäßiger, auch Kennzahlen über die Entwicklung einzelner Umsatzträger – Produkte oder Produktgruppen – zu ermitteln.

Beispielsweise kann ein durchaus respektables Umsatzplus der Handelsagentur verdecken, dass einzelne Produktbereiche stark rückläufig sind oder einzelne Vertretungen nicht mehr so richtig laufen. Ein Umsatzminus bei einem vertretenen Unternehmen wird durch die Umsätze anderer vertretener Unternehmen kompensiert.

Die Umsatzentwicklung je Produkt, je Produktgruppe und pro vertretenem Unternehmen sind daher zu ermittelnde betriebsnotwendige Kennzahlen:

$$\frac{\text{Produktgruppenumsatz lfd. Periode}}{\text{Produktgruppenumsatz Vorperiode}} \times 100 = \text{Entwicklung einer Produktgruppe in \%}$$

Die Höhe und Entwicklung der Bruttoprovisionseinnahmen sind ein weiterer wichtiger Maßstab, an dem der Erfolg einer Handelsagentur gemessen werden sollte. Sie geben Hinweise darauf, wo die Stärken und Schwächen der Agentur liegen, ob Zu- oder Abnahmen der Provisionseinnahmen den Erwartungen entsprechen oder ob man im Branchentrend liegt. Sie sind damit ein wichtiger Teil eines innerbetrieblichen Frühwarsystems und deshalb sollten die Entwicklungen der Bruttoprovisionseinnahmen monatlich oder quartalsweise ermittelt werden:

$$\frac{\text{Provisionseinnahmen lfd. Periode}}{\text{Provisionseinnahmen Vorperiode}} \times 100 = \text{Entw. der Prov.-Einnahmen in \%}$$

Für die Planung und die Beurteilung von Entwicklungen sollte man den Anteil von Produktgruppen, Vertretungen und Kunden an den gesamten Provisionseinnahmen einer Handelsagentur kennen. Ob eine Produktgruppe an Bedeutung gewonnen oder verloren hat, ist an ihrem Anteil an den gesamten Provisionseinnahmen anhand folgender Kennzahl abzulesen:

$$\frac{\text{Provisionseinnahmen Produktgruppe}}{\text{Gesamte Provisionseinnahmen}} \times 100 = \text{Anteil Produktgruppe in \%}$$

Ist eine größere Transparenz über die Bedeutung einzelner Unternehmen oder Kundengruppen notwendig, kann die nachfolgende Formel angewandt werden. Deren Ergebnis zeigt, wo die zumeist begrenzten Kapazitäten am wirkungsvollsten eingesetzt werden sollten.

$$\frac{\text{Provisionseinnahmen Kundengruppe}}{\text{Gesamte Provisionseinnahmen}} \times 100 = \text{Anteil Kundengruppe in \%}$$

Die Basis weiterer Analysen sollte auch die folgende Kennzahl sein:

$$\frac{\text{Gesamte Provisionseinnahmen}}{\text{Zahl der Kunden}} = \varnothing \text{ Provisionseinnahme pro Kunde}$$

Anhand dieser Kennzahl erhält die Handelsagentur Informationen darüber, wie ein getätigter Abschluss innerhalb des betreuten Kundenkreises einzuordnen ist: Lag der Erfolg des Kaufabschlusses bei einem Kunden unter oder über dem Durchschnitt? Auch Hinweise auf die Kundenstruktur können hieran abgelesen werden: Müssen weitaus mehr Kunden betreut werden, um die Kosten der Handelsagentur decken zu können als in vergleichbaren Gebieten? Gibt es nur kleinere Kunden bzw. besteht eine gewisse Scheu davor, die „großen Fische" zu besuchen?

6.2.2   Die einnahmenbezogenen Kennzahlen

Es kommt zwar nicht bei jedem Kundenbesuch zu einem Kaufabschluss, aber es ist für die Handelsagentur dennoch wichtig zu wissen, wie hoch die durchschnittlichen Provisionseinnahmen pro Besuch sind. Diese Information liefert folgende Kennzahl:

$$\frac{\text{Provisionseinnahmen}}{\text{Zahl der Besuche}} = \text{Provisionseinnahmen pro Besuch}$$

Auch bei dieser Kennzahl bietet sich der Vergleich mit den Ergebnissen der Vorperiode (Quartal oder Vorjahr) an. Es können auch Kundenklassen (A-, B-, C-Kunden) gebildet werden und für jede Klasse die Provisionseinnahmen pro Besuch ermittelt werden. Deutliche Abweichungen werfen beispielsweise folgende Fragen auf:

- Werden zu viele Anläufe benötigt, um zu einem Abschluss zu gelangen?
- Werden die Besuche gründlich genug vorbereitet?
- Sind die Besuche so zeitlich geplant, dass der richtige Gesprächspartner angetroffen wird, der auch Zeit für die Angebote hat?
- Werden zu viele Kleinaufträge eingesammelt, die zu viel Energie binden?

Von nicht geringem Informationswert ist auch folgende Kennzahl:

$$\frac{\text{Provisionseinnahmen}}{\text{Zahl der Aufträge}} = \text{Provisionseinnahmen pro Auftrag}$$

Diese Kennzahl zeigt der Handelsagentur die durchschnittlichen Provisionseinnahmen pro Auftrag. Auch mit dieser Kennzahl können Zeitvergleiche oder Vergleiche bei Kunden und Kundenklassen vorgenommen werden. Bei entsprechenden Abweichungen sollte ebenfalls nach den Ursachen geforscht werden. Zusätzlich zu den bei der vorangegangenen Kennzahl gestellten Fragen wären dies:

- Wurden die Kunden an zu kleine Bestellgrößen gewöhnt?
- Werden die Kunden zu oft besucht?
- Stimmt das Vertretungsportfolio der Handelsagentur oder fehlt es an Synergien?

6.2.3   Die Kostenentwicklung im Auge behalten

Für den Gewinn einer Handelsagentur sind einerseits die Provisionseinnahmen und sonstigen Einnahmen und andererseits die Kosten entscheidend. Bei den Kosten ist fast jährlich mit Steigerungen zu rechnen, weshalb sie besonders kritisch zu betrachten sind. Möglichkeiten zur Kostensenkung sind daher echte Gewinnbringer.

Die laufende und lückenlose Kontrolle ist der erste Schritt zur Kostenbeeinflussung beispielsweise durch folgende Kennzahl:

$$\frac{\text{Gesamtkosten des Berichtsjahres}}{\text{Gesamtkosten des Vorjahres}} \times 100 = \text{Entwicklung der Gesamtkosten in \%}$$

Der periodische Kostenvergleich ist zwar wichtig, zeigt aber noch nicht, ob die betrieblichen Aufwendungen in vertretbarem Rahmen liegen oder nicht. Die Handelsagentur erhält eine interessante Information über die Entwicklung ihres Betriebes, wenn sie die Kosten zu den betrieblichen Leistungen in Beziehung setzt, etwa durch die nachfolgenden Berechungen:

$$\frac{\text{Gesamtkosten pro Jahr}}{\text{Prov.-Einnahmen pro Jahr}} \times 100 = \text{Kosten in \% der Prov.-Einnahmen pro Jahr}$$

Oder:

$$\frac{\text{Gesamtkosten pro Jahr}}{\text{Gesamteinnahmen pro Jahr}} \times 100 = \text{Kosten in \% der Ges.-Einnahmen pro Jahr}$$

Sind in einer Handelsagentur mehrere Vertriebsmitarbeiter im Außendienst tätig, so können auch die Gesamtkosten oder die reinen Außendienstkosten in Bezug zu den Einnahmen (Provisionseinnahmen oder Gesamteinnahmen) eine weitere wichtige Kennzahl sein:

$$\frac{\text{Gesamtkosten}}{\text{Zahl der beschäftigten Personen}} = \text{Gesamtkosten pro beschäftigte Person}$$

Die in einer Handelsagentur auftretenden größeren Kostenblöcke (Kostenarten wie beispielsweise Personalkosten, Reisekosten, Lagerkosten) können ebenfalls zu den Gesamt- oder Provisionseinnahmen in Beziehung gesetzt werden. Auch diese Daten liefern wichtige Informationen.

6.2.4 Die Kosten eines Kundenbesuchs ermitteln

Die Kostenermittlung für einen Kundenbesuch ist in einer Handelsagentur von besonderer Bedeutung. Diese Kennzahl zeigt an, welche finanziellen Mittel aufgewendet werden müssen, um einen Auftrag zu erhalten. Setzt man die Kosten eines Kundenbesuches ins Verhältnis zu den durch den Auftrag erzielten Provisionseinnahmen, kann auch der Wert eines Kunden ermittelt werden. Ferner kann diese Kennzahl herangezogen werden, um die Besuchsfrequenz festzulegen. Die in Tab. 6.1 dargestellte Beispielrechnung zeigt, wie die Kennzahl „Kosten pro Kunde" errechnet werden kann. Zugrunde gelegt werden Provisionseinnahmen eines Handelsagenten in Höhe von € 106.000 und Gesamtkosten in Höhe von € 100.000.

Bei diesem Beispiel handelt es sich um eine Vollkostenberechnung, d. h., alle Kosten einschließlich des kalkulatorischen Unternehmerlohnes für die Arbeitsleistung des Handelsagenten sind einbezogen. Nicht berücksichtigt ist ein Gewinnzuschlag, der jedoch bei einer individuellen Berechnung auf jeden Fall hinzuaddiert werden muss.

Auf Basis dieser Daten kann auch die Kundenrentabilität ermittelt werden. Diese Kennzahl wird, vor allem angesichts der Forderung der Kunden nach zusätzlichen, meist ohne Kostenerstattung durchzuführenden Leistungen, zunehmend wichtiger. Dabei sind zunächst alle Kosten zu erfassen, die sich auf einen Kunden beziehen, die wiederum den Einnahmen, die die Handelsagentur für ihre Vermittlungstätigkeit (meistens Provisionseinnahmen) und für eventuelle besondere Serviceleistungen erhält, gegenübergestellt werden. Die Kundenrentabilität aus der Perspektive einer Handelsagentur ergibt sich somit aus der Formel:

$$\frac{\text{Kundenbezogene Kosten}}{\text{Kundenbezogene Einnahmen}} \times 100 = \text{Kundenrentabilität}$$

Tab. 6.1 Beispiel für die Kosten eines Kundenbesuches (Adaptiert nach Paffhausen 2017; mit freundlicher Genehmigung von © Springer Fachmedien Wiesbaden 2017. All Rights Reserved)

Zur Verfügung stehende Arbeitstage pro Jahr	Kosten pro Arbeitstag (€)	Kosten pro Kundenbesuch bei 3 Besuchen pro Tag (€)	Kosten pro Kundenbesuch bei 5 Besuchen pro Tag (€)
240	416,67	138,89	83,33
220	454,55	151,52	90,91
200	500,00	166,67	100,00

Es können auch die Kosten pro Kundenbesuch für ein vertretenes Unternehmen ermittelt werden, indem man den Zeitaufwand, der bei einem Kundengespräch für den Verkauf der Produkte einer bestimmten Vertretung anfällt, exakt oder annäherungsweise festhält. Nimmt beispielsweise eine Vertretung 30 % der Arbeitszeit in Anspruch, so kostet ein Kundenbesuch bei 220 zur Verfügung stehenden Arbeitstagen für eben diese Vertretung – angelehnt an die Beispielrechnung € 136,37 € (= 30 % von € 454,55).

6.2.5 Die Kosten eines Kundenbesuchs eines Handelsagenten

Beschäftigt eine Handelsagentur mehrere Mitarbeiter, dann ist es für sie auch wichtig zu wissen, wie hoch die Kosten für einen Kundenbesuch dieser Vertriebsmitarbeiter sind. Auf Grundlage dieser Information kann die Rentabilität jedes einzelnen Mitarbeiters ermittelt werden. Weiters dient sie der Besuchs- und Tourenplanung.

Angenommen, eine Handelsagentur vertritt nur drei Unternehmen, ihr Vertriebsmitarbeiter fährt zu einem Kunden und führt dort ein Verkaufsgespräch, in dem über die Produkte aller vertretenen Unternehmen verhandelt wird. Auf die Kosten bezogen sieht dies zum Beispiel wie in Tab. 5.6 und Abb. 5.1 aus.

6.3 Die Kennzahlen für die Personalführung

Der Erfolg einer Handelsagentur beruht vornehmlich auf der persönlichen Leistung des Inhabers der Handelsagentur und – wenn vorhanden – seiner Mitarbeiter. Die Leistungskontrolle des Personals zählt daher zu den wesentlichen Führungsaufgaben der Handelsagentur. Der Leistungsstand lässt sich an den personalbezogenen Kennzahlen ablesen. Sie dienen der Beurteilung, ob die personellen Kapazitäten der Handelsagentur optimal genutzt werden.

Als globale Größe dient die Kennzahl „Gesamteinnahmen pro beschäftigte Person", die wie folgt berechnet wird:

$$\frac{\text{Gesamteinnahmen}}{\text{Zahl der Beschäftigten}} = \text{Gesamteinnahmen pro beschäftigte Person}$$

Unter „Gesamteinnahmen" sind die Provisionseinnahmen und zusätzlichen Einnahmen der Handelsagentur, beispielsweise durch besondere Serviceleistungen, zu fassen. Werden lediglich Provisionseinnahmen generiert, so wird folgende Kennzahl ermittelt:

$$\frac{\text{Provisionseinnahmen}}{\text{Zahl der Beschäftigten}} = \text{Provisionseinnahmen pro beschäftigte Person}$$

Sind in einer Handelsagentur Mitarbeiter sowohl im Innendienst als auch im Außendienst beschäftigt, kann die Leistung der unmittelbar im Vertrieb tätigen Personen durch die folgende Kennzahl gemessen werden:

$$\frac{\text{Provisionseinnahmen}}{\text{Zahl der im Außendienst beschaftigten Mitarbeiter}} = \text{Provisionseinnahmen pro Außendienstmitarbeiter}$$

Der Vergleich der Einnahmen- mit der Kostenseite jedes im Außendienst beschäftigten Mitarbeiters ist ebenfalls interessant. Dazu werden der vermittelte Warenumsatz, die Provisionseinnahmen und die Kosten für jeden im Außendienst beschäftigen Mitarbeiter gegenübergestellt (siehe Beispiel in Tab. 6.2). In Spalte 8 werden zusätzlich die Gesamtkosten durch die Provisionseinnahmen dividiert. Die sich daraus ergebende Kennzahl gibt Auskunft über das Verhältnis der Provisionseinnahmen zu den Gesamteinnahmen je Vertriebmitarbeiter im Außendienst. Je mehr sich diese Ziffer der Größe 1 annähert, desto ungünstiger stellt sich die Kostensituation im Verhältnis zu den Einnahmen dar. Weiters können bei den einzelnen Positionen auch Durchschnittswerte gebildet werden und die Abweichungen der einzelnen Vertriebsmitarbeiter von diesen Durchschnittswerten ermittelt werden. Etwaige Abweichungsgründe muss dann der Inhaber der Handelsagentur erfragen.

Tab. 6.2 Beispiel Einnahmen-Kosten-Vergleich der Außendienstmitarbeiter (Adaptiert nach Paffhausen 2017; mit freundlicher Genehmigung von © Springer Fachmedien Wiesbaden 2017. All Rights Reserved)

Außen-dienstmit-arbeiter	Verm. Waren-umsatz €	Provi-sions-Einnah-men in €	Personal-Kosten in €	Kfz-Kosten in €	Spesen in €	Ge-samt-kosten in €	Kosten/Einnahmen (Kennziffer)
A	2.000.000	100.000	49.000	12.000	1.800	62.800	0,63
B	1.500.000	60.000	45.000	12.000	1.600	58.600	0,98
⌀	1.750.000	80.000	47.000	12.000	1.700	60.700	0,76

Für die Führung einer Handelsagentur ist außerdem wichtig, welchen Kundenbearbeitungs-Erfolg die Vertriebsmitarbeiter haben. Denn was nützen Kundenbesuche, die keine Aufträge generieren? Die folgende Kennzahl spiegelt den Bearbeitungserfolg wider:

$$\frac{\text{Besuche pro Tag}}{\text{Zahl der Aufträge}} = \text{Bearbeitungserfolg des Vertriebsmitarbeiters}$$

Diese Kennzahl zeigt auf, wie effizient der Vertriebsmitarbeiter sein Verkaufspotenzial im Umgang mit seinen Kunden einsetzt. Im Idealfall liegt die Zahl bei 1 oder annähernd bei 1. Ansonsten müssen auch hier, wie bereits an anderer Stelle, folgende Fragen gestellt werden:

- Sind die Besuche gründlich vorbereitet?
- Werden manche Gesprächspartner nicht angetroffen?
- Handelt es sich um Besuche bei Kunden oder häufig lediglich um „Interessenten", die sich nur informieren möchten?
- Stimmen die Besuchsfrequenzen?
- Dienen die Besuche häufig der Reklamationsbearbeitung und sind weniger Verkaufsgespräche?

Der Bearbeitungserfolg allein ist nicht aussagekräftig genug, auch die Auftragsintensität sollte bekannt sein. Denn was nützen viele Aufträge, wenn sie so gering sind, dass die anfallenden Kosten nicht gedeckt sind? Die Kennzahl für die Auftragsintensität errechnet sich wie folgt:

$$\frac{\text{Provisionseinnahmen}}{\text{Zahl der Aufträge}} = \text{Auftragsintensität}$$

Fazit

Um den Ist-Zustand und die Entwicklung eines Betriebes detailliert beurteilen zu können, greifen auch kleine und mittlere Unternehmen immer mehr auf das Instrumentarium des modernen Managements zurück. Hierzu zählen Kennzahlen und Kennzahlenvergleiche, die sich in der Praxis bestens bewähren. Auch Handelsagenten sollten sie zur Beurteilung verstärkt einsetzen.

Die Betrachtung der verschiedenen Kennzahlen zeigt, dass nicht jede Kennzahl den gleichen Aussagewert hat und von gleich großer Bedeutung ist. Überwiegend sind mehrere Kennzahlen vonnöten, um Sachverhalte und das Leistungsbild einer Handelsagentur transparent zu machen. Handelsagenten haben dementsprechend diejenigen Kennzahlen zu errechnen, die für ihre Zwecke am aussagekräftigsten sind. Hier spielt auch der Zeitaufwand für die Erhebung der Daten eine nicht unbedeutende Rolle. Welche Zahlen also für die Steuerung und Kontrolle einer Handelsagentur hilfreich sind, muss jeder Handelsagent individuell bestimmen – jedes Frühwarnsystem leistet einen Beitrag zum Erfolg.

Quelle

Paffhausen A (2017) Erfolgreich als Handelsvertreter. Springer Gabler, Wiesbaden

So pflegt der Handelsagent seine Geschäftsbeziehungen zu den vertretenen Unternehmen

7

▶ Brüche zwischen Geschäftspartnern sollten gerade in Zeiten eines intensiven Verdrängungswettbewerbs unter allen Umständen vermieden werden und das Beziehungsmanagement eine größere Rolle spielen. Dieses Kapitel analysiert zunächst, wie es in der Zusammenarbeit zwischen Handelsagenten und den Vertriebsleitern der vertretenen Unternehmen zu Konflikten, kritischen Situationen oder schließlich zur Trennung kommen kann. Weiters wird verdeutlicht, dass stabile Bindungen beiden Marktpartnern Vorteile bringen und Brüche zu finanziellen Verlusten und zu Aufwendungen zur Schadensbegrenzung führen. In diesem Zusammenhang ist die Intensivierung der menschlichen Beziehung, die die geschäftliche unterstützt, ebenfalls zu berücksichtigen.

Das Wirtschaftsgeschehen ist heute mehr denn je von raschen Veränderungen beeinflusst. Waren Geschäftsbeziehungen früher dauerhaft angelegt, werden sie inzwischen in einer deutlich kürzeren Zeit auf den Prüfstand gestellt und oft genug beendet. Man verspricht sich überwiegend von dem häufigeren Wechseln der Geschäftsbeziehungen größere Erfolge. Es werden Lieferanten ausgetauscht, Werbeagenturen oder andere Dienstleister in kürzeren Abständen neu verpflichtet. Aber auch Kunden, mit denen langjährige Geschäftsbeziehungen bestanden haben, wechseln zur Konkurrenz, wenn sie dort Preisnachlässe oder anderen Annehmlichkeiten erhalten können.

Bei Handelsagenten sind Fluktuationen in ihrem Vertretungsportfolio normal. Aus unterschiedlichen Gründen wird eine Geschäftsbeziehung beendet: Beispielsweise können sich Märkte verändern, Geschäftspartner neu orientieren oder auch die persönliche Beziehung verändern. Statistiken zufolge kommt jährlich bei jedem zweiten Handelsagenten eine Geschäftsbeziehung neu hinzu und/oder wird beendet.

Zugänge und Abgänge bei den Vertretungen halten sich dabei in etwa die Waage. Ob aber auch eine wertmäßige Kompensation stattfindet und der Einnahmenverlust

© Springer Fachmedien Wiesbaden 2019
A. Paffhausen, Ch. Rebernig, *Erfolgreich als Handelsagent mit Fokus Österreich*,
DOI 10.1007/978-3-658-23508-6_7

aus den bisherigen Vertretungen immer durch neu hinzugewonnene ausgeglichen werden konnte, darf angezweifelt werden. Der Bruch von Geschäftsbeziehungen wirkt sich auf jeden Fall dahingehend aus, dass der Handelsagent eventuell nicht nur finanzielle Verluste hat, sondern außerdem Zeit mit Aktivitäten zur Schadensbegrenzung und Konfliktbewältigung aufwenden muss. Brüche zwischen Geschäftspartnern sollten gerade in Zeiten eines intensiven Verdrängungswettbewerbs unter allen Umständen vermieden werden und das Beziehungsmanagement eine größere Rolle spielen. Warum es in der Zusammenarbeit zwischen Handelsagenten und den Vertriebsleitern der vertretenen Unternehmen zu Konflikten, kritischen Situationen oder schließlich zur Trennung kommt, wurde Mitte der 90er Jahre vom Institut für Wirtschafts- und Organisationspsychologie der Universität München untersucht (Nerdinger et al. 1990). Die herausgearbeiteten Gründe haben bis heute nichts an Aktualität verloren und werden deshalb in dieser Publikation erneut dargestellt.

7.1   Konflikte zwischen Handelsagent und vertretenen Unternehmen und ihre Ursachen

7.1.1   Arbeitsqualität

Verkaufsleiter eines Unternehmens begünden nach wie vor den Abbruch einer Geschäftsbeziehung mit Mängeln in der Arbeitsqualität ihrer Handelsagenten, etwa durch mangelhafte Dienstleistungen und/oder Kundenbeschwerden. Sie unterstellen in diesem Zusammenhang generell ein zu geringes Engagement der Handelsagenten für „ihr" Unternehmen oder „ihr" Produkt. Dabei berücksichtigen sie jedoch oft nicht, dass Handelsagenten mehrere Unternehmen vertreten und nicht wie Vertriebsmitarbeiter im Außendienst eines Unternehmens „geführt" werden können.

Während Vertriebsmitarbeiter im Außendienst ausschließlich einem Unternehmen verpflichtet und demnach weisungsgebunden sind, splitten Handelsagenten ihr individuelles Geschäftsrisiko, indem sie mehrere Unternehmen gleichzeitig vertreten. Demnach engagieren sich Handelsagenten vornehmlich für diejenigen Unternehmen, mit denen sich eine höchstmögliche Rendite erwirtschaften können, was wiederum häufig von externen Faktoren wie Markt- und Kundenakzeptanz, Trends sowie struktureller Kaufkraft abhängig ist. Handelsagenten repräsentieren Unternehmen und führen selbst ein Unternehmen, d. h., deren Engagement konzentriert sich vorrangig auf marktgängige Produkte. Entsprechend ist die Entscheidung vom Markt abhängig, inwieweit sich Handelsagenten für ein bestimmtes Produkt bzw. ein bestimmtes Unternehmen engagieren.

7.1.2 Umsatzentwicklung

Die Umsatzentwicklung wird häufig als weiterer wichtiger Grund für die Beendigung einer Geschäftsbeziehung angeführt. Verkaufsleiter beklagen in diesem Zusammenhang das mangelnde Engagement ihrer Handelsagenten, während diese eine mangelhafte Unternehmenspolitik ursächlich für stagnierende bzw. rückläufige Umsatzzahlen sehen oder sie auf Marktveränderungen zurückführen. Verkaufsleiter führen häufig „Kollegenvergleiche" durch oder legen ihrer „Messung" Umsatzstatistiken zugrunde, um die Leistung ihrer Handelsagenten zu beurteilen. Eine auf dieser Basis beruhende „Skalierung" der Leistung birgt verständlicherweise die Gefahr, dass der Handelsagent demotiviert wird.

7.1.3 Neid

Auf der einen Seite versuchen Verkaufsleiter, ihre Handelsagenten dahingehend zu steuern bzw. zu motivieren, dass diese für das jeweilige vertretene Unternehmen immer mehr Umsatz erwirtschaften. Auf der anderen Seite scheinen oftmals Beziehungsprobleme zu entstehen, wenn die Provisionen der Handelsagenten aus diesen Geschäften das Einkommen der Verkaufsleiter erreichen oder gar übertreffen. Häufig wird ins Feld geführt, dass es sich um „leicht verdientes Geld" handele. Da der Verkaufsleiter in der Hierarchieebene im Unternehmen über dem Handelsagent steht, empfindet er es mitunter als ungerecht, dass jemand auf einer niedrigeren Hierarchieebene genauso viel oder gar mehr verdient als er. Dieser Umstand bildet einen „vorzüglichen Nährboden" für Neid dem Handelsagenten gegenüber. Geht dann die Vertrauensbasis verloren, ist der Konflikt vorprogrammiert.

7.1.4 Informations- bzw. Kommunikationsdefizite

Mängel im persönlichen Verhalten sind ein weiteres typisches Problem in der Beziehung zwischen Handelsagent und Verkaufsleiter, und zwar auf beiden Seiten. Emotionale Komponenten sind hier das Informations- bzw. Kommunikationsdefizit. Für Verkaufsleiter und deren Unternehmen sind Marktinformationen essenziell. Der Handelsagent ist ausschließlich im Außendienst tätig und hat deshalb permanenten Kundenkontakt. Somit ist es ihm möglich, Informationen darüber zu erhalten, wie gut oder schlecht sich bestimmte Produkte verkaufen und welches Image die ihn vertretenen Unternehmen bzw. deren Produkte beim Kunden haben. Außerdem kann er früh erkennen, ob sich z. B. durch Marktveränderungen oder Tendenzen im Käuferverhalten in absehbarer Zeit bestimmte Produkte gar nicht mehr verkaufen lassen, wenn Innovationen ausbleiben.

Der Handelsagent verfügt damit über wesentlich mehr wichtige Informationen als der Verkaufsleiter. In diesem Sinne sind Verkaufsleiter und auch die vertretenen Unternehmen von den Informationen des Handelsagenten abhängig. Der Handelsagent hat damit die Macht, „seinen" Verkaufsleiter an diesen Informationen teilhaben zu lassen. Unterlässt er es, kommt es zwangsläufig zu Problemen.

Während Verkaufsleiter häufig beklagen, dass sich Handelsagenten der Kommunikation entziehen und sie ein mangelhaftes Feedback zum Marktgeschehen erhalten, stört Handelsagenten oftmals das „schulmeisternde", belehrende, überhebliche oder gar fordernde Gebaren ihrer Verkaufsleiter. Handelsagenten betonen in diesem Zusammenhang ihre rechtliche Selbstständigkeit, während Verkaufsleiter darauf bestehen, dass ihr Anspruch auf Einflussnahme erfüllt wird. Sie sind frustriert, dass sie ihre Macht nicht durchsetzen und den Handelsagenten nicht führen, steuern und kontrollieren können. Da Verkaufsleiter oftmals nicht zwischen angestellten Vertriebsmitarbeitern im Außendienst und Handelsagenten unterscheiden, sind an dieser Stelle Konflikte vorprogrammiert, die in einigen Fällen einen Abbruch der Geschäftsbeziehung unvermeidbar werden lassen.

7.1.5   Unternehmenspolitik

Schließlich kann auch die Unternehmenspolitik der vertretenen Unternehmen Probleme verursachen, die eine Beendigung der Geschäftsbeziehung quasi vorprogrammieren, beispielsweise Differenzen hinsichtlich der Preispolitik des vertretenen Unternehmens, die Art und Weise der Reklamationsbehandlung, die Lieferfähigkeit oder Fälle, in denen Geschäftsfelder der Handelsagenten beschnitten werden.

Ein Abbruch der Geschäftsbeziehung wird unumgänglich, wenn beispielsweise die jeweilige Unternehmensführung beschließt, ihren Außendienst von Handelsagenten auf angestellte Vertriebsmitarbeiter umzustrukturieren. Eine solche Entscheidung können Handelsagenten nicht beeinflussen und können aus ihrer Position heraus nur auf die Kündigung warten, um ihren Anspruch auf Ausgleichszahlung geltend zu machen.

7.2 Beziehungspflege als Garant für stabile Bindungen

In einer Geschäftsbeziehung können Konflikte nicht vollends ausgeschlossen werden. Vielmehr sind Kompetenzen zur Bewältigung von Konflikten notwendig, denn der Konfliktbewältigung kommt eine entscheidende Rolle in Geschäftsbeziehungen zu. Hier ist vor allem das rechtzeitige Erkennen eines sich anbahnenden Konflikts wichtig. Eine entsprechende Sensibilität für zwischenmenschliche Prozesse ist an dieser Stelle sehr hilfreich. Verkaufsleiter und Handelsagenten sollten daher die Pflege der Beziehung als eine wichtige und eigenständige Aufgabe ansehen, die von beiden Partnern eine hohe soziale Kompetenz, Einfühlungsvermögen und die Fähigkeit zur Kooperation erfordert.

Eine Zusammenarbeit über einen längeren Zeitraum wird sowohl vonseiten der Unternehmen als auch vonseiten der Handelsagenten gewünscht. Kundenbeziehungen sind im Allgemeinen sehr störanfällig, Veränderungen in der Betreuung wirken sich oft nachhaltig aus. Beispielsweise sind Teams von Vertriebsmitarbeitern im Außendienst von einer relativ hohen Personalfluktuation gekennzeichnet. Aufgrund dessen ist häufig nur eine weniger intensive Kundenpflege möglich. Darüber hinaus ist jedem Verkaufsleiter klar, dass ein häufiger Personalwechsel im Außendienst die Verkaufskosten deutlich erhöht und gleichzeitig die Außendienstleistung vermindert. Es kann daher davon ausgegangen werden, dass Verkaufsleitern aus geschäftlichen Motiven heraus an einer langfristigen Zusammenarbeit mit einem Handelsagenten gelegen ist. Von daher sollten sie auch bereit sein, die Handelsagenten zu unterstützen und nicht gleich bei einer krisenhaften Entwicklung die Zusammenarbeit zu beenden.

Der Handelsagent nimmt eine besondere Vertrauensstellung beim Kunden ein, was ihn in eine nicht zu unterschätzende Position bringt. Für den Verkaufsleiter bedeutet ein Abbruch der Geschäftsbeziehung in der Regel, dass ein neuer zuverlässiger Handelsagent gefunden und eingearbeitet werden muss. Ein Wechsel des Vertriebspartners kann die Kunden verunsichern. Weiters können mit einem erfolgreichen Handelsagenten auch Kunden zu einem anderen Unternehmen wechseln.

Erfolgreiche, auf Dauer angelegte Partnerschaften sind keine Selbstläufer. Beide Partner müssen die Beziehung entsprechend pflegen. Handelsagenten sollten auf die permanente und systematische Pflege der Beziehungen zu ihren vertretenen Unternehmen Wert legen. Die Zusammenarbeit nur unter dem rein geschäftlichen Aspekt zu betrachten, reicht nicht aus, sind doch Geschäftsbeziehungen gerade im Dienstleistungsbereich immer auch menschliche Beziehungen. Gefühle sollten immer im Geschäftsalltag mitberücksichtigt werden. „Die menschliche Beziehung ist der Kitt, der die geschäftliche unterstützt und zusammenhält."

Quellen

Nerdinger F W, Rosenstiel L von, Sigl E, Spieß E (1990). Handelsvertreter und Verkaufs-
leiter. Konflikt und Konfliktbewältigung in einer Dienstleistungsbeziehung. Schäffer-
Poeschel, Stuttgart
Paffhausen A (2017) Erfolgreich als Handelsvertreter. Springer Gabler, Wiesbaden

So nutzt der Handelsagent das Marketing zu seinen Gunsten

8

▶ Wer als Handelsagent im Wettbewerb bestehen und als kompetenter Marktpartner der Absatz- und Beschaffungsseite angesehen werden will, muss sich selbst als Unternehmer verstehen und vor allen Dingen auch als solcher am Markt agieren. Zukünftig werden diejenigen Handelsagenten erfolgreich sein, die sich für ihren Markt als kompetent erweisen und diese Kompetenz immer wieder unter Beweis stellen – sie müssen in ihrem Markt aktiv agieren. Daher ist das Thema „Marketing", das in diesem Kapitel behandelt wird, für jeden Handelsagenten von besonderem Interesse. Verdeutlicht werden die zweiseitige Ausrichtung des Marketings eines Handelsagenten und auch die Grundelemente einer marktorientierten Unternehmenspolitik. Außerdem werden sowohl die marketingpolitischen Aktivitäten der vertretenen Unternehmen als auch die eigenen Maßnahmen der Handelsagenten herausgestellt.

8.1 Auch Handelsagenten müssen marktorientiert denken und handeln

Industriebetriebe betreiben Marketing, der Handel betreibt Marketing. Ist es daher überhaupt notwendig und sinnvoll, dass sich auch noch die Handelsagenten mit Marketing beschäftigen und Marketing-Maßnahmen in eigener Sache durchführen? Sind sie nicht der verlängerte Arm der Unternehmen, die sie vertreten, und in deren Marketing-Konzept eingebunden?

Die Antwort hierauf ist relativ einfach: Das Thema „Marketing" muss auch für einen Handelsagenten von besonderem Interesse sein, er sollte etwas davon verstehen. Denn wenn ein Handelsagent mit einem selbstständigen Geschäftsbetrieb – und sollte er noch so klein sein – im Markt tätig ist und sich erfolgreich durchsetzen will, kommt er ohne eine Ausrichtung an den Bedürfnissen seiner Marktpartner nicht aus. Marketing entscheidet immer mehr.

© Springer Fachmedien Wiesbaden 2019   75
A. Paffhausen, Ch. Rebernig, *Erfolgreich als Handelsagent mit Fokus Österreich*,
DOI 10.1007/978-3-658-23508-6_8

8.1.1   Marketing als Muss für jeden Marktteilnehmer

Man stelle sich vor: Ein Betrieb fertigt ein gutes Produkt oder bietet perfekte Dienstleistungen an. Aber es finden sich keine Kunden, und kaum jemand interessiert sich dafür. Ein Scheitern am Markt ist somit vorprogrammiert. Das hier skizzierte Bild – eine Horrorvorstellung eines jeden Unternehmers – wird möglicherweise als etwas überzeichnet empfunden. Aber die Praxis zeigt, dass es leider oft genug sehr nahe an der Wirklichkeit liegt. Fehler bei der Vermarktung sind an der Tagesordnung. Das gilt nicht nur für den Verkauf von Produkten und Dienstleistungen, sondern auch beim Marktauftritt ganzer Unternehmen. Das gilt für Kleinbetriebe und Konzerne genauso wie für Existenzgründer und etablierte Marktteilnehmer. Dabei ist Marketing heute für jedes Unternehmen ein Muss. Wer dauerhaft und erfolgreich im Markt bestehen will, für den sind marktorientiertes Beobachten, Planen und Handeln wichtige Voraussetzungen.

Um als Handelsagent im Wettbewerb bestehen zu können und als kompetenter Marktpartner der Absatz- und Beschaffungsseite angesehen zu werden, müssen einige Grundvoraussetzungen erfüllt sein. Erfolgreich werden zukünftig Handelsagenten sein,

- die sich selbst als Unternehmer verstehen und vor allen Dingen auch als solche am Markt agieren;
- die sich für ihren Markt als kompetent erweisen, diese Kompetenz immer wieder unter Beweis stellen und ihrem Markt aktiv begegnen;
- die sich und ihre Leistungen offen darstellen und durch ein solches Auftreten dokumentieren: So bin ich, so handle ich, das biete ich an. Wer sich duckt und schweigt, verliert rasch Ansehen und Kompetenz.

Aber was bedeutet nun eigentlich Marketing? In Wissenschaft und Praxis gibt es eine Fülle von begrifflichen Umschreibungen und auch Interpretationen. Dabei überwiegen in der Hauptsache zwei Blickrichtungen, die nicht konträr zueinander stehen, sondern inhaltlich eng miteinander verknüpft sind.

In einer engeren Sicht handelt es sich beim Marketing um die Planung, Gestaltung und Kontrolle der absatzpolitischen Instrumente eines Unternehmens gleich welcher Art. In einer erweiterten Form wird Marketing als marktorientierte Unternehmenspolitik aufgefasst, wobei es insbesondere darum geht, die Erfordernisse des Absatzmarktes ausdrücklich und systematisch in allen Bereichen zu berücksichtigen.

Es ist noch nicht allzu lange her, als das Produkt oder die Dienstleistung im Mittelpunkt des Marktgeschehens standen. Auch heute noch gibt es Wirtschaftssektoren und auch Unternehmen, bei denen dies immer noch der Fall ist. Mit der Entwicklung der meisten Märkte zu sog. Käufermärkten verschob sich der Schwerpunkt weg vom Produkt und hin zu den Kunden und seinen Bedürfnissen. Typisch für die Existenz eines Käufermarktes ist die Möglichkeit der Kunden, bei ihren Kaufentscheidungen beliebig zwischen verschiedenen Anbietern und aus einer großen Anzahl an Angeboten wählen zu können. Die meisten Märkte in den westlichen Industrieländern, sowohl bei den Konsumgütern als auch bei den Investitionsgütern, sind durch dieses Phänomen geprägt.

Bei den heutigen Marktverhältnissen, in denen das Angebot größer als die Nachfrage ist, genügt es nicht, dass die Konstruktionsabteilung eines Herstellerbetriebes irgendein Produkt entwickelt, dass der Produktionsbereich es möglichst kostengünstig herstellt und die Verkaufs- und Vertriebsabteilung mit hohem Werbeaufwand und großen Verkaufsanstrengungen versucht, es an den Mann oder an die Frau zu bringen. Entsprechen die Produkte nicht den Wünschen ihrer möglichen Kunden, so lassen sie sich weder in ausreichender Anzahl noch zu kostendeckenden Preisen absetzen.

Wenn also der Markt oder die einzelnen Kunden über Erfolg oder Misserfolg bestimmen können, dann müssen zwangsläufig auch alle Denk- und Entscheidungsprozesse und alle Aktivitäten eines Unternehmens systematisch und planmäßig auf die Bedürfnisse der Abnehmer und die Möglichkeiten der Märkte ausgerichtet werden. Nichts anderes ist Marketing.

Die Marktbearbeitung beschränkt sich damit nicht allein auf die Marketing-Abteilung eines Unternehmens. Oder anders ausgedrückt: Ausgeräumt werden muss der immer noch häufig zu hörende Irrtum, dass Marketing nur betrieben werden kann, wenn eine Marketing-Abteilung existiert. Marktbezogenes Denken und Handeln ist notwendig für jeden Marktteilnehmer – ob Produzent oder Handelsagent – und genauso notwendig für jeden Mitarbeiter in einem Betrieb.

8.1.2   Der Handelsagent und seine Kunden

Der Handelsagent hat bekanntlich eine Vermittlerposition inne, der eine besondere Bedeutung zukommt. Beide Marktpartner des Handelsagenten – die vertretenen Unternehmen und die Abnehmer – sind seine Kunden (Abb. 8.1). Von den vertretenen Unternehmen erhält der Handelsagent den Vertretungsauftrag im Rahmen seines Vertrages, von den Abnehmern der Produkte den Auftrag zur Warenlieferung. Beides zusammen bildet die Grundlage für die Einnahmen und das Einkommen des Handelagenten. Zudem beschränkt sich die Vermittlung nicht nur auf Güter, sondern schließt auch die Vermittlung von Dienstleistungen, Informationen und Interessen

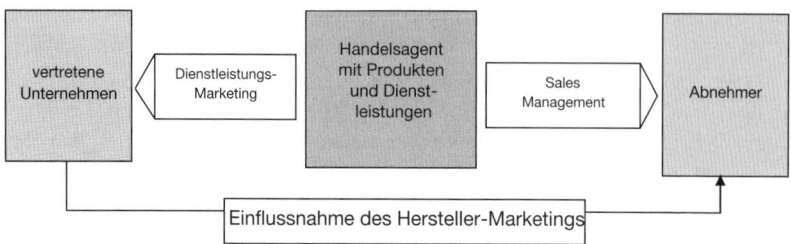

Abb. 8.1   Duales Marketing des Handelsagenten (Aus Paffhausen 2017; mit freundlicher Genehmigung von © Springer Fachmedien Wiesbaden 2017. All Rights Reserved)

für beide Seiten mit ein. Dem Handelsagenten kommt immer mehr die Rolle des „Problemlösers" zu sowohl für die vertretenen Unternehmen als auch für die Abnehmer.

Diese beidseitige Ausrichtung der Tätigkeit eines Handelsagenten erfordert eine Konzeption, die die unterschiedlichen Forderungen, Bedürfnisse und Erwartungen beider Seiten berücksichtigt. Der Handelsagent bietet sowohl den vertretenen Unternehmen (Anbieter) als auch den Abnehmern seine Dienstleistungen an. Somit muss er sowohl die Anbieter als auch die Abnehmer als seine Kunden betrachten. Der Handelsagent setzt als „Vollstrecker" das Marketing der ihn vertretenen Unternehmen bei den Abnehmern um. Darüber hinaus betreibt der Handelsagent als Dienstleistungsunternehmen Marketing in eigener Sache.

Die Marketing-Aktivitäten eines Handelsagenten beschränken sich in der Praxis zumeist weitgehend auf die Abnehmerseite. Dies wird jedoch in Zukunft nicht ausreichen. An Bedeutung gewinnt vor allem die Profilierung gegenüber Mitbewerbern, das heißt gegenüber anderen Vertriebsformen und auch anderen Handelsagenten. Das eigene Leistungsangebot muss den aktuellen und potenziellen Vertragspartnern als geschlossenes Dienstleistungspaket transparent gemacht werden. Folgende Beispiele für Marketing-Aktivitäten gegenüber den Abnehmern lassen sich anführen:

- Detaillierte Verkaufsplanungen mit eingehender Vorbereitung auf Gesprächspartner und Gesprächsinhalt erzielen eine positive Imagewirkung.
- Ein wichtiges Profilierungsmittel neben den Produkten ist die Informations- und Beratungstätigkeit.
- Durch den Aufbau logistischer Systeme (Vertriebslager, Einsatz von Speditionen) werden Lieferzeiten verkürzt und wird somit den Kunden ein hohes Niveau der Lieferbereitschaft geboten.

Nachfolgend Beispiele für Maßnahmen im Rahmen des Dienstleistungs-Marketings, die also auf die vertretenen Unternehmen abzielen:

- Profilierung als Key-Account-Manager
- Anbieten eines Vertriebskonzeptes für das Gebiet
- Unterbreitung eines Systemangebotes
- Vorschläge zur Reduzierung der Vertriebskosten

8.1.3 Marketing-Ziele und wie man diese erreicht

Marketing als marktorientierte Unternehmenspolitik, als Grundhaltung jeglicher Betätigung im Markt oder als Führungsaufgabe ist durch entsprechende Maßnahmen in eine aktive Marktbearbeitung umzusetzen. Dafür ist es notwendig, die Grundelemente des Marketings zu kennen.

Da sind zum einen die den Ausgangspunkt bildenden **Marketing-Ziele** zu nennen. Auf der Grundlage der Unternehmensziele, die die allgemeinen Orientierungs- bzw. Richtgrößen darstellen, werden Marketing-Ziele formuliert mithilfe folgender Fragen:

- Was möchten wir erreichen?
- Was steuern wir an?
- Wie müssen wir uns weiterentwickeln?
- Wie können wir unsere Existenz sichern?
- Wo müssen wir unseren Marktauftritt verbessern?

Zur Formulierung von Marketing-Zielen gibt es eine Fülle von Anknüpfungspunkten. Beispiele hierfür sind das Besetzen neuer Geschäftsfelder, das Finden neuer Problemlösungen, das Verbessern von bestehenden Lösungen bis hin zu Zielen im Bereich der Produktpolitik, der Distributionspolitik usw. Marketing-Ziele eines Handelsagenten können beispielsweise sein:

- Erschließen neuer Teilmärkte
- Gewinnen neuer Absatzgebiete
- Ausweitung des Provisionsumsatzes mit bestimmten Vertretungen
- Erhöhung des Provisionsumsatzes bei neuen Produkten (die beispielsweise in den letzten drei Jahren übernommen worden sind)
- Erhöhung des Bekanntheitsgrades
- Ausbau des Kundendienstes

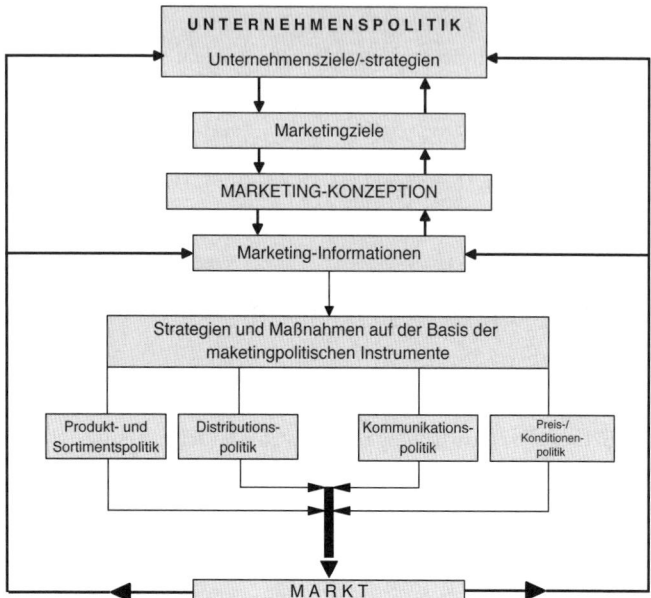

Abb. 8.2 Grundelemente des Marketings (Aus Paffhausen 2017; mit freundlicher Genehmigung von © Springer Fachmedien Wiesbaden 2017. All Rights Reserved)

- Ergänzung des Vertretungsportfolios um Spezial-Ausfertigungen
- Verringerung von Reklamationen

Ein weiteres Grundelement des Marketings sind die Mittel und Wege, mit denen die gesetzten Ziele erreicht werden können. Basis für diese Strategien und Maßnahmen sind die **marketingpolitischen Instrumente**:

- Produkt- und Sortimentspolitik (Welche Leistungen werden angeboten?)
- Preis-/Konditionenpolitik (Zu welchen Bedingungen werden die Leistungen angeboten?)
- Distributionspolitik (An wen und auf welchen Wegen werden die Produkte verkauft?)
- Kommunikationspolitik (Welche Informationen und Beeinflussungsmaßnahmen werden ergriffen, um die Leistungen abzusetzen?)

Je nach individueller Zielsetzung können diese vier Instrumente gestaltet, gewichtet und aufeinander abgestimmt werden – dann sprechen wir vom Marketing-Mix.

Um die Marketing-Ziele setzen zu können und um das Instrumentarium des Marketings sinnvoll einsetzen zu können, werden Informationen benötigt. Sie bilden somit ein weiteres Grundelement des Marketings. Informationen sind über alle Bereiche des Marktes – Kunden, Konkurrenten, Marktsituation – und des Unternehmens selbst notwendig.

8.2 Marketingpolitische Instrumente

Welche Möglichkeiten hat nun ein Marktteilnehmer – ob Unternehmen oder Handelsagent –, auf den Markt einzuwirken, um seine Ziele zu erreichen? Im Einzelnen steht ihm dazu vier Maßnahmenbündel zur Verfügung, aus denen sich strategische (langfristige) und operative (kurzfristige) Aktionen ableiten lassen:

- richtige Produkt- und Sortimentspolitik
- sinnvolle Gestaltung der Preis-/Konditionenpolitik
- notwendige Entscheidung über die Distributionspolitik
- optimale Gestaltung der Kommunikationspolitik

8.2.1 Die Produkt- und Sortimentspolitik

Zweifellos hängt der Markterfolg eines Unternehmens entscheidend von der Attraktivität der angebotenen Produkte ab. Zumindest auf längere Sicht werden nur diejenigen Unternehmen am Markt überleben können, denen es gelingt, ihr Produktangebot kontinuierlich und systematisch auf die Wünsche ihrer Kunden auszurichten. Die Produktpolitik ist daher ein wichtiges marketingpolitisches Instrument und wird sogar als das „Herz des Marketings" bezeichnet.

Entscheidungen über Produkte müssen daher am Anfang aller Überlegungen über die Marketing-Strategie stehen. Mit den Möglichkeiten, die die Produkt- und Sortimentspolitik bietet, schafft ein Unternehmen die Basis für den Einsatz der anderen drei Marketing-Instrumente: die Preis-/Konditionenpolitik, die Distributionspolitik sowie die Kommunikationspolitik. Gleichzeitig muss sich die Produkt- und Sortimentspolitik aber auch an den Zielsetzungen und Möglichkeiten dieser anderen Instrumente orientieren.

Zunächst muss bei den Marketing-Instrumenten Folgendes unterschieden werden: Die Produktpolitik beschäftigt sich mit allen Überlegungen und Maßnahmen, die sich auf einzelne Produkte bzw. Leistungen beziehen. Die Programm- bzw. Sortimentspolitik bezieht sich im Gegensatz zur Produktpolitik nicht auf das einzelne Produkt, sondern auf die Zusammenstellung verschiedener Waren zu einer in den Augen der Kunden attraktiven Produktpalette. Im Bereich der Industrie spricht man von Programm (Produktionsprogramm), beim Handel dagegen vom Sortiment (Handelssortiment). Für den Handelsagent ist die optimale Zusammenstellung seines Vertriebsportfolios die Basis seines Erfolgs.

Aufgrund der Veränderungen im Markt sind die Unternehmen ständig gezwungen, ihre Produkte zu analysieren und gegebenenfalls Veränderungen einzuleiten. Die Handelsagenten haben zwar keinen direkten Einfluss auf die Gestaltung und Zusammensetzung der anzubietenden Produkte, sie können jedoch ihren Marktpartnern – den vertretenen Unternehmen – wesentliche Informationen bieten. Denn sie halten den direkten Kontakt zu den Kunden vor Ort und wissen, welche Akzeptanz die Produkte finden bzw. wo Probleme liegen. An dieser Stelle haben sie die Chance, sich als Ideenlieferant zu profilieren.

Welche Möglichkeiten sind nun einem Unternehmen im Rahmen der Produktpolitik gegeben? Grundsätzlich kann ein Unternehmen

- ein neues Produkt schaffen und im Markt einführen (Produktinnovation);
- ein bestehendes Produkt verändern (Produktvariation);
- ein bestehendes Produkt aus dem Markt nehmen (Produktelimination);
- ein neues Produkt für einen neuen Markt schaffen (Diversifikation).

Das Vertretungsportfolio ist die Basis des Erfolgs eines Handelsagenten

Der sortimentspolitischen Entscheidung kommt im Rahmen des Marketings eines Handelsagenten ein besonderer Stellenwert zu. Eine optimale Sortimentsgestaltung bietet vielfältige Möglichkeiten der erfolgreichen Marktbearbeitung und Kundenakquisition. Zusätzlich wird durch sinnvoll aufeinander abgestimmte Produkte die tägliche Arbeit erleichtert. Große Rationalisierungseffekte liegen vor, wenn beispielsweise ein Großteil der Kunden mit dem gesamten Sortiment beliefert wird.

Ein Handelsagent kann bei der Sortimentserweiterung ebenfalls strategische Überlegungen anstellen. So sind beispielsweise folgende Fälle von Interesse: Mit unseren Produkten sprechen wir unsere bisherigen Kunden bzw. Abnehmer an, die sich auf derselben Wirtschaftsstufe befinden. So verkaufen wir derzeit Wein und Spirituosen bei der Gastronomie und nehmen alkoholfreie Erfrischungsgetränke in unser Sortiment auf. Es handelt sich hier um eine Erweiterung der Sortimentsbreite – man spricht auch von einer horizontalen Diversifikation. Wir nehmen ein neues Produkt auf, das für unsere kaufenden Kunden interessant ist. Gleichzeitig sprechen wir auch einen neuen Abnehmerkreis an. Durch unser erweitertes Sortiment sind wir auch für neue Zielgruppen interessant geworden. Es besteht aber auch die Möglichkeit, mit unserem neuen Produkt ausschließlich neue Kunden anzusprechen. In diesem Fall handelt es sich um eine echte Diversifikation.

Es kann aber auch zu Reibungspunkten bei einer Sortimentszusammenstellung oder -erweiterung kommen. An Stellen, wo unser Sortiment nicht harmoniert, sollten wir uns überlegen, was wir daran ändern können. Eine Entscheidung könnte sein, ein Produkt aufzugeben, das zielgruppenbezogen nicht mehr in unser Sortiment passt. Eine weitere strategische Überlegung wäre die Hinzunahme eines neuen, sinnvoll ergänzenden Produktes. Diese Überlegungen müssen individuell geschehen. Für alle Branchenbereiche anwendbare Patentrezepte gibt es nicht.

Eine einmal getroffene Sortimentsentscheidung bleibt für ein Unternehmen – auch für den Handelsagenten – selten im Laufe der Zeit unverändert. Einzelne Märkte oder Kundengruppen verlieren im Zeitablauf als Betätigungsfeld an Attraktivität, während sich andere Betätigungsmöglichkeiten auftun und zur Verlagerung des Geschäftsbereiches anreizen. Bei der Erweiterung, aber auch bei der Bereinigung des Vertretungsportfolios sollte man nach einem vorher festgelegten Plan vorgehen, der die grobe Marschrichtung vorgibt. Eine wichtige Rolle spielt aber auch die unternehmerische Intuition, die kurzfristig auf Risiken und Chancen aufmerksam macht.

Auch bei Markenartikeln hat ein Handelsagent den wichtigen Aspekt zu berücksichtigen, dass, je stärker eine Marke ist, desto mehr die Profilierung durch Vertriebsaktivitäten, Serviceleistungen und persönlichen Einsatz in den Hintergrund tritt. Positiv kann sich jedoch auswirken, dass durch den meist hohen Werbeaufwand möglicherweise ein Vor-Verkauf stattfindet. Der Markenartikel im Produktportfolio eines Handelsagenten kann darüber hinaus imagefördernd wirken.

Der Service macht den Unterschied

Der Kundenservice ist ebenfalls Teil der Produktpolitik und bezieht sich im Wesentlichen auf alle Serviceleistungen, die dem Kunden nach dem Kaufabschluss geboten werden. Gerade dieser Bereich bedeutet eine wichtige Unterstützung, um sich im Markt zu profilieren – das gilt sowohl für den Herstellerbetrieb als auch für den Handelsagenten. Denn bei vielen vergleichbaren Produkten ist eine Profilierung über das Produkt kaum mehr möglich, sondern nur über damit verbundene Zusatzleistungen. Eine gute Zusammenarbeit zwischen den vertretenen Unternehmen und dem Handelsagenten erleichtert diese Profilierung wesentlich.

Der Handelsagent muss sich in noch stärkerem Maße als bisher darüber klar werden, dass er ein Nutzenbündel anbieten muss, d. h. eine Kombination aus Produkten und Dienstleistungen. Die Annahme „Ein gutes Produkt verkauft sich fast von selbst" bezog sich auf Wachstumsmärkte. Sie gehört heuer eher der Vergangenheit an. So lange nur Produkte verkauft werden, wird der Handelsagent leicht mit

anderen Vertriebsorganen verglichen, insbesondere mit den angestellten Vertriebsmitarbeitern im Außendienst. Ein marktgerechtes Dienstleistungspaket individua-
lisiert die Leistung und hebt sie von anderen ab. Natürlich muss sich die Übernahme
solcher Dienstleistungen auch lohnen, denn der Einsatz ohne Profit widerspricht
jeder unternehmerischen Zielsetzung. Neben einer exakten Kalkulation der Preise
für Tätigkeiten beim Kundenservice ist es daher besonders wichtig, den Vertragspartnern klarzumachen, dass – und in welcher Höhe – diese Leistungen vergütet
werden müssen.

8.2.2 Die Preis-/Konditionenpolitik

Ein weiteres Instrument der Marketingpolitik ist die Preis-/Konditionenpolitik.
Hiermit verbunden ist die grundsätzliche Frage: Zu welchen Bedingungen werden
die Produkte und/oder Leistungen angeboten? Eine passende Antwort darauf ist für
ein Unternehmen nicht leicht zu finden. Denn damit entscheidet es sich, ob und wie
gut oder schlecht ein Produkt/eine Dienstleistung „geht". Gleichzeitig ist damit das
wirtschaftliche Wohl und Wehe eines Unternehmens verbunden.

Ein Produkt lässt sich nicht allein über den Preis verkaufen, sondern alle Bereiche des Marketings müssen hinzugezogen werden. Die Preispolitik ist somit ein
Instrument unter mehreren. Die Preisgestaltung muss daher auf die übrigen marketingpolitischen Instrumente abgestimmt sein, damit eine maximale Wirkung der
gesamten Marketingpolitik erreicht werden kann. Nur das Zusammenwirken aller
Marketing-Aktivitäten und deren optimale Ausrichtung bringen den gewünschten
Markterfolg.

Welche Anhaltspunkte hat nun ein Anbieter, um die Höhe des Preises zu bestimmen, den er für sein Produkt oder seine Dienstleistung fordern soll? Diese Frage
stellt sich einem Investitionsgüterhersteller, der eine Großanlage verkauft, ebenso
wie einem Handelsagenten, der die Provision als Preis für seine Vertriebsleistung
festlegen soll. In der Praxis ist es meistens so, dass man sich auf verschiedene Informationen stützt, die zwar meistens unvollkommen sind, es jedoch ermöglichen,
sich an den „optimalen" Preis heranzutasten. Dazu gehören der Wert eines Produktes oder einer Dienstleistung in den Augen der Kunden, die Marktstruktur – denn
Angebot und Nachfrage bestimmen den Preis – und die betrieblichen Kosten.

Die Vorgehensweise der Handelsagenten im Bereich der Preis- und Konditio-
nenpolitik wird weitgehend von den vertretenen Unternehmen und dem jeweiligen
Markt bestimmt. Trotzdem ist es wichtig, über die Aufgaben, Inhalte und Strategien
der Preis-/Konditionenpolitik Bescheid zu wissen und die Hintergründe einzelner
Handlungsweisen und Reaktionen zu kennen. Mit diesem Basiswissen kann der

Handelsagent die angestrebte Preis-/Konditionenpolitik der von ihm vertretenen Unternehmen im Markt gezielter und erfolgreicher umsetzen.

Der Handelsagent und die Preis-/Konditionenpolitik der vertretenen Unternehmen

Jedes der vertretenen Unternehmen verfolgt seine eigene Preis-/Konditionenpolitik und erwartet von seinen Handelsagenten, dass sie die Preise und Konditionen im Markt durchsetzen. Für den Erfolg ist dabei entscheidend, dass das Preis-Leistungs-Verhältnis aus der Sicht des Kunden stimmt, also:

- Produkt/Leistung
- Image
- Serviceleistungen
- Zuverlässigkeit
- Liefertermine und Warenausfall
- Konditionen usw.

Die Handelsagenten kennen ihre Kunden, ihre Wettbewerber, deren Preisniveau sowie die zu erwartenden Reaktionen der Konkurrenz bei Preisänderungen und die Akzeptanz des Preisniveaus ihrer vertretenen Unternehmen. Diese Informationen müssen an die vertretenen Unternehmen weitergeleitet werden, damit sie in eine marktgerechte Preis-/Konditionenpolitik einfließen können. Gibt es Probleme mit der Akzeptanz des Preis-Leistungs-Verhältnisses, so muss versucht werden zu analysieren, worin die Ursache liegt. Der Preis allein ist selten die alleinige Ursache. Es ist also beispielsweise Folgendes zu überlegen:

- Was sind die Stärken und Schwächen der vertriebenen Produkte?
- Wo liegen die Stärken und Schwächen der Konkurrenz?

Bei der täglichen Arbeit kann der Handelsagent die Preis-/Konditionenpolitik gezielt einsetzen, denn sie zählt zu den flexibel zu handhabenden Marketing-Instrumenten. So haben Handelsagenten häufig gegenüber Kunden einen Verhandlungsspielraum, in dem sie Mengenrabatte gewähren können. Der Einsatz dieser Rabatte sollte jedoch systematisch und gezielt erfolgen, und sie sollten nur dann eingesetzt werden, wenn die Notwendigkeit besteht. Denn es ist im Sinne aller Beteiligten, mit den getätigten Umsätzen einen möglichst hohen Gewinn zu erwirtschaften. Nur dann sind Investitionen in die Zukunft möglich und damit eine Forcierung der Marketing-Strategie der Produkte.

Daher werden Rabatte und Preisdifferenzierungen häufig mit gestaffelten Provisionsregelungen verbunden. So können die Handelsagenten einerseits freier mit den Kunden verhandeln, andererseits erhalten sie mehr Verantwortung in Bezug auf das positive Ergebnis des vertretenen Unternehmens. Gleichzeitig besitzen sie auch Einfluss auf die Höhe ihrer Provisionseinkommen. Je effektiver, d. h. je „kostendeckender" sie für ein vertretenes Unternehmen verkaufen, desto höher liegt das eigene Provisionseinkommen.

Eine erfolgreiche Preis-/Konditionenpolitik ist bei einem immer härter werdenden Wettbewerb ohne Produktprofilierung kaum möglich. Im Verkaufsgespräch ist es daher wichtig, das Produkt und nicht den Preis in den Vordergrund zu stellen. Die kompetente und fundierte Argumentation über das Produkt ist notwendige Voraussetzung für den Verkauf. Es geht jedoch im Verkaufsgespräch nicht ausschließlich um das Produkt selbst, sondern u. a. auch um Folgendes:

- das persönliche Engagement und die Kompetenz,
- die zeitlichen Präferenzen, wenn die Lieferzeiten günstiger sind als die der Konkurrenz,
- die räumlichen Vorteile, weil der Handelsagent beispielsweise ein Auslieferungslager besitzt,
- die Zusatz- und Serviceleistungen wie Kundendienst, Garantie usw.

Bei allen Überlegungen darf nicht in den Hintergrund geraten, dass Handelsagenten mit ihren vertretenen Unternehmen gemeinsam das Ziel verfolgen, im Markt erfolgreich zu sein. Erreicht werden kann dies nur, wenn Umsatz getätigt wird, und zwar in dem geplanten Rahmen, auf dem die Kalkulation basiert, wenn also eine optimale Kostendeckung und gleichzeitig der angestrebte Gewinn erzielt werden.

Der Handelsagent und die eigene Preis-/Konditionenpolitik

Genau wie die vertretenen Unternehmen müssen sich auch die Handelsagenten über ihre Kostensituation im Klaren sein und wissen, welcher Aufwand effektiv und gerechtfertigt ist. So gilt es insbesondere bei der Vertretung von mehreren Unternehmen zu betrachten, welche Provisionseinnahmen welchem Aufwand gegenüberstehen. Im Folgenden sollen einige Anregungen zur kritischen Prüfung der eigenen Preis-/Konditionenpolitik als wichtiges Instrument im Marketing gegeben werden.

Die persönliche Kommunikation – also der persönliche Verkauf – wird immer wichtiger, ist aber gleichzeitig sehr zeit- und kostenintensiv. Diese Tatsache muss auch bei der Preis-/Konditionenpolitik des Handelsagenten berücksichtigt werden. Allerdings ist gerade die Effizienz der persönlichen Kommunikation unter Kostengesichtspunkten schwer zu erfassen. Es ist notwendig, die Zeit optimal zu nutzen, etwa mithilfe der konsequenten, ausgefeilten Besuchsplanung.

Weiters könnte der Handelsagent über eine gesonderte Honorierung bei speziellen Serviceleistungen einerseits gegenüber den Kunden und andererseits gegenüber den vertretenen Unternehmen verhandeln. Beispielsweise, wenn für die vertretenen Unternehmen Analysen oder Informationen im Sinne von Beratung angeboten werden. Hier sollte jedoch im Einzelfall sehr differenziert vorgegangen werden, da nur besondere Informationen bzw. eine intensive Beratung in Rechnung gestellt werden können.

Gegenüber den Kunden können beispielsweise Serviceleistungen, die über das Angebot der vertretenen Unternehmen hinausgehen, berechnet werden, etwa im Bereich der technischen Dienstleistung. So können zum Beispiel Lagerregale vermittelt werden, und es kann Montage als persönlicher Service angeboten werden. Die dafür anfallenden Kosten werden dann dem Kunden in Rechnung gestellt. Durch diese technische Dienstleistung kann der Handelsagent sich also mit seiner Leistung profilieren. Ähnlich verhält es sich beim Kundendienst für technische Geräte.

8.2.3 Die Distributionspolitik

Damit Produkte gekauft werden können, ist es erforderlich, dass sie an dem vom Kunden gewünschten Ort, zur gewünschten Zeit und in der gewünschten Menge zur Verfügung stehen. Hier liegt die Aufgabe der Distributionspolitik, einem weiteren marketingpolitischen Instrument. Darunter zu verstehen sind alle Entscheidungen und Handlungen in einem Unternehmen, die im Zusammenhang mit dem Weg eines Produkts zum Endkäufer stehen.

Handelsagenten oder angestellte Vertriebsmitarbeiter

Ein Unternehmen muss sich im Rahmen der Auswahl der richtigen Partner im Absatzkanal auch entscheiden, ob es mit Handelsagenten oder mit angestellten Vertriebsmitarbeitern im Außendienst zusammenarbeiten will. Für diese Unternehmen steht dabei die Überlegung im Mittelpunkt, auf welche Weise eine möglichst effiziente Marktbearbeitung und damit optimale Marktnähe zu erreichen ist. Die Antwort muss nicht unbedingt „entweder Handelsagent oder Vertriebsmitarbeiter im Außendienst" lauten, denn die Praxis zeigt häufig Mischformen.

Zwei grundsätzliche Aspekte sind bei dieser Entscheidungsfindung von Bedeutung:

- der quantitative Aspekt: Auswirkungen auf die Kosten und den Gewinn;
- der qualitative Aspekt: Marktnähe, Sortiment, Fachwissen, Beratung, Markt-Know-how, Verkaufsaktivität, Absatzrisiko, Steuerbarkeit.

Eine allgemeingültige Entscheidung kann oft nicht getroffen werden, jedes Unternehmen muss diese im Rahmen seiner individuellen Zielsetzung treffen. Eine Reihe von Argumenten spricht aber für den Vertrieb mit Handelsagenten. Diese muss jeder Handelsagent kennen, um bei Bewertungen für die Übernahme des Vertriebs die Vorteile für die Unternehmen deutlich machen zu können.

Überlegungen zur Verkaufspolitik des Handelsagenten

Die Verkaufspolitik beinhaltet die Kundenbetreuung, die Kundenberatung und das aktive Verkaufen im Kundengespräch. Sie kann als die Hauptfunktion und Basis der Tätigkeit eines Handelsagenten bezeichnet werden. Gleichzeitig ist die Verkaufspolitik ein Engpass, denn der Handelsagent ist an die Besuchszeiten seiner Kunden gebunden, auf sie muss das Timing abgestimmt werden.

Um die Kunden möglichst effektiv zu bearbeiten, sind folgende, grundsätzliche Überlegungen anzustellen:

- Einteilung der Kunden nach ihrer Bedeutung. Richtgrößen sind getätigter Umsatz, möglicher Umsatz bzw. Umsatzziel, Kompetenz der Kunden im Sinne von Image und Präsenz usw. Die Kunden können in A-, B- und C-Kunden gruppiert werden, z. B. nach Umsatzbedeutung, Wachstumspotenzial usw. A-Kunden sind entsprechend ihrer Bedeutung sehr eng zu betreuen. So sollten primär mit den A-Kunden interessante Angebote abgesprochen werden. Durch diese Einteilung schafft man sich eine Prioritätenliste für die Kundenbearbeitung.
- Einteilung des Gebietes in regionale Schwerpunkte zur Abstimmung der Reiseplanung.

Außerdem ist es wichtig, Distributionslücken aufzuspüren sowie die Distributionsbreite und -tiefe zu analysieren. Hier sind folgende Fragen zu beantworten:

- Ist der Handelsagent an allen wesentlichen Punkten im Gebiet präsent (Distributionsbreite), oder sind hier Lücken zu schließen?
- Wie sieht es mit der Distributionstiefe aus, d. h., ist der Handelsagent an einem Ort oder bei einem Kunden entsprechend dem Marktvolumen ausreichend präsent?

Bei beiden Fragen steht die Suche nach Umsatzreserven im Mittelpunkt.

Darüber hinaus müssen in Verbindung mit dem Verkaufsgespräch beim Kunden Tätigkeiten im Sinne von Vor- und Nachbearbeitung durchgeführt werden. Je besser ein Kundengespräch und die Reiseroute vorbereitet sind, desto effektiver kann die Zeit genutzt werden.

Neben der systematischen Kundenbearbeitung muss die Kundenakquisition ebenfalls berücksichtigt werden. Hier ergeben sich Ansatzpunkte für die Suche nach neuen Kunden. Teilweise sind diese Wunschkunden bereits bekannt, doch kaufen sie die angebotenen Produkte bisher noch nicht oder nicht mehr. Ziel ist es daher, die Gründe des Nichtkaufens zu analysieren und ein Entree zu suchen. Gleichzeitig ist es notwendig, weitere potenzielle Kunden zu finden, z. B. über Branchenverzeichnisse, Kauf von branchenspezifischen Adressen, Ortsbegehung usw.

Service-Politik des Handelsagenten

Ein weiterer, sehr wichtiger Aspekt bei der Marktbearbeitung sind die Dienstleistungen, die den Kunden neben dem Verkauf und der formalen Auftragsabwicklung geboten werden. Zum vertriebsbezogenen Service zählen u. a.:

- Auslieferungslager
- Ausstellungs-/Vorführräume
- Ausstellung auf regionalen und überregionalen Messen
- Vorführungsveranstaltungen, z. B. in Hotels
- Präsentation bei Referenz-Kunden

Es handelt sich hierbei um Aktionen, die im direkten Zusammenhang mit dem Vertrieb der Produkte stehen und diese Aktivitäten unterstützen sowie erleichtern. Es ist also zu überlegen, wo diese Maßnahmen sinnvoll eingesetzt werden können, damit den Kunden ein zusätzlicher Service angeboten werden kann. Hier liegen wiederum wesentliche Ansatzpunkte zur Profilierung gegenüber der Konkurrenz. Weitere Maßnahmen zur Verbesserung des Services können sein:

- qualifizierte Kundenberatung
- regelmäßige Kundeninformation, beispielsweise über Neuentwicklungen von Produkten, interessante Angebote, Preisänderungen
- frühzeitige Information der Kunden über Lieferprobleme und -verzögerungen bzw. Kenntnis über die Situation beim Kunden
- Eingehen auf kundenspezifische Probleme

Diese Aufzählung macht deutlich, dass eine sehr wichtige Komponente des Services die persönliche Kommunikation ist. Die Marktbearbeitung des Handelsagenten benötigt eine klare Linie und die konsequente Umsetzung, gemeinsam mit den Kunden und den vertretenen Unternehmen. Wichtig ist ein eigenes Vertriebs- und Marketing-Konzept, um den Markt nicht den Konkurrenten zu überlassen und die Marktaktivitäten gezielt und offensiv einsetzen zu können.

8.2.4 Die Kommunikationspolitik

Während der Distributionspolitik die Aufgabe zukommt, Produkte zu den Kunden zu „transportieren", übernimmt die Kommunikationspolitik die Aufgabe, Informationen des Unternehmens zu den jeweiligen Empfängern zu transportieren. Jeder Austausch von Produkten im Markt ist mit einer Vielzahl an Kommunikationsvorgängen verbunden. Das Ziel der Marktkommunikation ist es, durch die auf den Absatzmarkt gerichteten Informationen die Marktpartner entsprechend der eigenen Zielsetzung zu beeinflussen. Außerdem besteht die Aufgabe darin, dem Unternehmen ein unverwechselbares Profil – ein Unternehmens-„Gesicht" – für seinen Marktauftritt zu geben. Mithilfe der Marktkommunikation sind die Produkte und das Unternehmen selbst so zu präsentieren, dass grundsätzlich bei den aktuellen und potenziellen Kunden Interesse geweckt wird und die Kaufentscheidung positiv ausfällt.

Die Kommunikationspolitik unterstützt die bereits besprochenen Marketing-Instrumente Produkt- und Sortimentspolitik, Distributionspolitik, aber auch die Preis-/Konditionenpolitik. Man unterscheidet zwischen der unpersönlichen und persönlichen Kommunikation. Zu den Instrumenten der unpersönlichen Kommunikation zählen:

- Werbung
- Verkaufsförderung
- Public Relations (PR)

Die persönliche Kommunikation beinhaltet im Wesentlichen den persönlichen Kontakt zum Kunden, insbesondere durch den persönlichen Einsatz. Sie wird auch als „persönlicher Verkauf" bezeichnet.

Zur Erstellung eines Werbekonzeptes müssen folgende Grundsatzfragen beantwortet werden:

- Wer (vertretene Unternehmen, Handelsagent usw.)
- sagt was (Welche Werbebotschaft soll vermittelt werden; soll primär über das Produkt informiert werden – Produktwerbung – oder steht das Unternehmen im Mittelpunkt – Firmenwerbung?)

- unter welchen Bedingungen (Marktsituation, Konkurrenzverhalten usw.)
- über welche Kanäle (Welche Medien, z. B. Werbebriefe, Prospekte, Zeitungen, Zeitschriften, Plakate, Fernsehen usw. sind einzusetzen?)
- zu wem (Welche Zielgruppen oder Personen sind anzusprechen?)
- mit welchen Wirkungen (Werbeerfolg).

Der Handelsagent und die Werbung der vertretenen Unternehmen

Wie kann der Handelsagent die Werbung der vertretenen Unternehmen für seine eigene Arbeit nutzen? Welche Einflussmöglichkeiten bieten sich an? Eine wichtige Voraussetzung zur Nutzung der Herstellerwerbung ist, dass der Handelsagent frühzeitig über die geplanten Werbemaßnahmen informiert ist. Das heißt, es muss beispielsweise bekannt sein, wann, wo und welche Anzeigen geschaltet werden, mit welchen Kunden eine Werbeaktion geplant ist, welche Werbebriefe versandt werden usw. Nur dann können die Werbemaßnahmen der vertretenen Unternehmen gezielt bei der Kundenansprache eingesetzt werden.

Generell macht die Werbung der vertretenen Unternehmen die Produkte bei den Kunden bekannt. Sie übernimmt sozusagen die Aufgabe des „Vorverkaufens" und unterstützt den Handelsagenten bei der Zielsetzung, die Produkte zu vertreiben. Durch eine Fachanzeigenserie kann u. a. auch Interesse bei Wunschkunden geweckt und dem Handelsagenten das Entree erleichtert werden. Ähnliches gilt für die Neueinführung von Produkten. So kann der Handelsagent die Werbeaussagen beispielsweise in seinem persönlichen Gespräch mit dem Kunden nutzen, indem auf Fachanzeigen Bezug genommen wird. Auch Direct Mailings müssen in die tägliche Arbeit einbezogen werden, denn ihre Wirkung verpufft, wenn nicht persönlich nachgefasst wird. Geht es beispielsweise um Endverbraucherwerbung, sollten die Kunden (die Handelsbetriebe) frühzeitig über die Schalttermine informiert und ihnen die beworbenen Produkte angeboten werden.

In der Praxis erlebt man häufig, dass sich die Einflussnahme des Handelsagenten auf die Werbung der vertretenen Unternehmen nicht einfach gestaltet und u. a. sehr stark von der Größe des vertretenen Unternehmens und den jeweiligen Produkten abhängt. Wesentlich für den Erfolg und die Effizienz der eingesetzten Werbung ist die enge Kommunikation zwischen dem Handelsagenten und dem vertretenen Unternehmen. Der Handelsagent kennt die Kunden am besten und hält Kontakt durch den Informationsaustausch mit dem Markt. Plant ein vertretenes Unternehmen etwa eine Fachanzeigenkampagne, so sollte der Handelsagent prüfen, ob die ausgewählten Fachmagazine auch tatsächlich von den meisten seiner Kunden gelesen werden.

Ebenso muss die Resonanz der Kunden auf diese Anzeigenkampagne geprüft und als Rückkoppelung an die Unternehmen weitergeleitet werden. Sicher können einige wenige negative oder positive Stimmen keine Berücksichtigung bei künftigen Aktionen finden, jedoch kristallisieren sich durch die Sammlung von Informationen aus allen Verkaufsgebieten Tendenzen heraus, die zur Konzeptionsanpassung genutzt werden sollten. Gleichzeitig sind für die vertretenen Unternehmen Informationen über die Akzeptanz von Werbemaßnahmen der Konkurrenz von großer Bedeutung.

Wesentlich wird die Einflussnahme, wenn es um die Abstimmung von Einzelaktionen mit bestimmten Kunden geht. Beispielsweise plant im Investitionsgüterbereich ein Hersteller elektronischer Bauteile eine Kooperations-Werbung mit einem großen Kunden, indem eine gemeinsame Anzeigenkampagne in Fachmagazinen vorbereitet wird. Oder ein Konsumgüterhersteller führt gemeinsam mit einem Handelskonzern eine Werbekampagne bei Endverbrauchern durch. Hier müssen individuelle Zielsetzungen berücksichtigt werden, für die der Handelsagent aufgrund der guten Kundenkenntnisse ebenfalls wichtige Anregungen beisteuern kann. Der Handelsagent hat also eine Reihe von Einflussmöglichkeiten auf die Werbung der vertretenen Unternehmen, die allerdings Engagement und Ausdauer erfordern. Je gezielter und nachhaltiger die Werbung eingesetzt wird, desto mehr Erfolg bringt sie dem Handelsagenten und dem vertretenen Unternehmen.

Der Handelsagent und die eigene Werbung

Ob es für einen Handelsagenten sinnvoll ist, klassische Werbung zu betreiben, hängt von seiner Größe und den anzubietenden Produkten ab. Primär sollte, auch aus Kostengründen, versucht werden, auf die Werbung der vertretenen Unternehmen zurückzugreifen. Direktwerbung, also der Einsatz von persönlichen Werbebriefen, sollte jedoch auf jeden Fall stattfinden. Diese kann zur Kundenakquisition ebenso genutzt werden wie auch zur Intensivierung des Kontaktes und der Umsätze mit kaufenden Kunden.

Werbebriefe können beispielsweise bei der Information bzw. Ankündigung einer neuen Vertretung, eines neuen Produktes, einer Produktverbesserung oder einer neuen zusätzlichen Serviceleistung eingesetzt werden. Diese Aktionen sollten immer genutzt werden, um kurzfristig telefonisch und persönlich nachzufassen, denn nur so kann sich der Erfolg einstellen. Ebenso sollte der Werbebrief persönlich verfasst sein. Nicht personalisierte Informationen landen meist im Papierkorb.

Der jeweilige Umfang und die Gestaltung eigener Werbung sind abhängig vom Sortiment und der Vertretungsstruktur eines Handelsagenten. Wird beispielsweise nur ein Unternehmen vertreten, so muss eine ganz andere Marketingpolitik verfolgt werden, als wenn mehrere sich ergänzende Produkte verschiedener Unternehmen vertrieben werden. Im letzteren Fall kann es sinnvoll sein, gezielt Werbung für sich selbst, die zu vertreibenden Produkte, die Dienstleistungen und bezüglich der Kompetenz zu machen.

Der Handelsagent bietet den Kunden durch die sich ergänzenden Produkte u. a.
ein Servicepaket. Dies kann dem Kunden beispielsweise durch Anzeigen in Fachmagazinen oder Direct Mailings neben anderen Aktivitäten zusätzlich verdeutlicht
werden. Eine weitere Möglichkeit der gezielten Werbung ist Katalogwerbung, beispielsweise in Messekatalogen. Werden Anzeigen geschaltet, so sollten diese nicht
mit zu vielen Informationen gefüllt sein, sondern den Handelsagenten sowie seine
Produkte und Serviceleistungen in den Mittelpunkt stellen.

Der Handelsagent und die Verkaufsförderung des vertretenen Unternehmens

Das Kommunikationsinstrument „Verkaufsförderung", auch Sales Promotions oder
Absatzförderung genannt, soll den Verkauf der Produkte unterstützen. Die Verkaufsförderung wird im Unterschied zur klassischen Werbung direkt am Verkaufs-
ort (Point of Purchase, abgekürzt POP) angewendet und soll grundsätzlich außergewöhnliche Anreize auf die anzusprechenden Personen ausüben. Verkaufsförderung und Werbung sind nicht alternativ zu sehen, sondern als sich ergänzende
Kommunikationsinstrumente. Die Verkaufsförderung ist kurzfristig einsetzbar,
während bei der Werbung – insbesondere der klassischen Werbung – eine langfristige Planung und Kontinuität Erfolg verspricht. Sie ermöglicht auch eine schnelle
Reaktion auf Aktivitäten der Konkurrenz.

Der effiziente Einsatz der vom Hersteller zur Verfügung gestellten Verkaufsförderungsmaßnahmen erfordert, genau wie bei der Werbung, eine enge Kommunikation zwischen dem vertretenen Unternehmen und dem Handelsagenten. Nur bei
umfassender Information über Inhalt und Zielsetzung der Verkaufsförderungsmaßnahmen sowie mittels fundierter Produktkenntnisse ist der erfolgreiche Einsatz
gesichert. Die Rückkoppelung über die Akzeptanz der eingesetzten Maßnahmen
sollte von vornherein vorgesehen werden.

Im Bereich der Sales Promotions werden einige Maßnahmen in enger Zusammenarbeit zwischen Unternehmen und Handelsagenten durchgeführt. Hierzu gehören u. a. die Kunden- und die Verkäuferschulung. Gerade wenn diese Aktionen
gebiets- oder kundenbezogen durchgeführt werden, sollte der Handelsagent unbedingt beteiligt sein oder gar die Veranstaltung allein durchführen. Diese Maßnahmen vermitteln dem Kunden oder dessen Verkäufern ein fundiertes Wissen über das
vertretene Produkt. Im Konsumgütermarkt werden damit die Identifikation des
Verkäufers und die Chance des „Hinausverkaufens" an den Verbraucher erhöht.

Bei Investitionsgütern stehen die Produktinformation und das Wissen um Vor-
und Nachteile der Produkte sowie deren Einsatzmöglichkeiten im Vordergrund.
Insbesondere in diesem Markt werden häufig Betriebsbesichtigungen und Pro-
duktvorführungen im Unternehmen selbst oder bei Referenzkunden durchgeführt.

Damit kann man auch den Qualitätsstandard der Produkte in Verbindung mit der Produktion demonstrieren. Handelt es sich beispielsweise um größere Maschinen, so können diese im Einsatz präsentiert werden, was an einem anderen Ort oft gar nicht möglich ist. Die Demonstration bei Referenzkunden hat den Vorteil des praxisbezogenen Einsatzes. Der Handelsagent kann sich durch die Teilnahme an bzw. durch die Durchführung derartiger Veranstaltungen persönlich profilieren und den Kontakt zum Kunden intensivieren.

Gerade im Konsumgüterbereich kommt neben dem persönlichen Einsatz bei der Verkaufsförderung auch dem Engagement im Handel selbst eine besondere Bedeutung zu. Es reicht nicht aus, dem Händler beispielsweise Display-Material oder Dekorationshilfen zur Verfügung zu stellen. Oft werden diese nämlich nicht entsprechend präsentiert und gehen in der Menge der Konkurrenzangebote unter. Um die Marktposition auszubauen und den Verkauf der Produkte zu fördern, müssen sich diese klar von der Konkurrenz abheben. Der Handelsagent sollte im persönlichen Kontakt mit dem Kunden versuchen, die Präsentationssysteme und die Ware im Schaufenster oder auch im Verkaufsraum optimal darzustellen. Ebenso gilt es, bei Werbeaktionen dafür zu sorgen, dass die Produkte in ausreichender Anzahl auf Lager sind und der Erfolg nicht an Warenengpass scheitert.

Der Handelsagent und die eigene Verkaufsförderung

Mit den Verkaufsförderungsmaßnahmen kann durch gezielten Einsatz viel erreicht werden. Jedoch bietet nicht jeder Hersteller ausreichende Verkaufsförderungsmittel. Hier können die Handelsagenten einerseits versuchen, Anregungen zu geben, welche Maßnahmen sich im Markt erfolgreich einsetzen lassen, andererseits auch selbst die Initiative ergreifen. Dadurch ergeben sich viele Möglichkeiten, die eigenen Aktivitäten durchzusetzen und sich zu profilieren. Die wichtigsten sind:

- produktbezogene Kundenschulung/Information
- Verkäuferschulungen
- schriftliche Produktinformationen
- Darstellung der eigenen Leistungen
- persönlicher Einsatz bei der Warenpräsentation im Verkauf

Sind beispielsweise keine ausreichenden Produktinformationen (Broschüren, Prospekte usw.) vorhanden, so sollten diese entwickelt werden. Die Information sollte kurz, prägnant und sachlich verfasst sein. Es ist einzugehen auf die Art der Produkte, eventuell auf technische Daten, die Produktvorteile, die Einsatzgebiete usw. Vertreibt der Handelsagent mehrere, sich ergänzende Produkte, so liegt es nahe, eine Broschüre über das Produktportfolio zu erstellen. Der Kunde muss aus dieser Information entnehmen können, welche Produkte der Handelsagent führt und welche Leistungen zusätzlich angeboten werden. Je nach Umfang und Gestaltung sollte überlegt werden, eine Werbeagentur und/oder einen Grafiker hinzuzuziehen. Darüber hinaus sollte darüber nachgedacht werden, in welchem Rahmen es sinnvoll erscheint, für die Kunden selbstständig Schulungen, Informationsveranstaltungen und Ausstellungen durchzuführen.

Im Konsumgütermarkt kommt der Verkaufsförderung durch den persönlichen Einsatz im Verkauf beim Kunden eine besondere Bedeutung zu. Auf diesem Wege kann der Handelsagent Produkte beim Abverkauf forcieren und gleichzeitig eine Marktanalyse betreiben. Denn er erfährt einiges über die Reaktion der Kunden auf die angebotenen Produkte und die der Konkurrenz. Außerdem sollte der Handelsagent die Maßnahmen der vertretenen Unternehmen mit den eigenen Aktivitäten abstimmen, um so eine möglichst große Effizienz im Markt zu erreichen.

Vertrauen schaffen durch Public Relations
Im Gegensatz zu den bisher dargestellten Kommunikationsinstrumenten Werbung und Verkaufsförderung richten sich die Public Relations nicht primär auf die Absatzförderung. Ziel der Public Relations (PR), auch Öffentlichkeitsarbeit genannt, ist die systematische Pflege der Beziehungen zur Öffentlichkeit, um damit Vertrauen und ein positives Image zu schaffen (Goodwill). Angesprochen werden dabei alle Personen und Institutionen, die mit dem Unternehmen direkt oder indirekt in Berührung kommen, also die aktuellen und potenziellen Kunden, die Abnehmer der Kunden, die Lieferanten, die Endverbraucher/Verbraucher, die Mitarbeiter usw.

Der Handelsagent und die Public Relations des vertretenen Unternehmens
Der Goodwill, der einem vertretenen Unternehmen entgegengebracht wird, ist auch für die tägliche Arbeit eines Handelsagenten sehr wichtig. Vom Vertrauen und der positiven Meinung der Kunden hängt u. a. auch der Erfolg der Zusammenarbeit mit den Marktpartnern ab. Gleichzeitig muss der Handelsagent über sein Image informiert sein, um es sinnvoll in der Zusammenarbeit mit seinen Partnern zu nutzen. Hier kann er auf die Informationen der vertretenen Unternehmen zurückgreifen. Größere Unternehmen führen beispielsweise Imageanalysen durch, über deren Ergebnisse der Handelsagent im Groben Bescheid wissen sollte. Er kann sich aber diese Informationen teilweise selbst besorgen, z. B. durch das Feedback in Kundengesprächen. Ferner sollte der Handelsagent auch an die Weitergabe dieser Marktinformationen an seine vertretenen Unternehmen denken. Denn die Kommunikationspolitik lebt, wie es der Begriff bereits sagt, von der Kommunikation.

Der Handelsagent und die eigene Public Relations

Neben der Öffentlichkeitsarbeit der vertretenen Unternehmen darf der Handelsagent seine eigene PR nicht vernachlässigen. Ähnlich wie bei der Verkaufsförderung kann er sich durch die Öffentlichkeitsarbeit profilieren. Ziel ist es, mithilfe der Public Relations das durch die Marketingaktivitäten geschaffene positive Bild im Markt zu forcieren. Welche Maßnahmen im Einzelnen ergriffen werden können, hängt von der Branche und den Produkten ab. Ist der Handelsagent beispielsweise im Sportmarkt tätig, so könnte er unter Umständen Vereine sponsern bzw. dort Mitglied sein. Kontakte zur Fach- und Regionalpresse sind zu pflegen sowie die Teilnahme und Förderung von branchenspezifischen Veranstaltungen anzustreben.

Zur aktiven Gestaltung des Erscheinungsbildes tragen u. a. einheitliche Briefbögen, Visitenkarten, Rechnungen usw. bei. Das Gleiche gilt für die Präsentation auf Messen bzw. in der Öffentlichkeit. Hier spielen u. a. optische Mittel wie Design, Farbe usw. eine besondere Rolle. Der Name des Handelsagenten und eventuell ein Slogan zählen ebenfalls dazu.

Zur Verdeutlichung der Leistung in der Öffentlichkeit sollte der Handelsagent, genau wie seine vertretenen Unternehmen, Kontakte zur Fachpresse pflegen. So können beispielsweise Fachberichte über Neuentwicklungen im Markt oder Marktperspektiven erarbeitet und persönlich an die Presse weitergeleitet werden. Ebenso ist es möglich, dass Informationen über Firmenjubiläen und neue Mitarbeiter Beachtung finden. Je nachdem, in welchem Markt der Handelsagent tätig ist und abhängig vom Vertretungsportfolio, sollte er auch Kontakt zur regionalen Presse halten.

Erfolgreich mit persönlicher Kommunikation

Die persönliche Kommunikation – der persönliche Verkauf, auch Personal Selling genannt – bezieht sich auf den persönlichen Einsatz im Kontakt mit dem Kunden. Dabei haben die Handelsagenten beispielsweise die Möglichkeit, den Kunden durch geschickte Gesprächsführung positiv für ihre Produkte zu stimmen, erhalten andererseits jedoch gleichzeitig ein direktes Feedback und gewinnen Informationen über die eigenen Produkte, die Konkurrenzprodukte und die Marktsituation. Der persönliche Verkauf kommt im persönlichen Gespräch mit dem Kunden vor Ort ebenso zum Einsatz wie beim telefonischen Kundenkontakt. Die gezielte Anwendung des Telefonmarketings ist genauso wichtig wie die richtige Gesprächsführung mit dem Kunden vor Ort.

Der persönliche Verkauf ist also ein sehr interessantes Marketing-Instrument, das sinnvoll und effizient eingesetzt werden muss, denn gleichzeitig zählt es zu den teuersten Instrumenten. Seine Bedeutung nimmt mit der Erklärungsbedürftigkeit der Produkte zu. Hier sind Beratungs- und Überzeugungsleistung gefordert. Zu den wesentlichen Aufgaben des persönlichen Verkaufs zählen:

- die Informationsgewinnung über Kunden durch das Auffinden von potenziellen Kunden sowie die Ermittlung des Bedarfs bei aktuellen und potenziellen Kunden
- der Kundenauftrag durch Kontaktaufnahme und Angebotsabgabe (ggf. auch der Kaufabschluss)
- die Pflege der Beziehungen zu bestimmten Kunden
- die Verkaufsunterstützung durch Beratung, Warenpräsentation, Kunden- und Verkäuferschulung usw.
- die Image-Bildung durch Wirkung, Ausstrahlung und Leistung des vertretenen Unternehmens, der angebotenen Produkte und des Handelsagenten selbst
- die Übernahme logistischer Funktionen durch optimale Warenverteilungen, Lager- und Regalservice usw.

Zum Erfolg des persönlichen Verkaufs tragen mehrere Faktoren bei:
- die Person des Verkäufers, d. h. seine Überzeugungskraft, Flexibilität und Kommunikationsfähigkeit
- der Kontakt des Verkäufers zum Kunden, d. h. die „gemeinsame Wellenlänge"
- die Fähigkeit, individuell auf den Kunden einzugehen
- die Aktionen und Handlungen des Verkäufers, d. h. die Beeinflussung des Gesprächs durch Verkaufspsychologie und -taktik, damit es zum erfolgreichen Abschluss kommt; hierzu zählen auch Präsentationshilfen, der Rahmen und die Gestaltung der Präsentation usw.
- das positive Image, d. h. die Glaubwürdigkeit, Zuverlässigkeit, Kompetenz, Leistungsfähigkeit usw. des vertretenen Unternehmens, der angebotenen Produkte und des Handelsagenten

Da der persönliche Verkauf aufwendig ist, ist es notwendig, unter Zeit- und Kostengesichtspunkten die Intensität und Zielrichtung des persönlichen Verkaufs zu planen und zu koordinieren. Eine wichtige Voraussetzung ist die Einteilung der Kunden nach ihrer Bedeutung, beispielsweise die Einteilung nach A-, B- und C-Kunden.

Bedingt durch den verschärften Wettbewerb, die Entwicklungen neuer Vertriebswege, aber auch den verstärkten Einsatz der neuen Medien, die wiederum die Kommunikation unpersönlich werden lassen, sollten Handelsagenten die persönliche Kommunikation gezielt einsetzen und sich darüber profilieren. Kommunikationspolitik darf keine einmalige Aktion sein, sondern muss zur Daueraufgabe werden. Nur so kann ein Unternehmen bei den Marktpartnern bekannt werden und kann der Bekanntheitsgrad erhalten und gesteigert werden. Die kommunikativen Aktivitäten müssen im Kommunikations-Mix aufeinander abgestimmt werden. Für den Handelsagenten bedeutet dies, beispielsweise die richtige Mischung zu finden aus:

- persönlichen Besuchen beim Kunden,
- Telefonaten beim Kunden,
- Direct Mailings.

Online-Marketing kompetent einsetzen

Die meisten Kunden lassen sich mittlerweile über das Internet erreichen. Daher kommt dem Online-Marketing eine immer größere Bedeutung zu – sowohl für die Unternehmen als auch für die Handelsagenten. Teilgebiete des Online-Marketings sind neben der Internetwerbung:

- Suchmaschinen-Marketing (gezielt geschaltete Suchmaschinenwerbung zur Kundenakquise)
- E-Mail-Marketing
- Social-Media-Marketing (Nutzung von Social-Media-Plattformen wie z. B. Twitter, Facebook; LinkedIn)
- Affiliate-Marketing (Nutzung von Partnern; Verteilung des Aufwandes)

Vorteile des Online-Marketings:
- Schnelligkeit
- Direkte interaktive Dialogfähigkeit in Echtzeit
- Schnelle Aktualisierung
- Direkte Erfolgskontrolle

Zentrales Instrument beim Online-Marketing ist die eigene Homepage. Daher ist es für einen Handelsagenten besonders wichtig, seine Website ansprechend und professionell zu gestalten. Sie gehört mehr und mehr zu den „Visitenkarten" jedes Unternehmens. Der erste Eindruck entscheidet darüber, ob der Besucher sich näher informiert und sich für Produkte und Leistungen interessiert.

Fazit

In diesem Kapitel wurden die Grundlagen des Marketings aufgezeigt. Marketing beinhaltet dementsprechend marktorientiertes Denken und Handeln und sollte daher auch im Mittelpunkt der täglichen Aktivitäten eines Handelsagenten stehen. Zur erfolgreichen Marktbearbeitung müssen die Marketing-Aktivitäten einerseits auf die Erfordernisse des Marktes und andererseits auf das intern Realisierbare abgestimmt werden. Die einzelnen Marketing-Instrumente also sind individuell zu gewichten und aufeinander auszurichten. Auf diese Weise entsteht der Marketing-Mix, zugeschnitten auf die speziellen Erfordernisse eines Unternehmens.

Grundvoraussetzung hierfür ist, dass dem unternehmerischen Handeln auch eine unternehmensindividuelle Marketing-Konzeption zugrunde liegt. Denn die Möglichkeiten, die die Märkte bieten, und das Instrumentarium, das für die Marktbearbeitung genutzt werden kann, sind sehr komplex und sehr vielfältig. Daher müssen Handlungsanweisungen festgelegt werden, muss ein „Fahrplan" vorhanden sein, an dem sich ein Handelsagent bei seinen Marktaktivitäten orientieren kann. Der Erfolg eines Unternehmens, das mithilfe des Marketings im Markt agiert, liegt nicht nur in der einmaligen Festlegung einer Marketing-Konzeption, sondern ganz wesentlich in deren permanenten Überprüfung und Anpassung.

Quellen

Paffhausen A (2017) Erfolgreich als Handelsvertreter. Springer Gabler, Wiesbaden

▶ Bevor es ans Arbeiten und Geldverdienen geht, sind eine Reihe von Behördengängen zu erledigen. Davor müssen Sie sich jedoch grundlegenden Fragen wie beispielsweise zur Rechtsform Ihres geplanten Unternehmens oder Fördermöglichkeiten stellen, aus deren Antworten sich weitreichende Folgen ergeben. Erfahren Sie in diesem Kapitel das Wichtigste über die Steuerarten und Möglichkeiten, den steuerlichen Gewinn zu mindern, den Umgang mit Behörden und insbesondere Ihre Verpflichtungen gegenüber dem Finanzamt. [1]

9.1 Was ist vor der Gründung der Handelsagentur zu tun?

Ihre Geschäftsidee steht. Sie haben die Marktsituation und das Marktumfeld eingehend betrachtet und den relevanten Mitbewerb analysiert. Auch die Finanzierung Ihres Projektes ist gesichert und Sie treffen die grundlegende Entscheidung: Ja, ich realisiere mein Projekt. Ich gründe ein Unternehmen und werde selbstständig! Diese weitreichende Entscheidung wirft drei elementare Fragen auf, die jeder Handelsagent gewissenhaft im Vorfeld beachten muss, denn jeder Bereich für sich kann zum fundamentalen Erfolgsfaktor, aber auch zum Stolperstein werden.

Drei Fragen für eine erfolgreiche Zukunft

- Welche behördlichen Schritte muss ich bei einer Unternehmensgründung setzen und wer sind meine Ansprechpartner (vgl. Abb. 9.1)?

---

[1] Die Ausführungen in diesem Kapitel sind in Auszügen aus dem Branchenmagazin CONTACT Ausgaben 1-4/2016 und 1/2017 entnommen. Die Zahlen sind auf das Jahr 2018 angepasst. Mit freundlicher Genehmigung Bundesgremium der Handelsagenten 2018. All Rights Reserved.

© Springer Fachmedien Wiesbaden 2019
A. Paffhausen, Ch. Rebernig, *Erfolgreich als Handelsagent mit Fokus Österreich*,
DOI 10.1007/978-3-658-23508-6_9

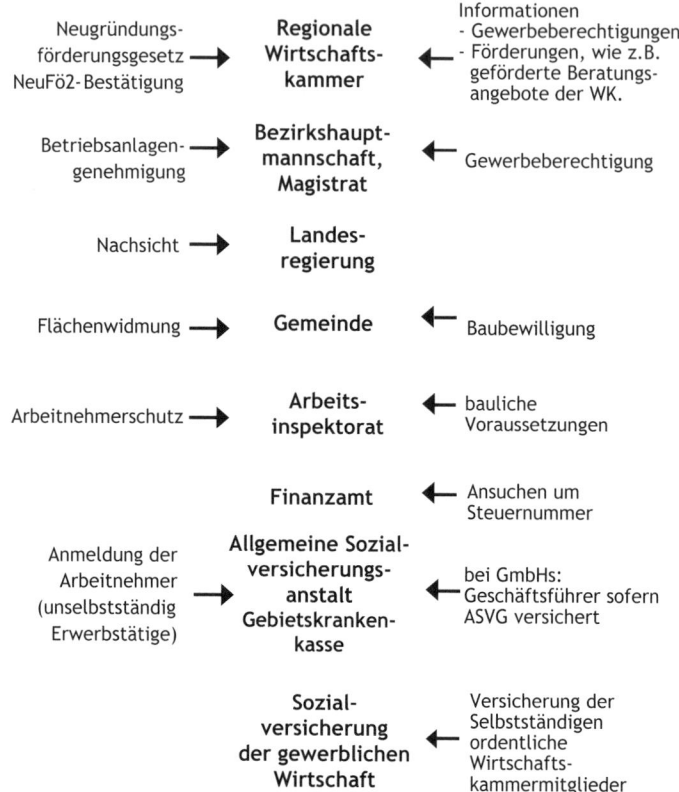

Abb. 9.1   Der rote Faden für Behördenwege (Adaptiert nach Bollenberger und Kilzer 2016a; mit freundlicher Genehmigung © Bundesgremium der Handelsagenten 2016. All Rights Reserved.)

- Welche Rechtsform ist für mein Unternehmen die am besten geeignete? Mit dieser Frage entscheiden Sie unter anderem über die elementar wichtige Haftungssituation bei Worst-Case-Szenarien.
- Benötige ich externe Unterstützung? Brauche ich einen oder vielleicht sogar mehrere Partner – vielleicht um fehlendes Know-how in die Handelsagentur zu integrieren oder um die finanzielle Situation zu stärken? Für diese strategischen Entscheidungen ist es ratsam, professionellen und vor allem unabhängigen Rat einzuholen. Hier sind wir bei der Wahl eines vertrauensvollen Unternehmens- und Steuerberaters angelangt, den Sie bei allen wichtigen Weichenstellungen einbeziehen sollten.

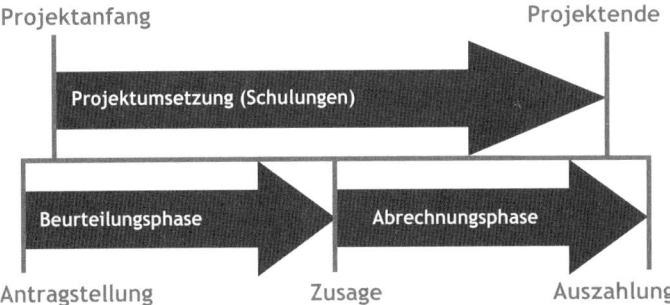

Abb. 9.2   Der zeitliche Ablauf eines Förderprojektes (Aus Bollenberger und Kilzer 2016a; mit freundlicher Genehmigung © Bundesgremium der Handelsagenten 2016. All Rights Reserved.)

Zum richtigen Zeitpunkt das Richtige tun

Das bedeutet „rechtzeitig" agieren. Die Dinge rechtzeitig zu tun, ist entscheidend, egal, ob im Steuerrecht oder im ganzen unternehmerischen Umfeld. So wie bei fast allen Förderungsmodellen ist die rechtzeitige Beantragung vor Projektbeginn entscheidend (vgl. Abb. 9.2). Sobald Sie das Investitionsgut gekauft haben – bei manchen Förderungen genügt sogar eine der Antragstellung zeitlich vorgelagerte Bestellung –, ist es oft schon zu spät. Bei einem Projektstart, der vor der Beantragung einer Förderung liegt, hat man in den meisten Fällen die Fördermöglichkeit verwirkt.

Um die Antragstellung zum richtigen Zeitpunkt geht es bei vielen Steuerbegünstigungen wie auch bei den Begünstigungen des Neugründerfördergesetzes und diese sollten Sie in Anspruch nehmen.

9.1.1   Das Neugründungsförderungsgesetz

Das sogenannte Neugründungsförderungsgesetz, kurz NeuFöG, hilft Neugründern und Betriebsübernehmern, Gründungskosten zu sparen. Voraussetzung dafür ist, in den letzten fünf Jahren (15 Jahre bis 31.12.2015) nicht in vergleichbarer Art selbstständig oder betrieblich tätig gewesen zu sein und eine Gründungsberatung bei der jeweiligen Interessenvertretung in Anspruch genommen zu haben. Für Neugründer und Betriebsübernehmer entfallen:

- **Bundesverwaltungsabgaben** für alle durch eine Neugründung/Betriebsübertragung unmittelbar veranlassten Schriften und Amtshandlungen (z. B. Abgaben für gründungsbedingte Konzessionserteilung, Niederlassungsbewilligung, Genehmigungen zur Betriebserrichtung,…).

- **Grunderwerbsteuer:** Wenn eine Gründungseinlage von Grundstücken in neu gegründete Gesellschaften erfolgt. Bei der Betriebsübertragung wird die Grunderwerbsteuer von steuerbaren Vorgängen, die mit einer Betriebsübertragung in unmittelbarem Zusammenhang stehen, nicht erhoben, soweit der für die Berechnung der Steuer maßgebende Wert € 75.000 nicht überstiegen wird.
- **Gerichtsgebühren für die Eintragung in das Firmenbuch:** Im Zusammenhang mit der Neugründung für Neueintragungen wie Firma, Sitz, Geschäftsanschrift, Inhaber, Musterzeichnung persönlich haftender Gesellschafter sowie Geschäftsführer, ebenso wie die Neugründung eines eingetragenen Einzelunternehmens mit dem Zusatz „e.U.".
- **Gerichtsgebühren für die Eintragung in das Grundbuch:** Zum Erwerb des Eigentums für die Einbringung von Grundstücken auf gesellschaftsvertraglicher Grundlage unmittelbar im Zusammenhang mit der Neugründung (gilt nicht bei Betriebsübertragungen) der Gesellschaft, sofern Gesellschaftsrechte oder Anteile am Vermögen der Gesellschaft als Gegenleistung gewährt werden.
- **Gesellschaftsteuer:** Mit Wirksamkeit 01.01.2016 kam es zur Abschaffung der Gesellschaftsteuer, womit dieser Befreiungsbestimmung im Rahmen des NeuFöG keine Bedeutung zukommt.
- **Lohnnebenkostenbefreiung:** (Gilt nicht bei Betriebsübertragungen) Für die im Kalendermonat der Neugründung sowie in den darauffolgenden 35 Kalendermonaten für beschäftigte Arbeitnehmer (Dienstnehmer) anfallenden Dienstgeberbeiträge zum Familienlastenausgleichsfonds, Wohnbauförderungsbeiträge des Dienstgebers, Beiträge zur gesetzlichen Unfallversicherung und die anfallende Kammerumlage 2. Innerhalb des Zeitraumes von 36 Monaten kann für zwölf Monate die Begünstigung in Anspruch genommen werden, wobei die Frist mit dem Beschäftigungsmonat des ersten Arbeitnehmers zu laufen beginnt. Achtung: während der ersten zwölf Monate ab Neugründung gibt es keine Einschränkung hinsichtlich der Zahl der beschäftigten Arbeitnehmer. Im zweiten bzw. dritten Jahr nach der Neugründung steht die Begünstigung nur noch für die ersten drei beschäftigten Arbeitnehmer zu.

Beantragung: Der Gründer hat eine Erklärung der Neugründung bzw. der Betriebsübernahme (Formular Neufö2) auszufüllen und von der jeweiligen gesetzlichen Berufsvertretung bestätigen zu lassen. In den Wirtschaftskammern werden die NeuFöG-Bestätigungen durch den Gründerservice, meist auch durch die Fachgruppen und die Bezirksstellen durchgeführt. Kann der Betriebsinhaber keiner gesetzli-

chen Berufsvertretung zugerechnet werden, so ist für ihn die Sozialversicherungs-
anstalt der gewerblichen Wirtschaft zuständig.

9.1.2   Der ständige Begleiter im Leben jedes Unternehmers: das Finanzamt

Welche Verpflichtung hat nun ein neu gegründetes Unternehmen gegenüber dem
Finanzamt?

- **Meldung** innerhalb eines Monats ab Eröffnung des Betriebes, dass Sie eine
  unternehmerische Tätigkeit aufgenommen haben. Die Meldung muss für Einzelunternehmer an das Wohnsitzfinanzamt ergehen – jenes Finanzamt, in dessen
  Amtsbereich sich der Wohnsitz oder in Ermangelung eines Wohnsitzes der ge-
  wöhnliche Aufenthalt befindet. Für Körperschaften oder Personengemeinschaf-
  ten muss die Meldung an das Betriebsfinanzamt – jenes Finanzamt, in dessen
  Amtsbereich sich die Leitung des Unternehmens befindet – ergehen.
- Je nachdem, in welchem Rechtskleid Sie Ihr Unternehmen führen, ist ein **eigener
  Fragebogen** auszufüllen. Die Formulare finden Sie unter www.bmf.gv.at.
  Drei Formulare kommen infrage:
  - Verfahren 15 für Kapitalgesellschaften
  - Verfahren 16 für Personengesellschaften
  - Verfahren 24 für natürliche Personen
- Unter anderem sind auch der **geschätzte Umsatz** und **der geschätzte Gewinn**
  des laufenden Jahres und des Folgejahres anzugeben. Achtung! Ihre Gewinn-
  schätzung wird für die Bemessung der Vorauszahlungen an Einkommen- bzw.
  Körperschaftsteuer herangezogen. Seien Sie in Ihren Gewinneinschätzungen
  hier nicht zu optimistisch! Bestimmen Sie sorgfältig Ihre Gewinnannahme für
  diese beiden Jahre. Sie dienen zur Berechnung Ihrer Steuervorauszahlungen und
  belasten damit auch Ihre Liquidität. Beachten Sie bei Ihrer Gewinn- und Um-
  satzschätzung, dass das Eröffnungsjahr meist ein Rumpfwirtschaftsjahr (z. B.:
  April bis Dezember) ist.
- Eine weitere wesentliche Frage ist in diesem Fragebogen zu beantworten, nämlich: ob ein **Regelbesteuerungsantrag** gemäß § 6 Abs. 3 Umsatzsteuergesetz
  beantragt wird. Dies betrifft Kleinunternehmer. Das sind Unternehmer, deren
  Jahresumsatz € 30.000 nicht übersteigt.

Kleinunternehmer haben die Wahl

- die Umsatzsteuer den Kunden in Rechnung zu stellen und an das Finanzamt abzuführen, aber auch die ihnen in Rechnung gestellte Umsatzsteuer (Vorsteuer) vom Finanzamt zurückverlangen zu können oder
- keine Umsatzsteuer zu verrechnen, aber auch keinen Vorsteuerabzug geltend machen zu können. Sollten Sie irrtümlicherweise Ihren Kunden Umsatzsteuer in Rechnung stellen, schulden sie diese dem Finanzamt gegenüber kraft Rechnungslegung und können sie leider nicht gegenverrechnen.

Tipp: Beide Systeme haben Vor-, aber auch Nachteile, die es gilt, sorgfältig abzuwägen. So Ihr Kunde Ihre in Rechnung gestellte Umsatzsteuer als Vorsteuer beim Finanzamt zurückverlangen kann, ist die Regelbesteuerung zu 99 % die günstigere Variante.

Achtung: Es gilt der Grundsatz der Unternehmereinheit! Obige Umsatzgrenze bezieht sich auf den einzelnen Unternehmer und nicht auf die einzelnen Tätigkeiten (z. B.: Gewerbebetriebe, Vermietung usw.). Weiters ist entscheidend, wie viel Einnahmen im Kalenderjahr zugeflossen sind. Die Umsatzgrenze von € 30.000 ist ein Nettobetrag. Innerhalb von fünf Kalenderjahren kann der Unternehmer einmal die Umsatzgrenze um maximal 15 % (Toleranzgrenze, das sind € 34.500) überschreiten.

Regelbesteuerungsantrag

Den Regelbesteuerungsantrag können Sie bis zur Rechtskraft des jeweiligen Jahresbescheides stellen. Sie verzichten auf die Möglichkeit der unechten Steuerbefreiung. Dies bedeutet, Sie berechnen die Umsatzsteuer und führen Sie an das Finanzamt ab und erlangen damit das Recht auf Vorsteuerabzug.
Achtung: Der Antrag bindet Sie für fünf Kalenderjahre.

Eine Planrechnung „zahlt sich aus"

Aufgrund Ihrer Planerfolgsrechnung und Finanzplanung, die jedes Unternehmen – unabhängig seiner Größe – somit vom EPU (Ein-Personen-Unternehmen) bis zum Großbetrieb – vor Gründung aufstellen sollte, können Sie erkennen, wie viel Geld Sie für die Steuer und die Sozialversicherung – je Geschäftsgang – ansparen müssen, um nicht wie viele Unternehmen in ein Liquiditätsproblem in den ersten drei Jahren nach Unternehmensgründung zu kommen. Aber auch nach der Gründung ist das Führen des Unternehmens mit Zielen, die auch in Zahlen ausgedrückt sind, ein Muss für eine erfolgreiche Geschäftsentwicklung. Alles andere ist Glück und dies ist für die Lebensdauer eines Unternehmens einfach zu wenig.

Es gilt, den Steuerkostenblock zu senken, und dies beginnt bereits bei der Gründung

Zum Beispiel sollten Sie Ihre Investitionen so optimieren, dass Sie Ihren Investitionsplan auch nach dem steuerlich optimalen Investitionszeitpunkt ausrichten. Hier sprechen wir den Gewinnfreibetrag an, der alle Einnahmen/Ausgaben-Rechner betrifft. Auch die steueroptimierte Eigenkapitalausstattung zu Beginn kann für einen bilanzierenden Unternehmer einen Steuervorteil bringen.

9.1.3   Wie erfolgt die laufende Betreuung durch das Finanzamt?

Vergabe der Steuernummer

Vor Vergabe Ihrer Steuernummer prüft das Finanzamt, ob Sie als „Steuersubjekt" im Sinne der österreichischen Steuergesetzgebung gelten und welches Finanzamt für Sie zuständig ist. Es ist nicht ungewöhnlich, dass ein Vertreter des Finanzamtes Ihnen einen „Antrittsbesuch" abstattet und Ihre Angaben laut Fragebogen überprüft. Das Finanzamt erteilt Ihnen dann eine Steuernummer. Diese besteht aus einer zweistelligen Finanzamtsnummer und einer siebenstelligen Steuernummer. Das Finanzamt legt Ihre Steuerakte und Ihr Abgabenkonto an. Von nun an sind jedes Schriftstück, Steuererklärungen aber auch Zahlungsbelege, die an Ihr Finanzamt gerichtet sind, mit Ihrer Steuernummer zu versehen.

Einrichten Ihres Abgabenkontos unter Ihrer neuen Steuernummer und laufende Buchung Ihrer Abgaben und Zahlungen

Auf Ihrem Abgabenkonto werden gemeldete oder vorgeschriebene Abgaben als Belastung bzw. Gutschriften und Ihre Zahlungen als Gutschriften gebucht (Umsatzsteuer, Einkommensteuer, lohnabhängige Abgaben, Zahlungen, Rücküberweisungen etc.). So Ihr Abgabenkonto ein Guthaben aufweist, können Sie einen Rückzahlungsantrag (z. B. auf Ihr Bankkonto) stellen. Mittels Buchungsmitteilungen werden Sie vom Finanzamt über Ihre Kontobewegungen informiert. Über FinanzOnline können Sie elektronisch die Buchungen auf Ihrem Steuerkonto abfragen. Die Registrierung für den elektronischen Zugriff können Sie über die Homepage des Bundesministeriums für Finanzen unter www.bmf.gv.at vornehmen.

Veranlagung Ihrer Steuererklärungen mittels Abgabenbescheid und Buchung auf Ihrem Abgabenkonto

Im Folgejahr (z. B.: 2019) ist bei Ihrem Finanzamt die Einkommensteuererklärung (des Jahres 2018) bis zum 30. April des Folgejahres (30. April 2019), bei elektroni-

scher Abgabe mittels FinanzOnline bis 30. Juni (30. Juni 2019) abzugeben. Werden
Sie von einem Steuerberater vertreten, sind auch längere Fristen möglich.

Was ist die UID-Nummer und wer benötigt diese?
Die Bezeichnung UID-Nummer ist die abgekürzte Version von Umsatzsteueriden-
tifikationsnummer oder auch abgekürzt ATU-Nummer (für Österreich) genannt. So
Sie umsatzsteuerpflichtige Leistungen oder Lieferungen erbringen bzw. in Geschäftsbeziehung mit Unternehmen in anderen Staaten der Europäischen Union
stehen, brauchen Sie Ihre UID-Nummer. Auch sind Sie zum Vorsteuerabzug von
Rechnungen über einen Betrag von € 10.000 nur dann berechtigt, wenn neben den
anderen Rechnungsmerkmalen Ihre UID-Nummer auf der Rechnung angegeben ist.
Die Ihnen von Ihren Lieferanten in Rechnung gestellte Umsatzsteuer wird als Vorsteuer bezeichnet. Diese können Sie sich beim Finanzamt wieder zurückholen.

9.2   Die Pflichten als Handelsagent und was passiert, wenn diesen nicht nachgekommen wird

Mit welchen Konsequenzen müssen Sie als Unternehmer rechnen, wenn Sie nicht
rechtzeitig Ihren Pflichten nachkommen?

9.2.1   Verpflichtungen gegenüber dem Finanzamt und Fristen

Abgabe der Steuererklärungen
Sofern Sie der Abgabe Ihrer Steuererklärungen nicht rechtzeitig – fristgerecht –
nachkommen, kann ein Verspätungszuschlag bis zu 10 % des vorgeschriebenen
Abgabenbetrages verhängt werden.

Fälligkeiten von Steuerzahlungen
In Abb. 9.3 sind die wichtigsten Steuerarten, ihre Höhe und ihre Fälligkeit darge-
stellt.
Beachten Sie: Abgaben, die an einem Samstag, Sonntag oder Feiertag (wie auch
Karfreitag und 24.12.) fällig werden, sind erst am nächsten Werktag zu bezahlen!

Was passiert, wenn Sie nicht rechtzeitig zahlen?
Wird die Abgabenschuld nicht spätestens an ihrem Fälligkeitstag entrichtet, so wird
Ihnen der erste Säumniszuschlag vorgeschrieben. Gleichzeitig tritt die Vollstreck-
barkeit dieser Abgabenschuld ein. Sofern innerhalb der nächsten drei Monate wie-

Abgabenart	Höhe	Fälligkeit
Selbstbemessungsabgaben wie		
Umsatzsteuer	20 %, 10 % oder 13 % vom Entgelt (Nettobetrag)	15. des zweitfolgenden Monats
Kammerumlage I	0,3 % von der abziehbaren Vorsteuer	15. Februar 15. Mai 15. August 15. November

Selbstbemessungsabgaben sind Abgaben, deren Höhe der Steuerpflichtige selbst berechnet und diese dem zuständigen Finanzamt in Form der Abgabenerklärung mitteilen muss. Die Abgabe gilt mit Einreichung der Abgabenerklärung/Steuererklärung (Umsatzsteuervoranmeldung – UVA) als festgesetzt. Die Abgabenerklärung ersetzt den Abgaben- bzw. Steuerbescheid. Wird keine Erklärung abgegeben oder ist die Erklärung unvollständig oder die Selbstbemessung unrichtig und dieser Mangel nicht binnen einer angemessenen Frist behoben, so setzt das Finanzamt die Abgaben durch einen Abgabenscheid fest. Hierbei kann sie die Bemessungsgrundlage schätzen.

Ertrags/Gewinnsteuern wie		
Einkommensteuer	0 % bis 55 % vom Einkommen	15. Februar
Körperschaftsteuer	25 % vom Einkommen (Gewinn)	15. Mai 15. August 15. November

Ertragsteuern sind Steuern, die auf das Einkommen für eine bestimmte Periode (Besteuerungszeitraum) erhoben werden.

Lohnabgaben		
Lohnsteuer	0 % bis 55 % der Lohnsteuerbemessungsgrundlage (Bruttobezug abzüglich Sozialversicherung und LSt-Freibeträge)	jeweils am 15. des Folgemonats
Dienstgeberbeitrag	3,9 % der Bruttolohnsumme	
Zuschlag zum Dienstgeberbeitrag	0,36 % bis 0,44 % der Bruttolohnsumme	
Kommunalsteuer	3% der Bemessungsgrundlage	

Abb. 9.3 Steuerarten, Steuerhöhe und Fälligkeit. (Adaptiert nach Bollenberger und Kilzer 2016b; mit freundlicher Genehmigung © Bundesgremium der Handelsagenten 2016; Zahlen auf 2018 angepasst. All Rights Reserved.)

der nicht bezahlt wird, wird ein weiterer – der zweite Säumniszuschlag verhängt. Ist nach drei Monaten, nachdem der zweite Säumniszuschlag verhängt wurde, die Abgabenschuld immer noch nicht beglichen, so fällt der dritte Säumniszuschlag an. Meist aber kommt es nicht so weit, da der Finanzbeamte dann bereits vor Ihrer Tür steht, um die Abgaben für den Staat abzusichern, d. h. sie eintreibt oder Pfändungen vornimmt.

Wie hoch ist der Säumniszuschlag?

Der erste Säumniszuschlag beträgt 2 % des säumigen Betrages, der zweite und dritte jeweils 1 % des säumigen Betrages.

Ein Beispiel: Eine verspätete Einzahlung von einer Woche bedeutet 2 % „Zinsen" für eine Woche, diese sind umgerechnet in einen Jahreszinssatz exorbitante 104 %!

Tipp: Verglichen mit den Kosten für Bankzinsen ist der Säumniszuschlag eine ungleich teure „Finanzierungsvariante". Beachten Sie weiters, dass Säumniszuschläge, die für Privat- bzw. Personensteuern (Einkommen- oder Körperschaftsteuer) bezahlt werden, steuerlich nicht absetzbar sind.

9.2.2   Welche Rechtsform ist steueroptimal?

Einkommensteuer zahlen nur natürliche Personen, die im Inland steuerpflichtig sind. Juristische Personen unterliegen der Körperschaftsteuer. Die Zuordnung ist somit von der Rechtsform des Unternehmens abhängig. Abb. 9.4 zeigt die in Österreich bestehenden Möglichkeiten, ein Unternehmen zu führen.

Mit 1. Jänner 2007 wurde das österreichische Handelsgesetzbuch (HGB) in großem Umfang novelliert und dabei in Unternehmensgesetzbuch (UGB) umbenannt. Im UGB finden sich die gesetzlichen Grundlagen für Handelsgesellschaften. Die Personengesellschaften (OG-offene Gesellschaft und KG-Kommanditgesellschaft) selbst sind nicht ertragsteuerpflichtig, sondern immer ihre Gesellschafter mit ihrem Gewinnanteil. Sämtliche natürliche Personen, die ein Einzelunternehmen bzw. Ein-Personen-Unternehmen (EPU) führen oder/und Gesellschafter sind, sind mit ihrem Einkommen einkommensteuerpflichtig. Genossenschaften, Vereine, Privatstiftungen sowie die Kapitalgesellschaften selbst sind mit ihren Gewinnen körperschaftsteuerpflichtig.

Wie hoch sind diese Ertragsteuern?

Bei der Einkommensteuer handelt es sich um einen progressiven Steuertarif. Mit der Steuerreform 2015 wurden die Tarifstufen neu geregelt. Abhängig von der Höhe des Einkommens, beträgt die Einkommensteuer 0 % bis 55 % (vgl. Abb. 9.4).

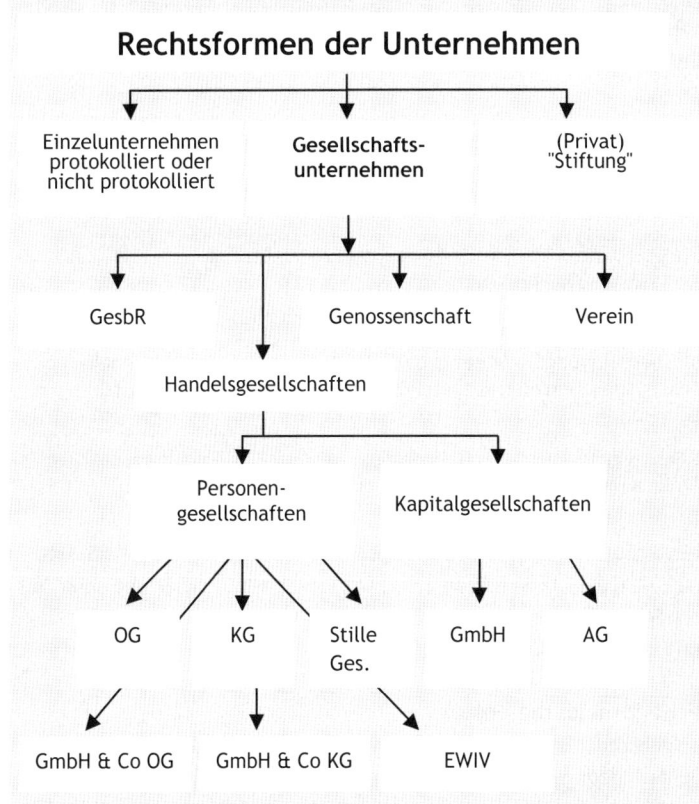

Abb. 9.4 Rechtsformen von Unternehmen in Österreich. (Adaptiert nach Bollenberger und Kilzer 2016b; mit freundlicher Genehmigung © Bundesgremium der Handelsagenten 2016. All Rights Reserved.)

Die Körperschaftsteuer ist linear. Sie beträgt, unabhängig von der Höhe des Einkommens, fix 25 %, mindestens jedoch 5 % vom Mindeststammkapital. Die Mindestkörperschaftsteuer bei GmbHs mit einem Stammkapital von € 35.000 beträgt somit € 1.750 pro Jahr. Nach dem 30.06.2013 gegründete GmbHs, die das steuerliche Gründungsprivileg in Anspruch nehmen, haben für die ersten fünf Kalenderjahre nach der Gründung € 500 und für die folgenden fünf Kalenderjahre € 1.000 zu entrichten.

GmbH	Steuerbelastung
Steuerpflichtiger Gewinn	100
Körperschaftsteuer	-25
Gewinn nach KöSt (zur Gewinnausschüttung o. Thesaurierung)	75
27,5 % KESt bei Ausschüttung	-20,625
Gewinn nach Steuern bei Ausschüttung	54,375
Gesamtsteuerbelastung bei Ausschüttung	45,63 %
Gesamtsteuerbelastung bei Thesaurierung*)	25,00 %

*) Der Begriff Thesaurierung bedeutet, dass die vom Unternehmen erwirtschafteten Gewinne nicht ausgegeben oder ausgeschüttet werden, sondern im Unternehmen selbst verbleiben.

Abb. 9.5   Körperschaftssteuer. (Aus Bollenberger und Kilzer 2016b; mit freundlicher Genehmigung © Bundesgremium der Handelsagenten 2016. All Rights Reserved.)

Wie hoch sind die Steuern für die GmbH? Was bleibt dem Gesellschafter?
Der Körperschaftsteuersatz ist derzeit 25 %. Die Gesamtsteuerbelastung einer Ausschüttung beträgt 45,625 %, das bedeutet, dass dem Gesellschafter netto 54,375 % zur Verfügung stehen (vgl. Abb. 9.5).

Welche Rechtsform ist die beste?
Es gibt keine generell „bessere" Rechtsform, nur eine individuell optimale! Vor der Rechtsformentscheidung sollten Sie sich überlegen, wie viel Gewinn Sie voraussichtlich entnehmen bzw. ausschütten wollen. Unter Berücksichtigung Ihrer konkreten Entnahmeerfordernisse ist ein Vergleich zu errechnen, der Ihnen zeigt, welche Rechtsform für Sie die vorteilhaftere ist.

Bei der optimalen Rechtsformwahl sind übrigens auch außersteuerliche Gründe wie Haftung, zivilrechtliche und sozialversicherungsrechtliche Aspekte, betriebswirtschaftliche Notwendigkeiten oder Auswirkungen auf die Unternehmensnachfolge zu beachten und somit ebenfalls maßgebliche Entscheidungskriterien. Ein weiteres Kriterium stellen die unterschiedlichen Gewinnermittlungsarten dar.

9.2.3   Bilanzierung oder Einnahmen-/Ausgaben-Rechnung?

Um den Gewinn zu ermitteln, sind im Regelfall Ihre Geschäftsfälle (Einkäufe, erzielte Umsätze, die Zahlung der Miete, …) in Form einer Einnahmen-/Ausgaben-

Rechnung („Einnahmen-Ausgaben-Rechner") oder durch die „Doppelte Buchhaltung" („Bilanzierer") zu erfassen. Unter bestimmten Voraussetzungen können auch diverse Pauschalierungsmöglichkeiten in Anspruch genommen werden.

Die Buchführungspflicht ist einerseits abhängig davon, in welchem Rechtskleid das Unternehmen geführt wird, und andererseits von deren Umsatzgröße. Freiwillig kann ein Unternehmer allerdings immer die „doppelte Buchführung" als Gewinnermittlungsart wählen (vgl. Abb. 9.6).

Das Wesen der doppelten Buchführung
Jeder Geschäftsfall wird einerseits im Grundbuch (Journal) und andererseits im Hauptbuch auf den Sachkonten jeweils im Soll und im Haben erfasst. Weiters wird der Gewinn zweifach ermittelt.

- **Gewinnermittlung durch Bestandsverrechnung.** Unterschied des Reinvermögens am Anfang und des Reinvermögens am Ende der Geschäftsperiode unter Abzug der Privateinlagen und Hinzurechnung der Privatentnahmen (soge-

Rechtsform	Umsatzgrenze	Art des Rechnungswesens
Einzelunternehmen und Personengesellschaften (Offene Gesellschaft – OG, Kommanditgesellschaft – KG)	bis € 220.000 Umsatz im Vorjahr	wahlweise Basispauschalierung, Einnahmen-/Ausgaben-Rechnung oder doppelte Buchführung (nach § 4 Abs. 1 EStG) möglich
	bis € 700.000 Umsatz	wahlweise Einnahmen-/Ausgaben-Rechnung oder doppelte Buchführung (nach § 4 Abs. 1 EStG) möglich
	bei zweimaligem Überschreiten doppelte Buchführung nach der Umsatzgrenze von € 700.000 oder einmaligem Überschreiten von € 1 Mio.	doppelte Buchführung nach § 5 EStG verpflichtend
Kapitalgesellschaften (GmbH, AG), ab 2008 auch GmbH & Co. KG	keine Umsatzgrenze	doppelte Buchführung (nach § 5 EStG, gilt für GmbH und AG auch bei nicht gewerblicher Tätigkeit) unabhängig vom Umsatz stets verpflichtend

Abb. 9.6 Buchführungspflichten. (Aus Bollenberger und Kilzer 2016b; mit freundlicher Genehmigung © Bundesgremium der Handelsagenten 2016; Zahlen auf 2018 angepasst. All Rights Reserved.)

nannter Betriebsvermögensvergleich). Das Reinvermögen ergibt sich aus Vermögen abzüglich Schulden. Der Vermögensvergleich stellt die Vermögenslage zum Bilanzstichtag dar.

- **Gewinnermittlung durch Gewinn-und-Verlust-Rechnung**, der direkten Erfolgsermittlung (+ Erfolg = Gewinn, – Erfolg = Verlust). Die Gewinn-und-Verlust-Rechnung (G&V) stellt die Ertragslage dar, die sich im Laufe des gesamten Geschäftsjahres entwickelt hat.

Besonderheiten der doppelten Buchführung: Kassabuchführung, Inventuraufnahme zum Bilanzierungsstichtag, Erfassung und Bewertung der Forderungen und Verbindlichkeiten, periodenreine Abgrenzung von Erträgen und Aufwendungen. Der Zeitpunkt der Leistungserbringung und nicht der Zahlungszeitpunkt ist für die zeitliche Zuordnung entscheidend! Der Unterschied der Gewinnermittlungsart der doppelten Buchführung gemäß § 4 Abs. 1 EstG und § 5 EstG besteht darin, dass nur der Gewinnermittler nach § 5 EstG

- gewillkürtes Betriebsvermögen (das sind Gegenstände, die weder notwendiges Betriebsvermögen noch notwendiges Privatvermögen darstellen, z. B. ein brachliegendes Grundstück) und
- ein vom Kalenderjahr abweichendes Wirtschaftsjahr haben kann.

Die Einnahmen-/Ausgaben-Rechnung

Die Einnahmen-/Ausgaben-Rechnung (§ 4 Abs. 3 EStG) ist ein vereinfachtes System. Man spricht demzufolge auch nicht von der Führung von Büchern, sondern von „Aufzeichnungen". Die Betriebseinnahmen und Betriebsausgaben sind zeitfolgegemäß aufzuzeichnen, das heißt, die Eintragungen müssen der Zeitfolge nach geordnet vorgenommen werden.

Die Einnahmen und Ausgaben (und nicht wie bei der doppelten Buchführung die Erträge und Aufwendungen) sind zu erfassen. Nicht der Zeitpunkt der Leistungserbringung ist entscheidend, sondern grundsätzlich der Zahlungsein- bzw. -ausgang (Zufluss/Abflussprinzip).

9.2.4   Wie wird die Einnahmen-/Ausgaben-Rechnung organisiert?

Einnahmen-/Ausgaben-Rechner müssen folgende Aufzeichnungen führen:
- Aufzeichnung der Betriebseinnahmen und -ausgaben
- Wareneingangsbuch

- Anlagenkartei
- Lohnkonten

In den Aufzeichnungen sind die Betriebseinnahmen und die Betriebsausgaben laufend, der Zeitfolge nach geordnet, zu erfassen.

Zeitpunkt der Erfassung

Die Eintragungen sind dann zeitgerecht, wenn sie spätestens einen Monat und 15 Tage nach Ablauf des Kalendermonates, für den sie zu erfolgen haben, vorgenommen werden. Gilt aufgrund umsatzsteuerlicher Vorschriften das Kalendervierteljahr als Voranmeldungszeitraum, können die Eintragungen spätestens einen Monat und 15 Tage nach Ablauf des Kalendervierteljahres vorgenommen werden. Der Zeitpunkt der Eintragung ist jedoch zu unterscheiden von der Grundlagensicherung. Die Bareinnahmen und Barausgaben sind täglich in geeigneter Form festzuhalten. Dies bedeutet, dass die Grundlagensicherung zumindest einmal am Tag, spätestens jedoch zu Beginn des nächstfolgenden Arbeitstages, vorzunehmen ist. Es sind sämtliche Geschäftsfälle einzeln aufzuzeichnen.

Folgende Formen der Einzelerfassung sind zulässig:
- chronologische händische Aufzeichnungen auf Kassablock mit durchlaufender Nummerierung und Paragondurchschriften
- Kassabucheinzelaufzeichnungen
- Seit 01.01.2016 besteht für Unternehmer mit einem Jahresumsatz über € 15.000 und Barumsätzen über € 7.500 die Verpflichtung zur Verwendung einer elektronischen Registrierkasse. Die Verpflichtung zur Verwendung beginnt im vierten Monat nach Überschreiten der Umsatzgrenzen (Gesamtumsatz UND Barumsatz).
Seit 01.01.2017 muss zusätzlich eine technische Sicherheitseinrichtung im Kassensystem vorhanden sein.
Barumsätze sind Gegenleistungen mit Bargeld, Kredit- oder Bankomatkarte sowie anderen vergleichbaren Zahlungsformen (z. B.: PayLife Quick oder auch an Geldes statt angenommener Gutscheine oder Geschenkmünzen). Bezahlung mit Erlagschein oder E-Banking zählt nicht zu den Barumsätzen.
Beachten Sie, dass bei Verkauf auf fremden Namen und auf fremde Rechnung vom Handelsagenten es sich um eine Vermittlung zwischen Auftraggeber und Kunden handelt. Er selbst erbringt keine Leistung und das von ihm bar kassierte Entgelt stellt für ihn keinen Barumsatz dar. Erst wenn eine Provision vom Auftraggeber in bar erhalten wird, handelt es sich um einen Barumsatz des Handelsagenten.

Seit 01.01.2016 besteht unabhängig von der Registrierkassenpflicht die sogenannte Belegerteilungspflicht. Dieser Beleg ist vom Käufer auch entgegenzunehmen und bis außerhalb der Geschäftsräumlichkeiten für Zwecke der Kontrolle durch die Finanzverwaltung mitzunehmen.

Notwendiger Inhalt des Beleges:
- Name des Unternehmens
- Fortlaufende Nummer
- Datum
- Menge sowie handelsübliche Bezeichnung der Ware oder der Dienstleistung
- Betrag

Zusätzlicher notwendiger Inhalt bei Beleg aus Registrierkasse:
- Kassenidentifikations-Nummer
- Uhrzeit
- Aufsplittung des Betrages nach Steuersätzen
- QR-Code oder alphanumerischer Code
- Bei Rechnungen unter Unternehmern (B2B) zusätzlich alle gesetzlichen Rechnungsmerkmale des Umsatzsteuergesetzes gem. § 11 UStG

Da beim Einnahmen-/Ausgaben-Rechner das Zu- und Abflussprinzip und somit somit der Zahlungsfluss über den Zeitpunkt, wann eine Einnahme oder Ausgabe steuerlich anzusetzen ist, entscheidet, kann folgende Belegablage empfohlen werden:
- Investitionen (Eingangsrechnungen)
- Banken
- Buchungsbelege und sonstige Dokumente
- Einnahmen-/Ausgabenbuch

Eingangsrechnungen

Als „Einnahmen- /Ausgaben-Rechner" , sind für Ihre laufende Einnahmen-/Ausgaben-Rechnung nur jene Eingangsrechnungen notwendig, die Ihre Investitionen im Anlagevermögen betreffen und nicht im gleichen Monat bezahlt werden. Ihre Eingangsrechnungen sollten Sie aufsteigend nach Datum ablegen.

Wir empfehlen Ihnen, diese sofort bei Eingang aufsteigend zu nummerieren. Das erleichtert das Auffinden der Belege erheblich. Auch eine Vollzähligkeitskontrolle der Eingangsrechnungen ist dadurch leichter möglich. Damit bei Zahlungen von Eingangsrechnungen die Zuordnung korrekt erfolgen kann, sollten Sie auf dem Zahlschein sowohl die externe als auch die interne Belegnummer, wenn gegeben, anführen.

Wareneingangsbuch

Dieses wird mit wenigen Ausnahmen – reine Dienstleistungsgewerbe bzw. reines Provisionsgeschäft ohne jeden Waren- bzw. Materialeinsatz – immer zu führen sein; auch bei Anwendung der gesetzlichen Pauschalierung. In das Wareneingangsbuch sind alle Waren (einschließlich Rohstoffe, Halbfertigerzeugnisse, Hilfsstoffe und Zutaten) einzutragen, die zur gewerblichen Weiterveräußerung, sei es in derselben Beschaffenheit oder nach vorheriger Be- oder Verarbeitung, erworben werden. Folgende Angaben müssen im Wareneingangsbuch enthalten sein:

- fortlaufende Nummer der Eintragung;
- Tag des Wareneinganges oder der Rechnungsausstellung (wahlweise);
- Name (Firma) und Anschrift des Lieferanten;
- Bezeichnung (branchenübliche Sammelbezeichnung genügt, z. B. Bücher, Kaffee);
- Preis;
- Hinweis auf die dazugehörigen Belege.

Die Eintragungen sind in richtiger zeitlicher Reihenfolge vorzunehmen. Gleichzeitig mit der Eintragung ist auf dem Beleg die fortlaufende Nummer, unter der die Ware eingetragen ist, zu vermerken. Wahlweise kann der Tag der Lieferung oder der Tag der Rechnungslegung für die fortlaufende Erfassung gewählt werden.

Einnahmen-/Ausgabenbuch

Sie sind als Einnahmen-/Ausgaben-Rechner nicht verpflichtet, ein sogenanntes vollständiges Kassabuch zu führen. Sie müssen nur die Aufzeichnungen der Betriebseinnahmen und der Betriebsausgaben, die Sie bar vereinnahmt bzw. ausgegeben haben, aufzeichnen. Wenn Sie jedoch freiwillig ein Kassabuch führen wollen, so müssen Sie dieses den steuerlichen Bestimmungen entsprechend tun.

Sie sollten Ihre Belege nach Ein- bzw. Auszahlungsdatum aufsteigend sortiert ablegen und mit einer laufenden Nummer versehen. Im Einnahmen-/Ausgabenbuch sind lediglich die erfolgswirksamen Betriebseinnahmen und Betriebsausgaben zu erfassen. Privateinlagen und Privateinnahmen sowie Bewegungen zwischen Bank und Kassa müssen nicht eingetragen werden. Auch muss der Kassastand nicht festgehalten werden.

Bank

Falls Sie mehrere Bankkonten haben, sollte für jedes einzelne Bankkonto eine eigene Untergliederung in Ihrem Belegordner vorhanden sein. Auch Ihre Bankauszüge und die dazugehörigen Belege werden nach Datum sortiert aufsteigend abgelegt. Die zu einem Auszug gehörigen Belege werden dabei jeweils unter dem Auszug abgelegt. Achten Sie bitte auf die Vollständigkeit der Bankbelege:

- Überprüfen Sie anhand der von der Bank angegebenen Auszugnummer, ob alle Auszüge eines Monats durchgehend vorhanden sind.
- Kontrollieren Sie bei jedem Auszug, den Sie erhalten, ob alle zu diesem Auszug gehörigen Belege vorhanden sind, ausgenommen natürlich jene Buchungen, die aufgrund eines Dauerbeleges zu buchen sind (z. B. Daueraufträge oder Einziehungsaufträge) oder solchen Buchungen, die ohne Originalbeleg von der Bank gebucht werden.

Eine Sammlung der Bankkontoauszüge samt den dazugehörigen Einzelbewegungen gilt als Aufzeichnung der Bankeinnahmen und Bankausgaben, wenn die Kontoauszüge lückenlos aufbewahrt werden. Bei gemischten Konten (diese enthalten sowohl betriebliche als auch private Bewegungen) gilt dies nur dann, wenn dem Finanzamt in alle Auszüge und die dazugehörigen Einzelbelege Einsicht gewährt wird. Die Führung eines eigenen Bankbuches ist somit nicht erforderlich.

Tipp: Führen Sie getrennte Bankkonten für den Betrieb und für privat.

Wie lange sind meine Belege und Aufzeichnungen aufzubewahren?

Alle Belege, die für die Abgabenerhebung relevant sind, sind sieben Jahre aufzubewahren.

Beispiel: Mit dem 31.12.2018 endet die siebenjährige Aufbewahrungspflicht für Belege, Aufzeichnungen, Bücher, Geschäftspapiere des Jahres 2011. Ab dem 01.01.2019 dürfen alle Unterlagen aus den Zeitraum bis zum 31.12.2011 vernichtet werden.

Achtung: Bedenken Sie aber, dass die Unterlagen dann weiter aufzubewahren sind, wenn Sie in einem anhängigen Berufungsverfahren von Bedeutung sind. Weiters, dass Aufzeichnungen und Unterlagen, die Grundstücke betreffen, wegen allfälliger Vorsteuerrückverrechnungen zwölf bis 22 Jahre aufbewahrungspflichtig sind. Auch ist gesetzlich vorgesehen, dass Unterlagen dann weiter aufzubewahren sind, wenn sie für ein anhängiges gerichtliches oder behördliches Verfahren, in dem Ihnen Parteistellung zukommt, von Bedeutung sind.

9.3   Betriebsausgaben und Betriebsausgaben-pauschalierungen

Legitimes Ziel eines Steuerpflichtigen ist, durch optimale Ausnutzung der gesetzlichen Möglichkeiten den steuerpflichtigen Gewinn zu mindern und Steuern zu sparen. Steuersenkend wirken Aufwendungen und Ausgaben, die durch den Betrieb veranlasst sind – die sogenannten Betriebsausgaben. Gute Kenntnisse über ertragsteuerliche Besonderheiten bei Betriebsausgaben helfen einerseits, die Steuerlast der Einkommensteuer zu optimieren, und ersparen andererseits ein böses Erwachen bei einer allfälligen Betriebsprüfung.

Wie sieht es steuerlich mit Ausgaben vor der Betriebseröffnung aus?

Aufwendungen, die vor der Gründung Ihres Unternehmens entstehen, sind sogenannte „vorweggenommene Betriebsausgaben" und stellen einen Steuerabsetzposten dar. Solche könnten beispielsweise sein: Reisekosten zu potenziellen Kunden und künftigen Lieferanten oder zu Behörden, Beratungskosten betreffend die Wahl der Rechtsform oder betriebswirtschaftliche Beratung uvm. Was sind nun die üblichen Betriebsausgaben eines Handelsagenten?

Betriebsausgaben sind Aufwendungen oder Ausgaben, die betrieblich veranlasst sind. Eine betriebliche Veranlassung ist gegeben, wenn diese

- objektiv im Zusammenhang mit einer betrieblichen Tätigkeit stehen,
- subjektiv dem Betrieb zu dienen bestimmt sind oder den Abgabenpflichtigen unfreiwillig treffen und
- nicht unter ein steuerliches Abzugsverbot fallen.

Dies können zum Beispiel sein:
- Hilfsmaterial, z. B. Verbrauchsgüter zwecks Vorführungen oder Vorführprodukte
- Personalaufwand (Gehälter, lohnabhängige Abgaben)
- Büromaterial
- Fachliteratur
- Portogebühren
- Werbung, Geschäftsessen nur zu 50 %,
- Fremdhonorare, Fremdprovisionen (chtung § 109a Meldung)
- Telefonkosten
- Fortbildung
- Versicherungen, (Berufs-)Haftpflicht
- Reisekosten
- Kfz-Kosten
- Rechts- und Beratungskosten
- Bankzinsen und -spesen
- Sonstige Abgaben und Gebühren

9.3.1 Pflichtbeiträge zur Sozialversicherungsanstalt (SVA-Beiträge)

Die Beiträge zur Pflichtversicherung wie der Pensionsversicherungs- (PV), Krankenversicherungs- (KV), Arbeitslosenversicherungs- (AI) (optional), Unfallversicherungsbeitrag (UV) und auch die „neue" Selbstständigenvorsorge (BV) gelten als Betriebsausgabe! Die Beitragssätze belaufen sich 2018 auf:

KV:	7,65 %
PV:	18,50 %
UV:	monatlich € 9,60
AI:	optional auf Antrag
BV:	1,53 %

Der monatliche Vorsorgebeitrag beträgt 1,53 % der laufenden Krankenversicherungsbeitragsgrundlage. Die Obergrenze bildet die Höchstbeitragsgrundlage von derzeit € 71.820. Es ergibt sich somit ein maximaler Beitrag von rund € 1.099 pro Jahr. Dieses verpflichtende Vorsorgemodell bietet steuerliche Vorteile:

- Die Vorsorgebeiträge sind zu 100 % Betriebsausgaben.
- Die Veranlagung in der Vorsorgekasse ist steuerfrei.
- Die Auszahlung der Leistung als Einmalbetrag ist mit 6 % steuerbegünstigt. Die Auszahlung als Rente ist zur Gänze steuerfrei.

9.3.2 Reisekosten

Liegt eine beruflich veranlasste Reise vor, können Fahrtkosten (Bus, Bahn, Flug, Taxi, Kfz) und Verpflegungsmehraufwand – sogenannter Tagesgelder- und Nächtigungsaufwand – als Betriebsausgaben geltend gemacht werden.

Tages- und Nachtgelder

Eine betrieblich veranlasste Reise liegt vor, wenn

- sich der Steuerpflichtige aus betrieblichem bzw. beruflichem Anlass mindestens 25 km vom Mittelpunkt der Tätigkeit entfernt und
- eine Reisedauer von mehr als drei Stunden im Inland oder Ausland gegeben ist und
- kein weiterer Mittelpunkt der Tätigkeit begründet wird.

Ein sogenannter „Mittelpunkt der Tätigkeit" wird dann begründet, wenn der Handelsagent an einem Einsatzort durchgehend länger als fünf Tage oder regelmäßig wiederkehrend öfter als fünf Tage oder unregelmäßig wiederkehrend öfter als 15 Tage tätig wird. In diesen Fällen können Tagesgelder nur für die Anfangsphase von fünf bzw. 15 Tagen geltend gemacht werden.

Ein Mittelpunkt der Tätigkeit kann nicht nur an einem einzelnen Ort, sondern auch ein mehrere Orte umfassendes Einsatzgebiet sein. Bereist ein Handelsagent ein Gebiet regelmäßig, wird in diesem Einsatzgebiet ein Mittelpunkt der Tätigkeit begründet. Wenn der Handelsagent ein Gebiet regelmäßig bereist, wird in diesem Einsatzgebiet ein Mittelpunkt der Tätigkeit begründet.

Ein Einsatzgebiet kann sich auf einen politischen Bezirk und an diesen Bezirk angrenzende Bezirke erstrecken. Erstreckt sich die Reisetätigkeit allerdings auf ein größeres Gebiet (z. B. ganz Niederösterreich), liegt kein Einsatzgebiet vor. In diesem Fall sind die Reisen nach den allgemeinen Grundsätzen zu beurteilen.

Bei der Berechnung des Tagesgeldes im In- und Ausland ist wie folgt vorzugehen:
- Bis zu einer Reisedauer von drei Stunden steht kein steuerfreies Tagesgeld zu.
- Dauert eine Dienstreise länger als drei Stunden, ist für jede angefangene Stunde ein Zwölftel zu rechnen.
- Das volle Tagesgeld steht nach einer Reisedauer von mehr als elf Stunden zu.

Die Höhe der Tages- und Nächtigungsgelder im Inland beträgt:
- Tagessatz: € 26,40. Für jede angefangene Stunde € 2,20.
- Nächtigungsgeld € 15 ohne Nachweis der tatsächlichen Kosten. Bei Nachweis der tatsächlichen Kosten (Beleg) sind diese in unbegrenzter Höhe steuerlich absetzbar.

Wie sieht es bei Auslandsreisen aus?

Die Höhe der Tages- und Nächtigungsgelder im Ausland richtet sich nach dem Höchstsatz der Auslandsreisesätze der Bundesbediensteten. Nächtigungskosten inklusive Frühstück können auch laut Belegen im tatsächlich entstandenen Ausmaß steuerfrei abgegolten werden. In Abb. 9.7 sind die aktuellen Tages- und Nächtigungsgebühren für die österreichischen Nachbarländer und die Vereinigten Staaten aufgeführt.

Für bestimmte Großstädte (z. B. Rom, Mailand, New York, Washington) und Grenzgebiete (z. B. Freilassing) bestehen eigene Sätze. Die kompletten Auslandsreisesätze finden Sie im Anhang zu den Lohnsteuerrichtlinien 2002 (siehe https:// findok.bmf.gv.at/findok).

Die Aufwendungen für „Arbeitsessen" mit ausschließlichem oder weitaus überwiegendem Werbecharakter sind grundsätzlich sowohl hinsichtlich der Bewirteten

Land	Tagesgeld	Nächtigungsgeld
Deutschland	€ 35,30	€ 27,90
Italien	€ 35,80	€ 27,90
Liechtenstein	€ 30,70	€ 18,10
Schweiz	€ 36,80	€ 32,70
Slowakei	€ 27,90	€ 15,90
Slowenien	€ 31,00	€ 23,30
Tschechien	€ 31,00	€ 24,40
Ungarn	€ 26,60	€ 26,60
USA	€ 52,30	€ 42,90

Abb. 9.7:   Tages- und Nächtigungsgelder Ausland . (Aus Bollenberger und Kilzer 2016c; mit freundlicher Genehmigung © Bundesgremium der Handelsagenten 2016. All Rights Reserved.)

als auch hinsichtlich der eigenen Konsumationen zur Hälfte absetzbar. Die zu berücksichtigenden Tagesdiäten werden dabei bei Inlandsreisen um je € 13,20 pro Mahlzeit (Mittag- bzw. Abendessen) gekürzt. Bei Auslandsreisen erfolgt entsprechend der Reisegebührenvorschrift der Bundesbediensteten bei einem Geschäftsessen pro Tag keine Kürzung. Bei zwei Geschäftsessen pro Tag steht nur ein Drittel des jeweiligen Höchstsatzes zu.

Fahrtkosten

Bei den Fahrtkosten sind die Aufwendungen für Fahrten zwischen Wohnung und Betriebsstätte und alle Aufwendungen für betriebliche Fahrten abzugsfähig. Die Aufwendungen für das Kfz (Pkw, Motorrad,...) sind bei einer über 50 % betrieblichen Nutzung mit dem entsprechenden aliquoten Teil geltend zu machen. Dies trifft sämtliche Kosten wie die Abschreibung vom Anschaffungswert, Treibstoffkosten, Instandhaltungskosten, Versicherung, Autowäsche, Mitgliedsbeitrag, Garagierung, Leasingraten. Bei einer betrieblichen Nutzung unter 50 % können Kilometergelder in Höhe des amtlichen Satzes angesetzt werden (vgl. Abb. 9.8).

Mit dem amtlichen Kilometersatz sind alle in Bezug auf das Auto stehenden Kosten abgedeckt, insbesondere:
- Abschreibung/Wertverlust
- Benzin und Öl
- Wartung und Reparaturen aufgrund des laufenden Betriebes

Klasse	Kilometergeld
a) Für Motorfahrräder und Motorräder mit einem Hubraum von 250 cm³ je Fahrkilometer	€ 0,14
b) Für Motorräder mit einem Hubraum über 250 cm³ je Fahrkilometer	€ 0,24
c) Für Personen- und Kombinationskraftwagen je Fahrkilometer	€ 0,42
d) Für jede Person, deren Mitbeförderung dienstlich notwendig ist, ein Zuschlag je Fahrkilometer von	€ 0,05

Abb. 9.8:   Fahrtkosten

- Zusatzausrüstung (wie Winterreifen, Schneeketten etc.)
- Autoradio, Navigationsgerät
- Steuern und Gebühren
- alle Versicherungen (inkl. Kasko-, Insassenunfall-, Rechtsschutzversicherung)
- Mitgliedsbeiträge diverser Autofahrerclubs
- Finanzierungskosten (Kredit- oder Leasingraten)
- Parkgebühren und in- sowie ausländische Mautgebühren

Um die betrieblichen Fahrten zu dokumentieren, ist ein Fahrtenbuch zu führen. Das Fahrtenbuch sollte enthalten:
- Aufzeichnung von Datum
- Abfahrts- und Ankunftszeit
- Kilometerstand Abfahrt
- Ausgangs- und Zielpunkt
- Zweck der Fahrt
- gefahrene Kilometer

Gesetzlich gefordert werden auch:
- zeitnahe Aufzeichnungen
- fortlaufende Aufzeichnungen, die nachträglich nicht beliebig und ohne hinreichende Dokumentation abänderbar sind

Was bedeutet Anlagevermögen?

Ein Anlagegut ist dazu bestimmt, dem Betrieb dauernd und überwiegend zu dienen. Dies kann sein: EDV-Ausstattung, Büromaschinen wie Kopierer, Telefonanlage, Büroeinrichtung (bestehend aus Schreibtisch, Drehsessel und Aktenschränke), aber auch das Auto. Diese Anlagegüter sind in einem Anlageverzeichnis aufzunehmen und auf ihre betriebsgewöhnliche Nutzungsdauer ab Inbetriebnahme abzuschreiben. Die aliquote Absetzung für Abnutzung (AfA) – entweder der Ganzjahresbetrag, sofern die Anschaffung vor dem 30.06. erfolgt, oder der Halbjahresbetrag bei einer Anschaffung im 2. Halbjahr – mindert dann jährlich Ihren Gewinn. Anlagegüter mit einem Anschaffungswert von maximal € 400 können im Jahr der Anschaffung mit sofortiger Wirkung abgeschrieben werden (Geringwertige Wirtschaftsgüter). Keiner AfA unterliegen zum Beispiel Grundstücke, Kunstwerke, Antiquitäten.

Wie müssen ordnungsgemäße Belege aussehen?

Zur Anerkennung als Betriebsausgabe reicht es nicht aus, dass eine Zahlung für den Betrieb geleistet worden ist. Sie haben die Verpflichtung, die Ausgaben durch schriftliche Belege nachzuweisen und auf Verlangen dem Finanzamt zur Einsicht und Prüfung vorzulegen. Ausnahmen von diesem Prinzip gibt es für sogenannte Eigenbelege, die in der Regel nur dann als Nachweis anerkannt werden, wenn nach der Natur der Ausgabe (etwa bei Trinkgeldern) kein Fremdbeleg erhältlich ist. Auch beim Eigenbeleg müssen Datum, Betrag und Grund der Zahlung bzw. die erhaltene Leistung ersichtlich sein. Der Zahlungsempfänger ist konkret zu bezeichnen.

9.3.3 Was bedeutet Ausgabenpauschalierung?

Für die Steuerpflichtigen gibt es alternativ zu dem Sammeln sämtlicher Belege zum Nachweis von Betriebsausgaben wahlweise Erleichterungen (vgl. Abb. 9.9).

Man unterscheidet zwischen der

- Basispauschalierung gem. § 17 Abs 1-3 EStG und der
- Branchenpauschalierung § 17 Abs 4 und 5 EStG (Verordnung BGBL. II Nr. 95/2000).

Die Voraussetzungen, die Basispauschalierung anwenden zu können, sind zum einen, dass der Handelsagent selbstständig Einkünfte aus einem Gewerbebetrieb erzielt und Gewinnermittler gem. § 4 Abs 3 EStG – sprich Einnahmen-/Ausgaben-Rechner – ist. Bei der Basispauschalierung ist auch eine Umsatzgrenze zu beachten. Die Umsätze des Vorjahres dürfen maximal € 220.000 betragen haben. Treffen vorgenannte Voraussetzungen zu, kann man ein Pauschale von 12 % des Umsatzes – also maximal € 26.400 geltend machen. Beachten Sie, dass Sie zusätzlich noch

- Wareneinkäufe,
- Subhonorare,
- Löhne und Gehälter einschließlich der Lohnnebenkosten und

Vergleich

Basispauschalierung	Branchenpauschalierung
Einnahmen-/Ausgaben-Rechner (§ 4/3 Ermittler)	Einnahmen-/Ausgaben-Rechner (§ 4/3 Ermittler) Bilanzierer (§ 4/1 Ermittler)
€ 220.000 Umsatzgrenze	keine Umsatzgrenze
12 % vom Umsatz max. € 26.400	12 % vom Umsatz max. € 5.825
zusätzlich möglich: • Wareneinkäufe • Subhonorare • Löhne und Gehälter inkl. LNK • Sozialversicherungsbeiträge • Mitarbeitervorsorgekassenbeiträge	zusätzlich möglich: alle anderen Betriebsausgaben außer: • Tagesgelder • Arbeitszimmer • im Wohnungsverband • Trinkgelder
Bei Abgehen ist eine einkommensteuerrechtliche erneute Ermittlung frühestens nach Ablauf von fünf Jahren zulässig	Keine Bindung, es besteht jährlich Wahlmöglichkeit

Abb. 9.9: Basis- und Branchenpauschalierung im Vergleich. (Aus Bollenberger und Kilzer 2016c; mit freundlicher Genehmigung © Bundesgremium der Handelsagenten 2016. All Rights Reserved.)

• Sozialversicherungsbeiträge sowie
• Beiträge zur Selbstständigenvorsorge absetzen können.

Alle übrigen Aufwendungen sind mit dem Betriebsausgabenpauschale abgegolten. Achtung! Nehmen Sie in einem Jahr die Basispauschalierung in Anspruch und gehen im nächsten Jahr auf die Gewinnermittlung nach tatsächlichen Einnahmen/Ausgaben über oder möchten gem. § 4/1 EStG bilanzieren, so ist eine erneute Ermittlung der Betriebsausgaben mittels Durchschnittssatz frühestens nach Ablauf von fünf Wirtschaftsjahren zulässig.

Vom Betriebsausgabenpauschale bereits abgedeckte Kosten für Steuerberatung können im Rahmen der Sonderausgaben („zusätzlich") steuerlich geltend gemacht werden. Die Branchenpauschalierung (Verordnung BGBl. II Nr. 95/2000) kann ein Handelsagent anwenden, der den Gewinn entweder als Einnahmen-/Ausgaben-Rechner oder auch als Bilanzierer ermittelt. Hier können 12 % der Umsätze – höchstens jedoch € 5.825 jährlich – abgesetzt werden.
Damit sind abpauschaliert:

- Eigene Tagesgelder des Handelsagenten, nicht jedoch Tagesgeldersätze, die vom Handelsagenten an für ihn tätige Personen geleistet werden
- Ausgaben für im Wohnungsverband gelegene Räume (insbesondere Lagerräumlichkeiten und Büroräumlichkeiten)
- Ausgaben anlässlich der Bewirtung von Geschäftsfreunden, üblicherweise nicht belegbare Betriebsausgaben wie Trinkgelder

Zusätzlich abziehbare Betriebsausgaben, die nach tatsächlichen Verhältnissen (Belegen!) angesetzt werden, sind Aufwendungen oder Ausgaben, die durch den Betrieb veranlasst sind. Da es einkommensteuerrechtlich keine Bindung bei Inanspruchnahme der Handelsagentenpauschalierung gibt, besteht die Wahlmöglichkeit, ob der Ansatz der Ausgaben in tatsächlicher Höhe oder der Ansatz der Handelsagentenpauschales gemacht wird, jährlich.

Fazit

Es ist klar ersichtlich, dass die Wahl der Gewinnermittlungsart (Bilanzierer oder Einnahmen-/Ausgaben-Rechner) Einfluss auf die Geltendmachung von Betriebsausgaben hinsichtlich Art und Umfang hat. Auch die Wahl der Pauschalierungsart ist sorgfältig abzuwägen. Abhängig von Ihrer individuellen Umsatz- und Kostenstruktur treffen Sie gemeinsam mit Ihrem Berater die „richtige" Entscheidung, um Ihre Steuerlast zu optimieren.

9.4   Umsatzsteuer

Die Umsatzsteuer ist die Steuer mit dem größten Aufkommen für den Staat. Rechtsgrundlage bildet das Umsatzsteuergesetz.

Die Umsatzsteuer wird zwar auf jeder Wirtschaftsstufe erhoben (z.B. beim Produzenten, beim Groß- und Einzelhändler, vgl. Abb. 9.10), wegen des Vorsteuerabzuges stellt sie jedoch innerhalb der Unternehmerkette üblicherweise keinen Kostenfaktor dar, sondern wird wie ein „durchlaufender Posten" behandelt.

Die Steuersätze der Umsatzsteuer:

- Normalsteuersatz in Höhe von 20 % vom Nettoentgelt,
- ermäßigter Steuersatz in Höhe von 10 % für bestimmte Waren, z. B. für Lebensmittel, Bücher, Wohnungsvermietung, Zeitungen, die Personenbeförderung, ab 1.11.2018 auch wieder Beherbergung (Hotel),
- ermäßigter Steuersatz in Höhe von 13 %, z. B. für Pflanzen, Kunstgegenstände, Theater- und Filmvorführungen,

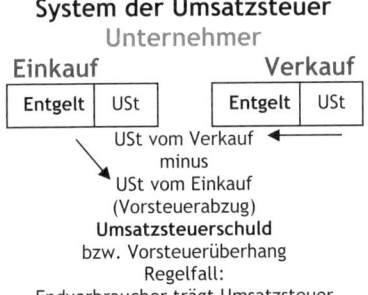

Abb. 9.10: Das System der Umsatzsteuer. (Aus Bollenberger und Kilzer 2016d; mit freundlicher Genehmigung © Bundesgremium der Handelsagenten 2016. All Rights Reserved.)

- in speziellen Fällen 12 %, z. B. für Ab-Hof-Verkauf von Wein sowie
- 19 % ermäßigter Steuersatz in den früheren Zollausschlussgebieten Jungholz und Mittelberg.

Die Vorsteuer ist die Umsatzsteuer, die ein Unternehmer beim Einkauf von Waren und Dienstleistungen an den Verkäufer zahlen muss. Die von anderen Unternehmern in Rechnung gestellte Umsatzsteuer (gesondert ausgewiesen) ist als Vorsteuer abzugsfähig, wenn eine ordnungsgemäße Rechnung vorliegt – sofern die Lieferung oder sonstige Leistung zu mindestens 10 % unternehmerischen Zwecken dient (Ausnahme: Kleinunternehmerregelung). Die Differenz aus der Umsatzsteuer (aus eigenen Lieferungen und Leistungen) und der abziehbaren Vorsteuer (Umsatzsteuer aus empfangenen Lieferungen und Leistungen) ist entweder eine **Umsatzsteuer-Zahllast** oder eine -**Gutschrift.**

Umsatzsteuerpflichtig sind Unternehmer, deren Jahresumsatz € 30.000 übersteigt. Für diese Unternehmer und Unternehmerinnen besteht bei Vorliegen der gesetzlichen Voraussetzungen das Recht auf Vorsteuerabzug (Spezialfall Kleinunternehmer, siehe Kapitel 9.1.2).

9.4.1 Welche Lieferungen und Leistungen sind umsatzsteuerpflichtig?

Der Umsatzsteuer unterliegen:
- jede Lieferung oder sonstige Leistung, die ein Unternehmer im Inland gegen Entgelt im Rahmen seines Unternehmens erbringt

- der Eigenverbrauch
- die Einfuhr von Waren aus einem Drittland ins Inland (z. B. Import von Textilien aus China)
- der innergemeinschaftliche Erwerb (z. B. Import von Maschinen aus Frankreich)

Umsatzsteuerpflichtig sind auch geleistete An-(Teil-)zahlungen, die vor Ausführung der Leistung vereinnahmt werden.

„Echte" und „unechte" Steuerbefreiungen

Es gibt Umsätze, die zwar der Umsatzsteuer unterliegen, aber ausdrücklich befreit sind. Hier unterscheidet man:

- **echte Befreiungen:** Hier sind die Umsätze von der Umsatzsteuer befreit, das Recht des Unternehmers auf Vorsteuerabzug bleibt trotzdem gewahrt. Wichtigstes Beispiel sind Warenexporte.
- **unechte Befreiungen:** Für unecht befreite Umsätze wird keine Umsatzsteuer verrechnet. Vorsteuern, die damit im Zusammenhang stehen, können nicht geltend gemacht werden. Wichtige Beispiele sind: Kleinunternehmer (Spezialfall Kleinunternehmer, siehe Kapitel 9.1.2) sowie Versicherungen, Versicherungsvertreter, Geschäftsraummieten, Ärzte, Zahntechniker.

9.4.2   Wie, wann und von wem wird die Umsatzsteuer berechnet?

Die Umsatzsteuer ist grundsätzlich von dem Unternehmer für jeden Voranmeldungszeitraum (Kalendermonat) selbst zu berechnen. Die **Umsatzsteuervoranmeldung** (UVA) dient der Berechnung der Steuervorauszahlung oder der Gutschrift.

Unternehmer haben die Umsatzsteuer und die Vorsteuern in der Regel monatlich bis zum 15. des zweitfolgenden Monats an das Finanzamt zu melden. Bei vierteljährlichem Voranmeldezeitraum ist es der 15. des auf das Kalendervierteljahr zweitfolgenden Monats. Die UVA muss elektronisch abgegeben werden, wenn ein Internetanschluss besteht. Voranmeldezeitraum ist grundsätzlich der Kalendermonat. Bis zu einem Vorjahresumsatz von € 100.000 ist es das Kalendervierteljahr. Unter Voranmeldungszeitraum versteht man jenen Zeitraum, für den der Unternehmer die Umsatzsteuer selbst zu berechnen hat, eine Umsatzsteuervoranmeldung abgeben muss und eine sich daraus ergebende Vorauszahlung entrichten muss. Kleinunternehmer, deren Umsätze im vorangegangenen Kalenderjahr € 30.000 nicht überstiegen haben, sind von der Abgabe der Umsatzsteuervoranmeldung befreit.

Wann entsteht die Umsatzsteuerschuld?

Die Fälligkeit der Umsatzsteuer richtet sich nach dem Zeitpunkt der Entstehung der Steuerschuld. Man unterscheidet diesbezüglich zwischen

- **Sollbesteuerung** (Besteuerung nach vereinbarten Entgelten) und
- **Istbesteuerung** (Besteuerung nach vereinnahmten Entgelten).

Das Wesen der Sollbesteuerung:

Bei der Sollbesteuerung entsteht die Umsatzsteuerschuld mit Ablauf des Kalendermonats, in dem die Lieferung oder sonstige Leistung erbracht wird. Entscheidend ist die Vollendung. Die Steuerschuld verschiebt sich maximal einen Monat, wenn die Rechnungslegung in einem späteren Monat erfolgt. Die Sollbesteuerung gilt zwingend für

- buchführungspflichtige Gewerbebetriebe und land- und forstwirtschaftliche Betriebe
- andere Tätigkeiten (z. B. Umsätze aus Vermietung), wenn die Umsätze in einem der beiden vorangegangenen Kalenderjahre mehr als € 110.000 betrugen. Ausgenommen sind freiberufliche Tätigkeiten.
- Leistungen, für welche die Steuerschuld auf den Leistungsempfänger übergeht (siehe Reverse Charge). Anwendungsfälle sind Bauleistungen und bestimmte Leistungen ausländischer Unternehmer.

Das Wesen der Istbesteuerung:

Bei nicht buchungsführungspflichtigen Unternehmen ist die Fälligkeit der Umsatzsteuer von der Bezahlung abhängig und ist spätestens am 15. des der Bezahlung der Rechnung zweitfolgenden Monats zu entrichten. Wesentlich ist bei der Istbesteuerung, dass das Entgelt dem leistenden Unternehmen tatsächlich zugeflossen ist. Die Steuerschuld entsteht daher unabhängig vom Zeitpunkt der Leistungserbringung. Alle Lieferungen und Leistungen, die nicht zwingend nach dem Soll-System versteuert werden müssen, dürfen nach dem Ist-System versteuert werden, wie:

- nicht buchführungspflichtige Gewerbebetriebe und land- und forstwirtschaftliche Betriebe
- Umsätze aus freiberuflicher Tätigkeit (z. B. Vortragende, Künstler, Musiker, Unternehmensberater) unabhängig von der Höhe der erzielten Umsätze
- Umsätze aus anderen Tätigkeiten (z. B. Vermietung), wenn diese in einem der beiden vorangegangenen Kalenderjahre maximal € 110.000 betragen haben
- Unternehmen, die freiwillig bilanzieren, haben die Wahl und können auch nach dem Ist-System ihre Umsätze versteuern

Tipp: Der Wechsel der Besteuerungsart kann nur zu Beginn eines Veranlagungsjahres erfolgen. Die Istbesteuerung ist gegenüber der Sollbesteuerung in der Regel günstiger, weil die Umsatzsteuer an das Finanzamt erst abzuführen ist, nachdem das Geld tatsächlich vom Kunden angewiesen worden ist. Die Umsatzsteuer ist demzufolge nur von den tatsächlichen Eingängen zu bezahlen. Im Soll-System ist die Umsatzsteuer auch von Außenständen zu entrichten.

9.4.3   Was ist beim Vorsteuerabzug zu beachten?

Der Vorsteuerabzug steht ausschließlich Unternehmern zu. Abziehbar ist nur die österreichische Umsatzsteuer. Ausländische Vorsteuern können im jeweiligen Land zurückgefordert werden. Voraussetzungen für den Vorsteuerabzug:

- Die der Rechnung zugrunde liegenden Lieferungen oder sonstigen Leistungen müssen für das Unternehmen ausgeführt worden sein. Dies ist dann der Fall, wenn es zu einer mindestens 10%igen unternehmerischen Nutzung kommt. Im Ausmaß einer eventuell privaten Verwendung fällt steuerpflichtiger Eigenverbrauch an.
- Die Lieferung oder sonstige Leistung muss bereits ausgeführt worden sein (Ausnahme: Kleinbetragsregelung).
- Die bezogenen Lieferungen/sonstigen Leistungen müssen zur Ausführung steuerpflichtiger oder echt steuerbefreiter Umsätze (z. B. für Ausfuhr- oder innergemeinschaftliche Lieferungen, grenzüberschreitende Güterbeförderungen) verwendet werden.
- Die Rechnung muss ausgestellt worden sein und den gesetzlichen Anforderungen entsprechen (siehe Checkliste). Nur die Bezahlung des Rechnungsbetrages ist vorerst keine Voraussetzung für den Vorsteuerabzug!

Achtung! Obwohl die Voraussetzungen für den Vorsteuerabzug klar sind, treten bei Betriebsprüfungen häufig Probleme auf. Sehr oft wird der Vorsteuerabzug aus formellen Gründen gestrichen.

Checkliste für eine formal korrekte Rechnung (vgl. Abb. 9.11)
1)   Name und Anschrift des leistenden Unternehmers
2)   Name und Anschrift des Leistungsempfängers
3)   Ausstellungsdatum
4)   fortlaufende Nummer, die zur Identifizierung der Rechnung einmalig vergeben wird

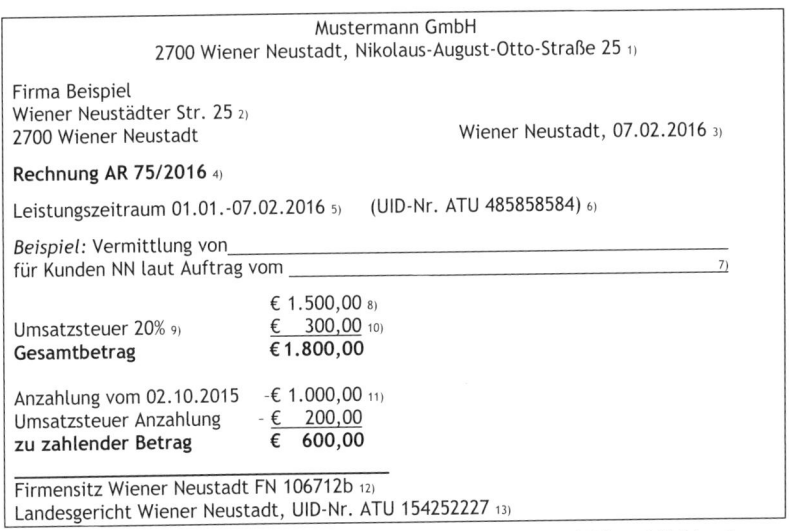

Abb. 9.11: Rechnungsmuster. (Adaptiert nach Bollenberger und Kilzer 2016d; mit freundlicher Genehmigung © Bundesgremium der Handelsagenten 2016. All Rights Reserved.)

5) Tag der Leistungserbringung bzw. Leistungszeitraum

6) UID-Nr. des Leistungsempfängers bei Rechnungssumme größer als € 10.000 brutto sowie bei der Rechnungslegung im Falle des Überganges der Steuerschuld

7) Menge und handelsübliche Bezeichnung des Liefergegenstandes bzw. Art und Umfang der sonstigen Leistung

8) Entgelt für die Lieferung oder Leistung (Entgelt = Nettobetrag)

9) Anzuwendender Steuersatz in Prozent bzw. Hinweis auf allfällige Steuerbefreiung, Hinweis auf Übergang der Steuerschuld bei Bauleistungen und sonstigen Reverse-Charge-Fällen

10) Umsatzsteuerbetrag, der auf das Entgelt entfällt

11) Offener Abzug von Anzahlungsrechnungen (Nettoentgelt und Umsatzsteuerbetrag getrennt), wenn bei den Anzahlungen „Rechnungen mit USt.-Ausweis" ausgestellt wurden und Anzahlungen vereinnahmt wurden

12) Handelsrechtliche Vorschrift für Kapitalgesellschaften: Angabe von Rechtsform, Sitz, Firmenbuchnummer und Firmenbuchgericht

13) UID-Nummer des leistenden Unternehmers. Bei Rechnungen, deren Gesamtbetrag € 10.000 übersteigt, ist weiters die UID-Nummer des inländischen Leistungsempfängers anzuführen.

Was Sie über die UID-Nummer wissen sollten

Eine gültige Umsatzsteuer-Identifikationsnummer (UID-Nummer) als Indiz für die Unternehmereigenschaft ist Voraussetzung für eine steuerfreie Lieferung in einen anderen EU-Mitgliedstaat bzw. für einen Erwerb von Waren aus einem anderen EU-Mitgliedstaat. Jede UID-Nummer ist in der UID-Datenbank der österreichischen Finanzverwaltung mit Namen und Anschrift des Unternehmers oder der Unternehmerin und dem Umsatzsteuer-Abgabenkonto verbunden.

Achtung! Namensänderungen, Änderungen des Firmenwortlauts oder der Anschrift sind dem Finanzamt umgehend bekannt zu geben. Stimmen Name und Anschrift des Lieferanten oder des Leistungserbringers nicht überein, steht kein Vorsteuerabzug zu (Achtung Scheinfirmen!).

Tipp: Sollten Sie Zweifel an der Gültigkeit einer Ihnen von Ihrem Geschäftspartner oder Geschäftspartnerin bekannt gegebenen UID-Nummer bzw. seiner oder ihrer Unternehmereigenschaft haben, können Sie diese in einem EU-weiten Bestätigungsverfahren überprüfen lassen. Die Bestätigung erhalten Sie über Finanz-Online. Bei Erstgeschäften mit nicht bekannten Geschäftspartnern sollten Sie sich auf jeden Fall absichern.

Ist dem leistungsempfangenden Unternehmen bekannt, dass der Rechnungsaussteller vorhat, die in der Rechnung ausgewiesene Umsatzsteuer mit Absicht nicht an das Finanzamt zu bezahlen, haftet er für die nicht abgeführte Steuer des Lieferanten oder Leistungserbringers!

Reverse Charge: Der Übergang der Steuerschuld auf den Leistungsempfänger

Beim Übergang der Steuerschuld z. B. in der Baubranche oder bei Leistungen ausländischer Unternehmer in Österreich schuldet der Leistungsempfänger die Umsatzsteuer. Erst im Voranmeldungszeitraum, in dem die Steuerschuld entsteht, darf er sie als Vorsteuer abziehen. Rechnungen für Leistungen, bei denen die Steuerschuld auf den Leistungsempfänger übergeht, müssen zusätzlich zu den üblichen Rechnungsmerkmalen

- die UID-Nummer des Leistungsempfängers und
- einen Hinweis auf den Übergang der Steuerschuld enthalten. Anzuführen ist der Nettobetrag. Der Steuerbetrag oder der Steuersatz dürfen in der Rechnung nicht ausgewiesen werden.

Rechnungsmerkmale bei Rechnungen bis € 400

Für Rechnungen bis zu einem Fakturenwert von € 400 (Kleinbetragsregelung) genügen neben dem Ausstellungsdatum folgende Angaben:

- Name und Anschrift des leistenden Unternehmers
- Menge und Bezeichung der erbrachten Leistung
- Tag der Lieferung oder Leistung
- Entgelt = Bruttobetrag
- Umsatzsteuersatz in Prozent

Anzahlungen und die Umsatzsteuer

Bei Anzahlungen, die bereits vor Ausführung der Lieferung oder Erbringung der Leistung erfolgen, ist die Berechtigung zum Vorsteuerabzug gegeben, wenn über die Anzahlung eine Rechnung mit Umsatzsteuerausweis gelegt wird und der Betrag tatsächlich bezahlt worden ist.

Behebung von Rechnungsmängeln

Wurde für eine an den Unternehmer erfolgte Lieferung oder sonstige Leistung eine Rechnung ausgestellt, die Mängel aufweist, ist die Rechnung zu berichtigen. Der Vorsteuerabzug darf erst in dem Veranlagungszeitraum vorgenommen werden, in dem die Berichtigung erfolgt (keine Rückwirkung).

Achtung! Eine eigenmächtige Änderung der Angaben in der Rechnung durch den Empfänger ist nicht zulässig.

Tipp: Ein häufig in der Praxis auftretender Problemfall ist die ungenügende oder zu allgemeine Bezeichnung (z. B. Schreibwaren) der gelieferten Gegenstände oder der Dienstleistung. In der Rechnung muss die handelsübliche Bezeichnung detailliert angeführt werden (z. B. Bleistifte, Füllfederhalter).

Was ist vom Vorsteuerabzug ausgeschlossen?

Kein Vorsteuerabzug steht für Einlagen aus dem Privatvermögen zu. Vom Vorsteuerabzug ausgeschlossen sind auch die Anschaffung, die Miete und der Betrieb von Pkw-Kombis und Krafträdern.

Ausnahmen: Fahrschulkraftfahrzeuge, Vorführkraftfahrzeuge und Kraftfahrzeuge, die ausschließlich zur gewerblichen Weiterveräußerung bestimmt sind, sowie Kraftfahrzeuge, die zu mindestens 80 % zur gewerblichen Personenbeförderung oder zur gewerblichen Vermietung dienen, die sogenannten „Fiskal Lkws" und Elektroautos bis zu einem Anschaffungswert von € 40.000 brutto.

Tipp: Eine Liste der vorsteuerabzugsberechtigten Fahrzeuge finden Sie auf der Homepage des Bundesministeriums für Finanzen.

Die Einfuhrumsatzsteuer

Die für den Import von Waren aus Drittländern entrichtete Einfuhrumsatzsteuer ist als Vorsteuer abzugsfähig. Abzugsberechtigt ist der Unternehmer, für dessen Unternehmen der Gegenstand importiert wurde, sprich jener Unternehmer, der im Zeitpunkt der Einfuhr die umsatzsteuerliche Verfügungsmacht hatte.

9.5 Einkommensteuer

Die Einkommensteuer ist eine Personensteuer, die nach dem Einkommen bemessen wird. Einkommensteuerpflichtig sind natürliche Personen, Rechtsgrundlage für die Einhebung ist das Einkommensteuergesetz 1988.

Unbeschränkt einkommensteuerpflichtig sind natürliche Personen, die im Inland einen Wohnsitz oder ihren gewöhnlichen Aufenthalt haben. Die unbeschränkte Steuerpflicht bedeutet, dass grundsätzlich alle in- und ausländischen Einkünfte in Österreich steuerlich erfasst werden. Der Berechnung der Einkommensteuer wird das Einkommen eines bestimmten Zeitabschnitts zugrunde gelegt.

Das Einkommen setzt sich aus der Summe der folgenden sieben Einkunftsarten zusammen und wird wie folgt berechnet:

I.   **Einkünfte aus Land- und Forstwirtschaft** (z. B. Bauern oder Gärtner)

II. **Einkünfte aus selbstständiger Arbeit** (z. B. Ärzte, Rechtsanwälte, Architekten oder Journalisten und an Kapitalgesellschaften zu mehr als 25 % beteiligte Gesellschafter)

III. **Einkünfte aus Gewerbebetrieben (Handelsagenten** sowie Handelsbetriebe, Tischler, Friseure) **und Industriebetrieben**

IV. **Einkünfte aus nichtselbstständiger Arbeit** (erzielen Arbeitnehmer und Pensionisten)

V.   **Einkünfte aus Kapitalvermögen** (z. B. Zinserträge aus Sparguthaben oder Wertpapieren sowie Dividenden aus Aktien und GmbH-Anteilen. Werden diese Erträge im Inland erzielt, wird die Einkommensteuer in Form der Kapitalertragsteuer einbehalten.)

VI. **Einkünfte aus Vermietung und Verpachtung** (z. B. einer Wohnung, eines Hauses)

VII. **sonstige Einkünfte** sind:
     - Wiederkehrende Bezüge (z. B. bestimmte Leibrenten)
     - Überschüsse aus privaten Grundstücksveräußerungen und aus Spekulationsgeschäften von Wirtschaftsgütern des Privatvermögens innerhalb bestimmter Spekulationsfristen
     - Einkünfte aus Leistungen (z. B. Provisionen für gelegentliche Vermittlungen und Einnahmen aus der gelegentlichen Vermietung privater Gegenstände)

– Funktionsgebühren (Entgelt für Funktionäre von öffentlich-rechtlichen Körperschaften, sofern sie keine Arbeitnehmer sind)

= Gesamtbetrag der Einkünfte

– Sonderausgaben

– Außergewöhnliche Belastungen

= Einkommen (Steuerbemessungsgrundlage)

Die Einkunftsarten I. bis III. werden „betriebliche Einkünfte" oder „Gewinneinkünfte" genannt. Die Einkunftsarten IV. bis VII. bezeichnet man als „Überschusseinkünfte" oder „außerbetriebliche Einkünfte".

Die Einkommensteuer knüpft an die Einkommensentstehung an und richtet sich nach der Höhe des Gesamteinkommens. Die Einkommensteuer berücksichtigt die Leistungsfähigkeit der Person und belässt ein Minimum an Einkommen steuerfrei.

Das steuerfreie Basiseinkommen (Existenzminimum) bei unbeschränkt Steuerpflichtigen beträgt jährlich mindestens € 11.000 für Selbstständige.

Die Festsetzung der Einkommensteuer erfolgt aufgrund einer Steuererklärung.

9.5.1 Der Einkommensteuertarif

Die Steuer wird nach einem progressiven Tarif berechnet und durch verschiedene Absetzbeträge reduziert (vgl. Abb. 9.12).

1) Die durchschnittliche Steuerbelastung wird über das ganze Einkommen gerechnet.

2) Der Grenzsteuersatz gibt an, mit welcher Besteuerung bei der Erzielung zusätzlicher Einkünfte in der jeweiligen Tarifstufe zu rechnen ist. Es müssen nur noch die jeweils zutreffenden Steuerabsetzbeträge subtrahiert werden (vgl. Abb. 9.13).

9.5.2 Was ist bei der Steuererklärung zu beachten?

Grundsätzlich gilt: Arbeitnehmer und Pensionisten zahlen Lohnsteuer, Selbstständige zahlen Einkommensteuer. Die Lohnsteuer unterscheidet sich von der Einkommensteuer lediglich in ihrer Einhebungsform. Der Steuertarif ist grundsätzlich gleich. Für Arbeitnehmer gibt es aber zusätzliche Absetzbeträge, besondere Steuerbefreiungen und Sonderbestimmungen für die Besteuerung bestimmter „sonstiger Bezüge".

Die Einkommensteuer wird im Veranlagungsweg erhoben. Dazu ist eine Einkommensteuererklärung beim zuständigen Finanzamt abzugeben. Aufgrund dieser Er-

Einkommen in €	Formel zur Berechnung der ESt		Grenz-steuersatz
bis 11.000	–	–	0%
von 11.001 bis 18.000	$\dfrac{(\text{Einkommen} - 11.000) \times 1.750}{7.000}$		25%
von 18.001 bis 31.000	$\dfrac{(\text{Einkommen} - 18.000) \times 4.550}{13.000}$	+ 1.750	35%
von 31.001 bis 60.000	$\dfrac{(\text{Einkommen} - 31.000) \times 12.180}{29.000}$	+ 6.300	42%
von 60.001 bis 90.000	$\dfrac{(\text{Einkommen} - 60.000) \times 14.400}{30.000}$	+ 18.480	48%
von 90.001 bis 1.000.000	$\dfrac{(\text{Einkommen} - 90.000) \times 455.000}{910.000}$	+ 32.880	50%
über 1.000.000	$(\text{Einkommen} - 1.000.000) \times 0{,}55$	+ 487.880	55%

Abb. 9.12   Einkommensteuer. (Aus Bollenberger und Kilzer 2017; mit freundlicher Genehmigung © Bundesgremium der Handelsagenten 2017. All Rights Reserved.)

Steuerabsetzbeträge	
Verkehrsabsetzbetrag	€ 400 pro Jahr
Pensionistenabsetzbetrag	bis zu € 400 pro Jahr
erhöter Pensionistenabsetzbetrag	bis zu € 764 pro Jahr
Alleinverdienerabsetzbetrag/ Alleinerzieherabsetzbetrag	€ 494 bei einem Kind
	€ 669 bei zwei Kindern
	Erhöhung für jedes weitere Kind um € 220
Unterhaltsabsetzbetrag	€ 29,20 bis € 58,40 pro Monat und Kind
Kinderabsetzbetrag	€ 58,40 pro Monat und Kind
Pendlereuro (bei Anspruch)	€ 2 pro km der einfachen Wegstrecke zwischen Wohnung und Arbeitsstätte

Abb. 9.13:   Steuerabsetzbeträge. (Aus Bollenberger und Kilzer 2017; mit freundlicher Genehmigung © Bundesgremium der Handelsagenten 2017. All Rights Reserved.)

klärung wird die Einkommensteuer ermittelt und mit Einkommensteuerbescheid vorgeschrieben.

Bei der Veranlagung werden auch die nichtselbstständigen Einkünfte mit einbezogen. Die von der Lohnverrechnung bereits einbehaltene Lohnsteuer wird auf die Einkommensteuer angerechnet.

Wann müssen Sie eine Einkommensteuererklärung abgeben?

Eine Einkommensteuererklärung ist abzugeben, wenn

- Ihr Einkommen aus selbstständiger Tätigkeit, Gewerbebetrieb oder Vermietung und Verpachtung, in denen keine lohnsteuerpflichtigen Einkommen enthalten sind, € 11.000 überschreitet.
- Sie neben Einkünften aus nicht selbstständiger Tätigkeit (lohnsteuerpflichtige Einkünfte) andere Einkünfte beziehen, deren Gesamtbetrag € 730 im Jahr übersteigt und das Gesamteinkommen mehr als € 10.900 beträgt.
- Sie betriebliche Einkünfte beziehen und der Gewinn durch Betriebsvermögensvergleich (doppelte Buchhaltung) ermittelt wird.
- Sie vom Finanzamt zur Abgabe einer Einkommensteuererklärung aufgefordert werden.

Die Übermittlung der Einkommensteuererklärung hat elektronisch mittels Finanz-Online zu erfolgen. Die Anmeldung zu FinanzOnline erfolgt persönlich beim zuständigen Finanzamt. Die Anmeldung kann auch über einen Wirtschaftstreuhänder erfolgen.

Ist dem bzw. der Steuerpflichtigen die Übermittlung der Einkommensteuererklärung auf dem elektronischen Wege nicht zumutbar (z. B. kein Internetanschluss), ist die Einkommensteuererklärung schriftlich mittels des Formulars Einkommensteuererklärung – E1 beim zuständigen Finanzamt abzugeben.

Abgabefrist der Steuererklärung ist
- spätestens der 30. April jedes Jahres, wenn die Übermittlung der Einkommensteuererklärung nicht elektronisch erfolgt, und
- spätestens der 30. Juni, wenn die Übermittlung elektronisch mittels FinanzOnline erfolgt.

Tipp: Diese Fristen können auf begründeten Antrag verlängert werden. Bei Vertretung durch einen Steuerberater sind auch längere Fristen möglich.

Die Festsetzung der Einkommensteuer erfolgt aufgrund der Steuer-erklärung

Gegen den Einkommensteuerbescheid kann innerhalb eines Monats ab Zustellung des Bescheides Berufung eingelegt werden. Das Finanzamt oder die übergeordnete Stelle kann dann eine Vorentscheidung über Ihre Berufung treffen. Auch dagegen können Sie innerhalb eines Monats Berufung einlegen und sich an die nächst höhere Instanz, den unabhängigen Finanzsenat (UFS), wenden. Wenn Sie gegen den Bescheid des UFS Berufung einlegen wollen, müssen Sie eine Beschwerde beim Verwaltungs- oder Verfassungsgerichtshof einbringen.

Auf die ermittelte „Einkommensteuer laut Bescheid" werden bereits geleistete Vorauszahlungen angerechnet – der Saldo ist eine Nachforderung oder eine Gutschrift. Bis zur Erlassung des Bescheides werden Ihnen vom Finanzamt Steuervorauszahlungen vorgeschrieben, sofern Sie mehrere Lohn- oder einkommensteuerpflichtige Einkünfte in einem Jahr haben und die Nachzahlung daraus mehr als € 300 beträgt.

Hinweis: Im ersten Geschäftsjahr eines Unternehmers dient eine Gewinnschätzung als Berechnungsbasis für die Einkommensteuervorauszahlung.

Bis zur Zustellung eines neuen Bescheids sind die festgesetzten Vorauszahlungen vierteljährlich zu bezahlen. Die Fristen sind jeweils der 15. Februar, 15. Mai, 15. August und 15. November.

Tipp: Auch gegen den Vorauszahlungsbescheid kann beim zuständigen Finanzamt unter Bekanntgabe und Begründung der gewünschten Änderungen Berufung innerhalb eines Monats nach Zustellung des Bescheids eingelegt werden. Ist die Frist abgelaufen, können Sie bis 30. September des Kalenderjahres einen formlosen Antrag auf Herabsetzung der Zahlungen stellen. Im nächsten Einkommensteuerbescheid werden die zu hohen Vorauszahlungen dann angerechnet.

9.3.5   Der Gewinnfreibetrag

Der Gewinnfreibetrag ist eine attraktive Steuerbegünstigung für Einnahmen-/Ausgaben-Rechner bzw. Bilanzierer.

Der durch die Gegenüberstellung von Betriebseinnahmen und Betriebsausgaben ermittelte Gewinn ist in der Regel noch nicht der endgültige zu versteuernde Gewinn. Als Betriebsausgabe kann auch ein Gewinnfreibetrag von bis zu 13 % des (vorläufig ermittelten) Gewinnes abgezogen werden. Im Einzelnen besteht der Gewinnfreibetrag aus

	Fall 1	Fall 2	Fall 3
Gewinn vor GFB	50.000	180.000	250.000
Höchstmögliches Ausmaß GFB	6.500	23.100	28.000
Grundfreibetrag	**3.900**	**3.900**	**3.900**
Verbleibender möglicher investitions-bedingter GFB	**1.300**	**19.200**	**24.100**
Investitionen begünstigte WG	5.000	20.000	30.000
investitionsbedingter GFB	**1.300**	**19.200**	**24.100**
GFB gesamt	**5.200**	**23.100**	**28.000**
Gewinn endgültig	34.800	156.900	222.000

Abb. 9.14 Beispiele für die Errechnung des gesamten Gewinnfreibetrags (GFB). Berechnungen des Bundesgremiums der Handelsagenten auf Basis der gesetzlichen Grundlagen.

- dem Grundfreibetrag (maximal für Gewinne bis € 30.000; Grundfreibetrag daher bis € 3.900); dieser wird ohne Investitionserfordernis berücksichtigt.
- dem investitionsbedingten Gewinnfreibetrag (soweit Gewinne über € 30.000; dieser muss durch Investitionen in begünstigte Wirtschaftsgüter gedeckt werden.

Seit dem Jahr 2013 steht der Gewinnfreibetrag mit steigenden Gewinnen staffelweise reduziert zu und beträgt für:

- Gewinne bis zu € 175.000: 13 %
- die nächsten € 175.000: 7 %
- die nächsten € 230.000: 4,5 %

Für Gewinne über € 580.000 steht kein Gewinnfreibetrag mehr zu. Der maximale Gewinnfreibetrag beträgt nach dieser Staffelung somit € 45.350.

Abb. 9.14 zeigt Beispiele für die Errechnung des gesamten Gewinnfreibetrags (GFB).

Als begünstigte Investitionen gelten neue abnutzbare körperliche Anlagen mit einer Nutzungsdauer von mindestens vier Jahren (vgl. Abb. 9.15).

Der Freibetrag steht zusätzlich zur Abschreibung (AfA) zu und führt zu keiner Verminderung der AfA-Basis. Somit wirken die Anschaffungskosten doppelt gewinnmindernd, denn einerseits werden die Kosten im Jahr der Anschaffung für den Freibetrag abgesetzt und andererseits kann die volle Abschreibung geltend gemacht werden.

Begünstigte Wirtschaftsgüter	Nicht begünstigte Wirtschaftsgüter
Betriebs- und Geschäftsausstattung	Gebrauchte Wirtschaftsgüter
Lastkraftfahrzeuge	Pkw und Kombis
Maschinen	Investitionen, für die eine Forschungsprämie geltend gemacht wird
EDV	geringwertige Wirtschaftsgüter (Anschaffungskosten bis max. € 400)
Anschaffung von bestimmten Wertpapieren, die aber vier Jahre lang behalten werden müssen	

Abb. 9.15:   Begünstigte und nichtbegünstigte Wirtschaftsgüter. (Aus Bollenberger und Kilzer 2017; mit freundlicher Genehmigung © Bundesgremium der Handelsagenten 2017. All Rights Reserved.)

Hinweis: Der Grundfreibetrag (bis € 3.900) steht auch bei Inanspruchnahme der Handelsagenten-Pauschalierung zu. Der Investitionsbedingte Gewinnfreibetrag kann hingegen bei Inanspruchnahme der Pauschalierung nicht beansprucht werden.

Steuersparend investieren?

Um den Freibetrag optimal nutzen zu können, sollten Sie rechtzeitig vor dem Jahresende eine Prognoserechnung erstellen und den voraussichtlichen Gewinn ermitteln. Danach muss überprüft werden, wie hoch die bereits im laufenden Geschäftsjahr getätigten begünstigten Investitionen sind. In Höhe des Differenzbetrages auf den voraussichtlichen Gewinn kann dann noch steuermindernd investiert bzw. Wertpapiere gekauft werden.

Quellen

Bollenberger M, Kilzer U (2016a) Steuer-Tuning. In: CONTACT 1/2016. https://issuu.com/ eco.nova/docs/contact_maerz16. Zugegriffen: 11. Oktober 2018
Bollenberger M, Kilzer U (2016b) Steuer-Tuning. In: CONTACT 2/2016. https://issuu.com/ eco.nova/docs/contact_juli16. Zugegriffen: 11. Oktober 2018
Bollenberger M, Kilzer U (2016c) Steuer-Tuning. In: CONTACT 3/2016. https://issuu.com/ eco.nova/docs/contact_oktober16. Zugegriffen: 11. Oktober 2018
Bollenberger M, Kilzer U (2016d) Steuer-Tuning. In: CONTACT 4/2016. https://issuu.com/ eco.nova/docs/contact_dezember2016. Zugegriffen: 11. Oktober 2018
Bollenberger M, Kilzer U (2017) Steuer-Tuning. In: CONTACT 1/2017. https://issuu.com/ eco.nova/docs/contact-12017. Zugegriffen: 11. Oktober 2018
Bundesgremium der Handelsagenten Branchenmagazin CONTACT, Ausgaben 1-4/2016 und 1/2017

So findet der Handelsagent die richtigen Antworten – FAQ

10

▶ Rechtsfragen begleiten den Handelsagenten mehr als andere Be-
rufsgruppen vom Beginn seiner beruflichen Tätigkeit an bis zu deren
Beendigung. Oft genug stellt sich die Frage, wie denn nun ein Vertretungsvertrag formuliert werden soll oder wie der Handelsagent den
Anspruch auf Provisions- und Ausgleichszahlungen durchsetzt. Auch
Steuerfragen sind ein ständiger Begleiter. Und seit Kurzem kommen
auch die neuen Datenschutzbestimmungen dazu. Bevor es aber ans
Arbeiten geht, muss die richtige Vertretung gefunden werden.
Dieses Kapitel soll eine erste Orientierungshilfe bei all den rechtlichen
und steuerlichen Fragen sein, die sich im Berufsalltag des Handelsagenten immer wieder stellen. Was dieses Kapitel jedoch nicht leisten
kann, ist die konkrete Beratung im Einzelfall. Individuelle Beratungen
und Auskünfte können bei den Ansprechpartnern in der Branchenvertretung eingeholt werden, siehe dazu den Anhang.[1]

10.1 Recht

**Brauche ich einen schriftlichen Vertrag? Welches Recht gilt, wenn der Han-
delsagent einen italienischen/deutschen/Schweizer Auftraggeber hat? Was
bedeutet „Gerichtsstand"?**
Ob ein schriftlicher Vertrag ratsam ist, hängt davon ab, ob sich der zukünftige Auftraggeber innerhalb der EU (bzw. in der Schweiz, Norwegen oder Island) oder außerhalb der EU befindet.
 Im Verhältnis zu einem ital./deutschen/Schweizer Auftraggeber bedarf es nicht
unbedingt eines schriftlichen Vertrags. Denn Vertragsentwürfe von Auftraggebern

---

[1] Die Ausführungen in diesem Kapitel sind der Website www.handelsagenten.at entnommen.
Mit freundlicher Genehmigung Bundesgremium der Handelsagenten 2018. All Rights Reserved.

© Springer Fachmedien Wiesbaden 2019
A. Paffhausen, Ch. Rebernig, *Erfolgreich als Handelsagent mit Fokus Österreich,*
DOI 10.1007/978-3-658-23508-6_10

enthalten oftmals nur Regelungen, die zulasten des Handelsagenten gehen (sollen), so auch das (Heimat-)Recht des Auftraggebers bzw. seinen Sitz als Gerichtsstand. Kann man dies vermeiden (und ist hinreichend klar, dass es sich um eine Tätigkeit als Handelsagent handelt), gilt in diesen Fällen österreichisches Recht und ein österreichischer Gerichtsstand. Das heißt, beide Vertragspartner dürfen nur vor einem österreichischen Gericht klagen.

So gesehen ist es oft gar nicht ratsam, auf einem schriftlichen Vertrag zu bestehen. Eine probate Alternative ist, in einem kurzen Schreiben den Status als Handelsagent, die Provisionshöhe, das Gebiet und allenfalls einen Gebietsschutz festzuhalten und vom Auftraggeber bestätigen zu lassen.

An einem schriftlichen Vertrag führt hingegen kein Weg vorbei, wenn sich der Auftraggeber außerhalb der EU befindet. Im Vertrag sollte eine Schiedsklausel enthalten sein, da ansonsten Gerichtsurteile außerhalb der EU häufig nicht durchsetzbar sind.

Sind alle Vereinbarungen, Nebenabreden schriftlich zu dokumentieren?
Zum Vertrag siehe oben. Kommen im Laufe der Zusammenarbeit neue Vereinbarungen, Änderungen des Vertragsinhalts etc. dazu, sollte man diese schon allein aus Beweisgründen schriftlich (d. h. von beiden Teilen unterschrieben) festhalten. Bisweilen enthalten Verträge Schriftformvorbehalte; in diesem Fall müssen Ergänzungen schriftlich festgehalten werden, da man ansonsten Gefahr läuft, dass der Zusatz zum Vertrag als unverbindlich beurteilt wird.

Brauche ich bei Vertragsbeginn eine Liste mit Angaben zu bestehenden Kunden und zum Umsatz?
Abgesehen davon, dass dies die Tätigkeit des Handelsagenten sicherlich erleichtert, kann anhand einer solchen Liste bei späterer Vertragsbeendigung und Ausgleichsberechnung einfacher und verlässlicher beurteilt werden, ob ein Kunde ein Alt- oder Neukunde ist bzw. ob der Umsatz bei einem Altkunden wesentlich gesteigert wurde. Da die diesbezügliche Beweislast beim Handelsagenten liegt, ist eine solche Liste in jedem Fall hilfreich.

Was bedeutet Alleinvertretung für ein bestimmtes Gebiet? (Gebietsschutz/Exklusivität)?
Der Ausdruck „Alleinvertretung" kommt aus dem deutschen Recht und ist interpretationsbedürftig. Eine „Exklusivität" oder „Kundenschutz" sollte ebenfalls schriftlich definiert werden. Dabei sollte auch auf die Provisionsregelungen geachtet werden (oftmals stimmt deren Inhalt mit einer „Exklusivität" nicht überein). Begriffe wie „Generalvertreter" oder „Gebietsvertreter" sind jedenfalls nicht ausreichend.

Nach derzeitiger Rechtsprechung ist lediglich aus einem vereinbarten „Gebietsschutz" mit hinreichender Klarheit abzuleiten, dass eine alleinige Vertretung nach § 8 Abs. 4 HVertrG gemeint ist: Der Handelsagent hat dann Anspruch darauf, im Gebiet der einzige Agent zu sein, und er ist auch für alle Direktgeschäfte (also auch ohne seine Einbindung) provisionsberechtigt.

Soll der Auftraggeber nicht zu Direktgeschäften berechtigt sein, also alle Geschäfte zwingend über den Handelsagenten abgewickelt werden, müsste dies ausdrücklich vereinbart werden.

Der Handelsagent hat das Vertretungsgebiet bisher exklusiv betreut, es gibt aber keine Vereinbarung darüber. Nun möchte der Auftraggeber selbst aktiv werden/einen weiteren Handelsagenten beauftragen.

In aller Regel reicht die Tatsache, dass der Handelsagent bisher der einzige Agent war, nicht aus, um einen Anspruch darauf abzuleiten. Falls der Handelsagent in der Vergangenheit anlässlich eines konkreten Falls unter Hinweis auf sein (vermeintliches) Exklusivrecht durchgesetzt hat, dass der Auftraggeber nicht direkt verkauft bzw. niemand anderen bestellt, wäre es denkbar, dass ein Gebietsschutz schlüssig zustande gekommen ist. Dies ist in der Praxis selten der Fall. Es bleibt also i. d. R. dabei: Nur weil der Agent – womöglich über Jahre – der Einzige war, hat er kein Exklusivrecht.

Wie oft muss ich berichten?

Das hängt davon ab, wie oft sich etwas ereignet, das wert ist, berichtet zu werden. Nach dem Gesetz hat der Handelsagent dem Auftraggeber alle erforderlichen Informationen zu geben. Was „erforderlich" ist, kann nur im Einzelfall beurteilt werden. Näheres kann (in engen Grenzen) im Agenturvertrag festgelegt sein. Nicht wirksam vereinbart werden können Tagesberichte (im Sinne von Reiseberichten, die mit umfassender Kontrolle einhergehen).

Wem gehört der Kunde?

Zum Kunden steht der Auftraggeber in Geschäftsbeziehung, nicht der Handelsagent (auch wenn er den Kontakt zum Kunden aufbaut und ihn betreut); auch der Kundenstamm verbleibt bei Vertragsende beim Auftraggeber, sodass dafür ein Ausgleichsanspruch zustehen kann. Spricht der Handelsagent von „seinen" Kunden, ist dies rechtlich an sich falsch; er meint aber damit seine Aufbauleistung bzw. Provisions- und Ausgleichsberechtigung.

Wie hoch ist die Provision?

Die Höhe der Provision richtet sich – bis zur Grenze der Sittenwidrigkeit – nach der Vereinbarung. Ist zur Höhe nichts vereinbart, besteht ein Anspruch auf ortsübliche Provision.

Was geschieht mit der Provision, wenn der Auftraggeber nicht liefert, der Kunde nicht bezahlt?

Voraussetzung für den Provisionsanspruch ist ein zustande gekommenes Geschäft. Hat der Auftraggeber die Bestellung z. B. durch eine Auftragsbestätigung angenommen, entfällt der Provisionsanspruch nicht dadurch, dass er dann nicht liefert. Alles, was in seiner Sphäre liegt, berührt den Provisionsanspruch des Handelsagenten nicht (zwingendes Recht).

Zahlt der Kunde nicht, entfällt die Provision erst dann, wenn trotz Klage und Exekutionsführung nichts zu holen ist sowie wenn der Kunde offenkundig vermögenslos ist bzw. insolvent (erhält der Auftraggeber eine Quote, besteht aber diesbezüglich ein Provisionsanspruch ebenso bei Erhalt einer Zahlung aufgrund einer Ausfallversicherung).

Wann/wie kann ich kündigen?

Der Handelsagent kann stets unter Einhaltung der gesetzlichen bzw. vertraglichen Kündigungstermine bzw. -fristen kündigen. Nur wenn ein Verhalten des Auftraggebers vorliegt, das eine sofortige Beendigung – nach entsprechenden Abmahnungen und Fristsetzungen – rechtfertigt, kann die Geschäftsbeziehung mit sofortiger Wirkung beendet werden. Dies ist im Einzelfall zu beurteilen. Auch richten sich die Fristen nach dem anwendbaren Recht und können unterschiedlich ausfallen; im Vertrag können ebenso längere Fristen vorgesehen sein. Zu beachten sind die Auswirkungen auf einen allfälligen Ausgleichsanspruch, da dieser bei unbegründeter Eigenkündigung entfällt (siehe nächste Frage).

Die Kündigung sollte schon aus Beweisgründen schriftlich erfolgen (Einschreiben mit Rückschein bzw. Zustellung mit DHL etc). Eine bloße E-Mail oder Fax reicht nicht aus (auch nicht, wenn Lese- oder Übermittlungsbestätigungen vorliegen).

Was versteht man unter dem Ausgleichsanspruch?

Der Ausgleichsanspruch ist eine Abgeltung für die weiteren Vorteile des Auftraggebers aus dem aufgebauten Kundenbestand, während der Handelsagent nach Vertragsende keine weiteren Provisionen mehr verdienen kann. Voraussetzung sind neue (Stamm)Kunden, die der Handelsagent akquiriert hat, oder Altkunden, die schon länger nicht mehr gekauft hatten (reaktivierte) oder deren Auftragshöhe wesentlich erweitert wurde (Richtwert: Umsatzsteigerung von 50 bis 100 %). Der Ausgleich besteht nicht, wenn der Handelsagent ohne begründeten Anlass, den der Auftraggeber zu vertreten hat, und auch nicht wegen Alter/Krankheit berechtigt gekündigt hat. Ebenso wenig besteht er, wenn der Auftraggeber aus wichtigem, durch den Handelsagenten verschuldeten Grund gekündigt hat (z. B. bei Verstoß gegen das – durchaus strenge – Konkurrenzverbot).

Der Ausgleichsanspruch ist stets mit einer Jahresdurchschnittsvergütung limitiert, wobei alle Provisionen einzurechnen sind.

Der Ausgleich ist innerhalb eines Jahres nach Vertragsende beim Auftraggeber (aus Beweisgründen schriftlich, also durch Einschreiben mit Rückschein oder Zustellung mit DHL etc.) geltend zu machen – sonst verfällt er! Kürzere vertragliche Verfalls- oder Verjährungsfristen sind möglich!

Wie verhalte ich mich, wenn der Auftraggeber in meinem Gebiet verkauft (z. B. durch Online-Verkauf)?
Besteht keine besondere Abmachung, kann der Handelsagent dagegen nichts tun. Lediglich bei ausdrücklicher Vereinbarung im Vertrag kann er verlangen, dass der Auftraggeber Direktgeschäfte unterlässt.

Kommt es über den Onlineshop zu Folgegeschäften mit den vom Handelsagenten akquirierten Kunden, steht ihm die Provision nach den allgemeinen Regelungen zu. Bisweilen steht ihm die Provision aufgrund besonderer Vereinbarung auch für alle Direktgeschäfte zu, also für solche, die der Agent nicht akquiriert hat. Dies gilt dann auch für den Online-Verkauf.

Als Kontrollmittel dient der sog. Buchauszug, der durch die eigene Wahrnehmung beim Kunden, Zeugen, Testkäufe etc. überprüft werden kann.

Kommt es zu Auswüchsen, die die Beauftragung nachhaltig beeinträchtigen, kann ein begründeter Anlass für eine Eigenkündigung (Ausgleichsanspruch) vorliegen (im Einzelfall zu beurteilen). Dasselbe gilt für Provisionsrückstände bzw. bei verweigertem Buchauszug.

Was bedeutet Scheinselbstständigkeit?
Das bedeutet, dass der Handelsagent nicht wie ein Selbstständiger behandelt wird. Dies ist der Fall, wenn Weisungen erteilt werden (z. B. durch vorgegebene Reiserouten), Berichte verlangt werden (insb. Reiseberichte, Tagesberichte, Eingabe in das Computersystem etc.), Fixum/Spesenersatz bezahlt wird und der Handelsagent über keine eigenen wesentlichen Betriebsmittel verfügt. Weitere Indikatoren sind etwa ein Arbeitsplatz im Büro des Auftraggebers, Visitenkarten, Verkaufsrichtlinien, Terminkontrolle durch Gebietsleiter, zur Verfügung gestelltes Kfz und Mobiltelefon etc.

Die (sozialversicherungsrechtlichen) Rechtsfolgen treffen in erster Linie den Auftraggeber (Nachzahlung von Sozialabgaben). Dennoch kann dies – etwa betreffend Kfz-Abschreibung – auch den Handelsagenten betreffen (dafür erhält er seinen GSVG-Beitrag zurück und muss diesen nicht an den Auftraggeber bezahlen). Ist der Handelsagent tatsächlich (sozialversicherungsrechtlich) als Dienstnehmer zu beurteilen, kann dies vertragsrechtliche Rechtsfolgen nach sich ziehen, insbesondere weil einem Angestellten kein Ausgleichsanspruch zusteht.

Was geschieht bei Insolvenz und/oder Betriebseinstellung des vertretenen Unternehmens?
Ein Konkursverfahren führt „automatisch" zur Auflösung des Agenturvertrags. Der Handelsagent muss bei Gefahr im Verzug aber kurzfristig weiterhin tätig sein, bis der Masseverwalter Verfügungen treffen kann. Für ein Sanierungsverfahren gilt dies nicht, hier besteht der Vertrag grundsätzlich fort. Die probate Vorgehensweise kann nur im Einzelfall festgelegt werden, eine hinreichende Abstimmung mit dem Insolvenzverwalter ist empfehlenswert (dies gilt besonders bei auswärtigen Insolvenzen, hier ist der Status oft unklar („vorläufige Insolvenz")).

Die Forderungen (offene Provisionen, Schadenersatz, Ausgleichsanspruch) sind leider allesamt Insolvenzforderungen und unterliegen der Quote. Werden diese Ansprüche vom Insolvenzverwalter bestritten, zahlt sich eine gerichtliche Auseinandersetzung (aufgrund der Beschränkung auf die Quote) i. d. R. nicht aus.

Bei Betriebseinstellung muss man zunächst feststellen, wie sich der Vorgang darstellt (Liquidation, Unternehmensverkauf, Erwerb von Assets durch eine Auffanggesellschaft). Auf deren Grundlage empfehlen sich entsprechende Schritte des Handelsagenten (nachweisliche Geltendmachung von Ansprüchen, Abmahnung, Aufkündigung, Vertragsübernahme durch Nachfolgeunternehmen etc.).

Mein Auftraggeber möchte einvernehmlich den Provisionssatz (das Vertretungsgebiet) ändern oder mir Kunden wegnehmen. Wenn ich dem schon zustimme, worauf muss ich bei der schriftlichen Vereinbarung achten? (Stichwort: neuer Vertrag? Addition der Laufzeit für Kundenbeurteilung im Hinblick auf den Ausgleichsanspruch?).
Eine einseitige Vertragsänderung ist grundsätzlich unzulässig (oftmals auch dann, wenn diese Möglichkeit im Agenturvertrag vorgesehen ist). Sollen zukünftig Kunden wegfallen, sind diese durch einen Ausgleichsanspruch (sozusagen „zwischendurch") abzugelten. Achtung: Die Ein-Jahres-Frist für die Geltendmachung gilt auch hier und wird ab dem jeweiligen Wegfall des Kunden gerechnet!

Legt der Auftraggeber einen neuen Vertrag vor (noch dazu „gültig ab …" (z. B. dem 1. Januar des neuen Jahres), sollte unbedingt festgehalten werden, dass alle bisher akquirierten Kunden weiterhin als Neukunden gelten und dass die bisherige Laufzeit des Vertrags für die Kündigungsfrist zu berücksichtigen ist.

Der vorgelegte Vertragsentwurf enthält ein nachvertragliches Konkurrenzverbot. Wie geht der Handelsagent damit um?

Nach österreichischem Recht braucht ihn dies nicht zu stören; ein solches ist nach zwingendem Recht unwirksam. Nach anderen Rechtsordnungen (z. B. nach deutschem Recht) sind solche Verbote aber unter bestimmten Voraussetzungen wirksam.

Praxistipp: Bereits im Zuge der Vertragsverhandlungen kann der Handelsagent darauf hinweisen, dass (besondere) Konkurrenzverbote von den Sozialversicherungsträgern als Indiz für eine Dienstnehmertätigkeit angesehen werden. Bisweilen verzichten Auftraggeber dann auf diese Regelung.

Im Vertragsentwurf steht, dass der Handelsagent alle notwendigen Maßnahmen zur Feststellung der Bonität des Kunden zu ergreifen hat. Was bedeutet das?

Das ist durchaus unklar, zumal dazu keine Rechtsprechung vorliegt. Sinnvollerweise sollte dies nur so ausgelegt werden, dass der Handelsagent im Rahmen des Möglichen und Zumutbaren (Branchennews, Kreditauskünfte etc.) Erkundigungen einzuholen hat.

Um allzu weitreichende Verpflichtungen abzuwehren, sollte der Handelsagent bereits bei der Vertragsgestaltung darauf achten, dass er dem Auftraggeber mitteilt, „falls er Kenntnis von Zahlungsschwierigkeiten des Kunden hat". Damit ist seine Verpflichtung auf Fälle von aktueller Kenntnis eingeschränkt.

Wie kann der Handelsagent überprüfen, ob die Abrechnung des Auftraggebers stimmt?

Der Handelsagent hat einen zwingenden Anspruch auf Buchauszug, der eine Gesamtübersicht über Auftrag, Lieferung, Rechnung, Zahlung, Gutschriften und Einbringungsmaßnahmen bieten muss.

Es liegt aber am Handelsagenten, den Buchauszug zu überprüfen. Dies kann nur durch Erkundigungen vor Ort beim Kunden, Zeugen, Testkäufe etc. erfolgen. Gibt es Hinweise auf Unregelmäßigkeiten, kann der Handelsagent Bucheinsicht (auch durch einen gerichtlichen Sachverständigen) verlangen. Dies wollen die Auftraggeber dann doch vermeiden.

Der Handelsagent kann mit … in Pension gehen, möchte aber weiterarbeiten. Daher soll seine Frau formell die Vertretung übernehmen. Was bedeutet dies für den Ausgleichsanspruch? Wie kann er sich am besten absichern?

Hier ist höchste Vorsicht in vielerlei Hinsicht geboten. Virulent wird dies ohnehin nur bei vorzeitiger Alterspension, da der Handelsagent nach Erreichen des Regelpensionsalters ohnehin unbeschränkt dazuverdienen darf.

Bei vorzeitiger Alterspension steht ein Ausgleich aber nach österreichischem Recht nur dann zu, wenn die weitere Tätigkeit unzumutbar wird (z. B. aufgrund der Anzahl der Kundentermine). Eine hinreichende Vorbereitung einer probaten Argumentation ist hier unbedingt empfehlenswert. Achtung: Nach bestimmten Rechtsordnungen (z. B. Deutschland, Italien) ist dieser Weg höchst problematisch bzw. ein Ausgleich gar ausgeschlossen!

Dazu kommt, dass ein „Vorschieben der Ehefrau" zu sozialversicherungsrechtlichen Problemen führen könnte, wenn dies als Umgehung beurteilt würde.

Weiter ist zu beachten, dass die Ehefrau Vertragspartnerin würde, weil ja ein neuer Vertrag zustande kommt bzw. sie in den alten Vertrag „einsteigt". Es sollte unbedingt festgehalten werden, dass alle bisher akquirierten Kunden weiterhin als Neukunden gelten und dass die bisherige Laufzeit des Vertrags für die Kündigungsfrist zu berücksichtigen ist.

Weiters kann es im Verhältnis zu einer Rechtsschutzversicherung (Achtung: Wartefrist zwei Jahre bei Eigenkündigung aus Altersgründen) zu Problemen kommen, wenn diese auf den Ehemann, aber nicht auf die Ehefrau lautet.

Zuletzt kann es zu einer Trennung bzw. Scheidung kommen, die eine weitere Vertragsfortsetzung, aber auch die Geltendmachung von Ansprüchen (faktisch) erschwert oder gar unmöglich macht.

Insgesamt kann der Ratschlag nur lauten, sicherheitshalber bis zum Erreichen des Regelpensionsalters weiterzuarbeiten, sofern nicht sonstige Gründe vorliegen, die eine vorzeitige Beendigung rechtfertigen.

Der Vertragsentwurf enthält Vertragsstrafen bei bestimmten Vertragsverletzungen. Was bedeutet das?

Dies bedeutet, dass der Auftraggeber bei bestimmten Verstößen (z. B. gegen das Konkurrenzverbot) einen bereits im Vertrag festgelegten Betrag an Schadenersatz verlangen kann, ohne einen konkreten Schaden nachweisen zu müssen. Bisweilen ist sogar vorgesehen, dass die Vertragsstrafe („Konventionalstrafe") verschuldensunabhängig zustehen soll. Der Auftraggeber kann zudem einen – nachzuweisenden – höheren Schaden geltend machen, aber auch auf der Einhaltung des Vertrags bestehen. Solche Klauseln sollten also vermieden werden.

Im Vertragsentwurf ist ein Mindestumsatz vorgesehen, der jährlich um 10 % steigt. Was bedeutet das für den Handelsagenten?

Hier ist höchste Vorsicht geboten. Die Wirksamkeit solcher Klauseln ist zwar durchaus fraglich (etwa nach deutschem Recht, teilweise auch nach italienischem Recht; zum österreichischen Recht fehlt noch Judikatur). Dennoch besteht die Gefahr, dass ein Gericht sie als wirksam ansieht, wenn die Umsatzgrößen realistisch erscheinen. Wird die Klausel als grundsätzlich wirksam beurteilt, müsste sich der Handelsagent freibeweisen, d. h. darlegen, dass er nicht schuld daran ist, dass die Ziele nicht erreicht wurden. Gelingt ihm dieser Beweis, wäre eine aus diesem Grund ausgesprochene fristlose Beendigung unzulässig (dem Handelsagenten stünden dann Schadenersatz und ein allfälliger Ausgleich zu).

Praxistipp: Der Handelsagent sollte darauf hinweisen, dass Umsatzvorgaben von den Sozialversicherungsträgern als Indiz für eine Dienstnehmertätigkeit angesehen werden, evtl. wird dann auf diese Regelung verzichtet.

Wenn ein neuer Geschäftsführer beim Auftraggeber eingesetzt wird oder sich der Eigentümer ändert: Bleiben die schon bestehenden Verträge mit den Handelsagenten unverändert aufrecht?

Ja, beides hat keine Auswirkungen auf abgeschlossene Verträge. Rechtsträger und Vertragspartner ist das vertretene Unternehmen (z. B. eine GmbH). Dasselbe gilt für die Eigentümerschaft, die nur das Innenverhältnis betrifft. Für die Verträge, die die Gesellschaft abgeschlossen hat, ist es irrelevant, wem die Gesellschaftsanteile gehören.

Was passiert, wenn der Auftraggeber nach erfolgter Kündigung des Vertrages, aber vor Ablauf der Kündigungsfrist den Handelsagenten „freistellt"?

Eine „Freistellung" ist nur zulässig, wenn diese Möglichkeit vertraglich vorgesehen ist. Der Auftraggeber hat aber die durchschnittliche Provision für die Zeit der Freistellung weiterzubezahlen (das sind nicht nur die Provisionen aus den im Zeitpunkt der Freistellung bereits erfolgten und erst danach ausgelieferten Aufträgen).

Die ersparten Kosten muss sich der Handelsagent mangels anderslautender Vereinbarung nicht anrechnen lassen, sehr wohl aber anderweitigen Verdienst, der durch die Freistellung erst ermöglicht wurde.

Ist eine Freistellung unzulässig, kann der Handelsagent auf weitere Erfüllung beharren oder – nach entsprechender Abmahnung – den Vertrag fristlos kündigen. Bisweilen ist es ein probates Mittel, unter Berufung auf die Unzulässigkeit einer Freistellung weiterzuarbeiten. Dies fördert rasche Einigungen, vor allem dann, wenn der Auftraggeber neue Vertriebskanäle aktivieren will oder bereits aktiviert hat.

Was passiert, wenn das vertretene Unternehmen an ein anderes Unternehmen verkauft wird bzw. es zu einer Übernahme durch ein Konkurrenzunternehmen kommt, welches im vertretenen Gebiet bereits einen eigenen Handelsagenten hat? Welche Regelung gilt dann?

Ein Eigentümerwechsel hat grundsätzlich keine Folgen, dies betrifft nur die interne Struktur des Auftraggebers. Kündigt er den Vertrag vor der Übernahme, ist er der „Ansprechpartner" für einen solchen Anspruch. Die weiter wirkenden Vorteile aus dem Kundenstock sind dann in aller Regel im Verkaufserlös zu sehen.

Unterbleibt dies und übernimmt ein Konkurrent das Unternehmen durch Gesamtrechtsnachfolge (z. B. durch gesellschaftsrechtliche Verschmelzung), liegt es an diesem (als neuem Vertragspartner des Handelsagenten), den Vertrag weiterzuführen oder zu kündigen. Bisweilen werden in der Praxis einvernehmliche Anpassungen durchgeführt. Soll der Handelsagent bestimmte Kunden nicht mehr betreuen bzw. kommt es zu einer Gebietsreduktion, kann (auch bei ansonsten weiterlaufendem Vertrag) ein Ausgleichsanspruch zustehen.

Im Fall einer Einzelrechtsnachfolge ist zu klären, ob der Vertrag vom Käufer übernommen wird oder ob ein neuer Vertrag abgeschlossen werden soll. In letzterem Fall ist ein Ausgleich gegen den „alten" Auftraggeber zumindest nicht ausgeschlossen (rechtzeitig innerhalb der Ein-Jahres-Frist nach der Beendigung geltend zu machen). Im Verhältnis zum neuen Auftraggeber sollten alle Kunden rasch und nachweisbar akquiriert werden, damit diese (bei späterer Beendigung) als Neukunden gelten können.

Musterkollektionen: Müssen diese bezahlt werden? Können sie nach der Saison verkauft werden? Müssen diese an den Auftraggeber retourniert werden – wer übernimmt die Kosten dafür?

Zum österreichischen Recht (auch etwa zum deutschen) ist einhellige Auffassung, dass der Auftraggeber dem Handelsagenten Musterkollektionen bzw. sonstige Unterlagen, die der Handelsagent benötigt, unentgeltlich zur Verfügung zu stellen hat. Bei Beendigung hat der Auftraggeber diese auf eigene Kosten beim Handelsagenten abzuholen. Anderes mag nach anderen Rechtsordnungen gelten; so scheint das italienische Recht hier sehr wohl eine Kostenersatzpflicht des Handelsagenten zu erlauben.

In der Praxis wird bisweilen vereinbart, dass der Handelsagent die Muster (mit einem Rabatt von z. B. 50 %) kauft und dann nach der Saison abverkaufen kann (zu beobachten vor allem in der Modebranche). Dies ist wohl eine probate Vorgangsweise, einseitig dazu verpflichtet werden darf der Handelsagent aber nicht.

10.2 Datenschutzregeln

Welche datenschutzrechtliche Position hat ein Handelsagent gegenüber seinen Kunden bzw. gegenüber den Auftraggebern? Ist er Verantwortlicher oder Auftragsverarbeiter? Könnte er gegenüber Kunden mit den Auftraggebern „gemeinsam verantwortlich" im Sinne des Art. 26 DSGVO* sein?
Nach derzeitigem Meinungsstand sind Handelsagenten in aller Regel keine Auftragsverarbeiter, sondern Verantwortliche. Sie sind zwar „ständig mit Vermittlungen beauftragt" (Legaldefinition eines Handelsagenten gemäß § 1 HVertrG); schon nach dem Meinungsstand zum bisherigen Datenschutzrecht steht Ihnen dennoch eine gewisse Eigenständigkeit bzw. ein Ermessen darüber zu, welche Daten erhoben werden und auch darüber, ob überhaupt (ist der Kunde z. B. von vornherein gänzlich „ungeeignet", „schwierig"? Fühlt sich der Agent mit anderen Projekten ohnehin ausgelastet? etc).

Der Handelsagent entscheidet ja selbst, ob er eine Geschäftsbeziehung überhaupt verfolgt oder nicht, d. h. er kann auch ablehnen. Das gilt auch dann, wenn der Erstkontakt zum Hersteller erfolgt und dieser die Daten an den Handelsagenten weitergibt. Er übernimmt den Interessenten dann zur Bearbeitung und hat genau dasselbe Ermessen, wie wenn er selbst den Erstkontakt herstellt. Die „Richtung" des Erstkontakts ist daher nicht relevant.

Nachdem der Handelsagent datenschutzrechtlich Verantwortlicher ist, muss, wie sonst auch, ein Erlaubnistatbestand gegeben sein (z. B. vorvertragliche Maßnahmen bzw. Vertragserfüllung). Dass das Vertragsverhältnis mit dem Auftraggeber zustande kommt und nicht mit dem Handelsagenten, ist datenschutzrechtlich nicht relevant; der Agent ist vom Auftraggeber eingeschaltet worden, um eben einen Vertrag zu vermitteln.

Der Handelsagent hat also die DSGVO zu beachten, den Informationspflichten nachzukommen, ein Verarbeitungsverzeichnis zu führen, angemessene Maßnahmen zur Datensicherheit einzuhalten etc.

Eine gemeinsame Verantwortung läge nur dann vor, wenn über die Mittel und Zwecke gemeinsam mit dem Auftraggeber entschieden würde. Das ist z. B. beim gemeinsamen Betrieb einer Internet-Plattform der Fall, nicht aber im Rahmen der herkömmlichen Zusammenarbeit mit einem Handelsagenten.

Beispiele:
a. Herr J. erhält von seinen Auftraggebern Kundenlisten, welche er anschließend im Outlook speichert. Er erstellt ein Tourenprogramm, führt eigene

---

* Datenschutz-Grundverordnung

Kundenkarteien (welche Produkte haben Kunden interessiert) usw. Die Rechnungslegung und der Versand der Produkte erfolgt aber durch die Auftraggeber. Herr J. erhält von diesen eine Provision. Ausgehend davon, dass es sich (auch) um personenbezogene Daten handelt, kommt die DSGVO zur Anwendung. Das ist der Fall, wenn die Kunden Einzelunternehmer sind oder Gesellschaften, wobei aber die jeweiligen Ansprechpartner „mit verwaltet" werden. Dies wird auch bei Herrn J. der Fall sein.

Wie oben ausgeführt, ist die „Richtung" der Datenweitergabe nicht entscheidend. Es kommt vielmehr darauf an, dass Herr J. die Kundendaten in seinem Verantwortungsbereich speichert, er also eigene Kundenkarteien bzw. -dateien anlegt und dabei weitere Daten erhebt, nämlich über das Nachfrageverhalten der Kunden. Er ist also als datenschutzrechtlich Verantwortlicher anzusehen.

b. **Herr DI H.: „Ich hole bei meinen Erstbesuchen vom Kunden (meist Ärzte, Therapeuten) persönlich einen Besuchsbericht ein (mit Name, Datum, Unterschrift, Adresse, Bankverbindung, UID etc.), verkaufe aber keine Produkte, sondern Fachberatung. Die Produkte bestellt der Kunde in Folge bei meinen Auftraggebern." In weiterer Folge gibt Herr DI H. die Kundendaten (als Kundenschutzbasis für den Handelsagenten, aber auch für Kundenbestellungen) an den Auftraggeber weiter. Ist schon in diesem Fall ein Auftragsverarbeitungsvertrag (vom Auftraggeber an den Handelsagenten, vom Handelsagenten dem Kunden vorweisend) notwendig?**

Zum einen bedeutet Auftragsverarbeitung, dass der Auftragsverarbeiter die Daten (die dem Verantwortlichen zugehörig sind) in seinem eigenen System verarbeitet. Darauf sind ja die Verpflichtungen des Art 28 DSGVO zugeschnitten (technische und organisatorische Maßnahmen, Unterstützung des Verantwortlichen zur Erfüllung der Betroffenenrechte, nach der Beendigung der Auftragsverarbeitung Löschung oder Rückgabe [!] der Daten, Inspektionsrecht des Verantwortlichen, ob all dies eingehalten wird).

Würde sich die Auftragsverarbeitung im Ausfüllen des Besuchsberichts samt Übermittlung erschöpfen, würden diese Verpflichtungen de facto weitgehend leerlaufen bzw. wären sie von Anfang an gegenstandslos. Im Rahmen einer Auftragsverarbeitung dürften die Daten zudem „nur auf dokumentierte Weisung" verarbeitet werden. Nach der Kommentarliteratur sind diese Weisungen (in jedem Einzelfall) z. B. durch eine E-Mail oder ein Ticketsystem zu erteilen und zu dokumentieren. Von solchen Weisungen ist aber im Rahmen der Werbung durch Herrn DI H. keine Rede.

Eine Auftragsverarbeitung „passt" hier – im Unterschied zu z. B. IT-Outsourcing – nicht wirklich. Die Grenzen sind sicherlich fließend und angesichts noch fehlender Rechtsprechung zur DSGVO ungeklärt. Nach ersten Fachexpertisen sollte die Tätigkeit von Herrn DI H. nicht als Auftragsverarbeitung beurteilt werden. Dazu kommt, dass er ja – schon aufgrund seiner Selbstständigkeit – ein Ermessen darüber hat, ob ein Interessent angesprochen bzw. weiterbearbeitet wird, d. h. ob Daten überhaupt erhoben werden. Diesbezüglich kommt ihm also wesentlicher Einfluss in rechtlicher und auch tatsächlicher Hinsicht zu.

Sollte der Handelsagent als Verantwortlicher definiert werden, stellt sich nun in weiterer Folge die Frage, auf welche Rechtsgrundlagen sich der Handelsagent für seine Datenverarbeitungen stützen kann?

Falls ein Interessent an den Handelsagenten herantritt, handelt es sich um vorvertragliche Maßnahmen „auf Anfrage der Person".

Falls der Handelsagent Daten von nur (potenziellen) Kunden verarbeiten will (z. B. persönliche Kontakte, Empfehlungen etc.), müsste er sich auf ein berechtigtes Interesse berufen.

Betreffend die Daten bestehender Kunden greifen die Rechtsgrundlagen der Vertragserfüllung und – was z. B. nachfolgende Werbung für ähnliche Waren oder Dienstleistungen anlangt – des berechtigten Interesses.

Eine weitere Rechtsgrundlage stellt eine gesetzliche Verpflichtung dar (wie die allgemeine Aufbewahrungsfrist von sieben Jahren).

Freilich kann auch eine Einwilligung (z. B. zum Versand eines E-Mail-Newsletters) ein Rechtfertigungsgrund sein. Diese setzt aber die Einhaltung der Informationspflichten voraus („Datenschutzerklärung").

Beispiele:
a. **Was ist die Rechtsgrundlage dafür, dass die Daten vom Auftraggeber an Herrn J. – bzw. umgekehrt – weitergegeben werden?**

Wie gesagt, dass das Vertragsverhältnis mit dem Auftraggeber zustande kommt und nicht mit dem Handelsagenten, ist datenschutzrechtlich nicht relevant; der Agent ist vom Auftraggeber eingeschaltet worden, um eben einen Vertrag zu vermitteln. Hat der betreffende Interessent beim Handelsagenten oder beim Auftraggeber angefragt (und es erfolgte eine Weiterleitung der Daten an den jeweils anderen), bilden die „vorvertraglichen Maßnahmen" die Rechtsgrundlage. Ist derjenige bereits Kunde, kann die Vertragserfüllung einschlägig sein (z. B. Reklamationsbearbeitung) oder, falls es um neue Angebote von ähnlichen Waren oder Dienstleistungen geht, das berechtigte Interesse. Dasselbe gilt für (potenzielle) Interessenten.

b **Herr DI H.: „Lt. Telekommunikationsvorgaben kann ich mit den Kunden kommunizieren, da ich einen persönlichen Erstkontakt hatte. Aber wie sieht es mit der DSGVO aus? Gilt ein Besuchsbericht als Vertrag? (im Vertrags-**

verhältnis ist die DSGVO ja entschärft). **Oder brauche ich auch eine Einwilligung der Kunden, um deren Daten zu verwalten?"** Der Besuchsbericht stellt freilich noch keinen Vertrag dar. Der Handelsagent befindet sich aber zweifellos im vorvertraglichen Stadium. Erfolgte dies auf Anfrage der betreffenden Person, bilden die vorvertraglichen Maßnahmen die Rechtsgrundlage. Wurde hingegen Herr DI H. aktiv, könnte er sich auf berechtigtes Interesse stützen. Die Erwartungshaltung der betreffenden Person, die Besuch von einem Handelsagenten empfängt, kann nur miteinschließen, dass ihre Daten verarbeitet werden (zumindest durch Speicherung und Weiterleitung an den Auftraggeber); ansonsten wäre die Werbung vor Ort sinnlos.

10.3   Steuer

Wie kann ich mein Kfz steuerlich absetzen?

Wenn das Kfz zu weniger als 50 % betrieblich genutzt wird, kann das amtliche Kilometergeld als Betriebsausgabe angesetzt werden, wobei maximal 30.000 km verrechnet werden können.

Wird das Kfz zu mehr als 50 % betrieblich genutzt, dann ist der gesamte Aufwand als Betriebsausgabe absetzbar, ein Privatanteil, der aufgrund eines Fahrtenbuches oder anders schlüssig ermittelt wird, ist jedoch zu separieren. Liegt kein Nachweis vor, kann das Finanzamt den Privatanteil auf Basis von Erfahrungswerten schätzen.

Für neue Pkws gilt eine Abschreibungsdauer von acht Jahren, für Lkws oder Kastenwagen üblicherweise von fünf Jahren.

Zu berücksichtigen ist die Angemessenheitsgrenze (Luxustangente): Bei Anschaffungskosten von mehr als € 40.000 sind die wertabhängigen Kosten (Afa, Versicherungsprämien, Versicherungssteuer, Zinsen) nur anteilsmäßig absetzbar. Treibstoffkosten sind in der Regel voll absetzbar.

Wie kann ich mein Arbeitszimmer steuerlich absetzen?

Aufwendungen für ein im Wohnungsverband gelegenes Arbeitszimmer und dessen Einrichtung können nur abgezogen werden, wenn das Arbeitszimmer den Mittelpunkt der gesamten betrieblichen und beruflichen Tätigkeit bildet. Ein Arbeitszimmer liegt im Wohnungsverband, wenn es nach der Verkehrsauffassung einen Teil der Wohnung oder des Einfamilienhauses darstellt und über einen gemeinsamen Eingang mit den Wohnräumen verfügt.

Dient das Arbeitszimmer aber einer Tätigkeit, die im Wesentlichen außerhalb des Arbeitszimmers ausgeübt wird, dann sind die Aufwendungen generell (also auch unabhängig von der darin verbrachten Zeit) nicht abzugsfähig, z. B. bei einem Handelsagenten. In diesem Fall sind vom Abzugsverbot auch Einrichtungsgegenstände (Tische, Schränke, Regale etc.) der Wohnung bzw. des Arbeitszimmers betroffen.

Nicht vom Abzugsverbot betroffen sind Lagerräumlichkeiten, in denen Waren oder Kollektionen aufbewahrt werden.

Muss die Rechnung über die Provision die Mehrwertsteuer enthalten?
Grundsätzlich sind Handelsagenten Unternehmer und daher mehrwertsteuerpflichtig. Falls der Rechnungsbetrag inklusive Mehrwertsteuer € 10.000 überschreitet, dann muss auf der Rechnung die UID-Nummer des Leistungsempfängers ausgewiesen sein.

Keine Mehrwertsteuer ist auszuweisen, wenn man einem ausländischen Unternehmer eine Dienstleistung fakturiert. Hier kommt das Reverse-Charge-System zur Anwendung, d. h., der ausländische Empfänger übernimmt die Steuerschuld. Eine Mehrwertsteuer muss weiters nicht berechnet bzw. ausgewiesen werden, falls ein Kleinunternehmen vorliegt. Dabei handelt es sich um ein Unternehmen, das im Jahr den Umsatz von € 30.000 Umsatz netto nicht überschreitet, d. h., es kann maximal € 36.000 Umsatz fakturieren, ohne Mehrwertsteuer auszuweisen. Ein einmaliges Überschreiten innerhalb von fünf Jahren um nicht mehr als 15 % ist unschädlich.

10.4 Suche nach Vertretungen

Wie erhalte ich eine Vertretung?
Voraussetzung für die Gewerbeausübung als Handelsagent ist ein Vertretungsvertrag seitens eines Anbieters von Produkten. Es muss also den im Gesetz angeführten „Geschäftsherren" oder „Prinzipal" geben, in dieser Publikation als Auftraggeber bezeichnet, für den der Handelsagent ständig tätig ist. Dann spricht man von einer Vertretung.

Vor allem Newcomer fragen immer wieder, wie man zu – hoffentlich lukrativen – Vertretungen komme. Es gibt aber nicht das eine Rezept, das zum Ziel führt. Auch sollte man sich vor Augen halten, dass der Auftraggeber mit der zurzeit umsatzstärksten Vertretung auch den stärksten Handelsagenten am Markt haben möchte. Dieser lässt sich meist innerhalb der Branche durch Unterstützung von Branchenkennern ausmachen. Es wundert also nicht, dass solche Vertretungen selten in der Zeitung angeboten werden (Ausnahmen bestätigen immer die Regel). Oft gilt es, den Erzeuger zu finden, der – mit Ihnen – in fünf Jahren der umsatzstärkste Erzeuger sein wird.

10 Wege zu einer neuen Vertretung

1. Die Online-Vertriebsplattform **www.register.handelsagenten.at**, die das Bundesgremium der Handelsagenten gemeinsam dem internationalen Dachverband der Handelsagenten (IUCAB) betreibt. Die Registrierung für österreichische Handelsagenten ist kostenlos.
2. Plattformen und Kooperationen, die teilweise bei den österreichischen Landesgremien der Handelsagenten bestehen (bei den Landesgremien nachfragen!).
3. Die mehr als 100 Wirtschaftsdelegierten der Wirtschaftskammer Österreich, die über die ganze Welt verteilt sind, haben nicht selten Anfragen von Unternehmen in den Gastländern nach Handelsagenten oder Importeuren in Österreich.
4. In- und ausländische Fachzeitungen und Branchenblätter (Print oder Online) veröffentlichen häufig Angebote von Unternehmen.
5. Die vielen oder leider manchmal auch wenigen Kunden, die man schon hat, darüber informieren, dass man eine gute zusätzliche Vertretung suche (das ist keine Schande!). Diese Kunden werden auch von umsatzsuchenden Unternehmen kontaktiert, die möglicherweise für die kontinuierliche Betreuung des Gebiets gerade einen Handelsagenten suchen.
6. Spediteure, die häufig die Ware vieler Anbieter in der jeweiligen Branche transportieren, sind manchmal eine gute Informationsquelle, weil sie oft die Ersten sind, die von Änderungen in bestehenden Vertretungsverhältnissen erfahren.
7. Ausländische Botschaften und deren Handelsabteilungen.
8. Ausländische Handelskammern (vornehmlich solche, die eine Niederlassung in Österreich betreiben).

Alle bisher genannten Wege sind vielleicht zeit-, aber nicht kostenintensiv. Anders verhält es sich bei den folgenden Wegen:

9. Fachmessen im In- und Ausland – ein absolutes Muss. Es gibt keine Erzeugermesse, auf der nicht Aussteller nach Handelsagenten in verschiedenen Ländern oder Vertretungsgebieten suchen. Damit in Verbindung steht das Gespräch mit Kollegen auf dem eigenen (internationalen) Messestand. Diese arbeiten zwar für dasselbe Unternehmen, aber eben nicht nur für dieses. Und ihre anderen Vertretungen könnten durchaus an einem neuen Handelsagenten in Österreich interessiert sein, wobei man den Interessenten häufig noch auf dieser Messe persönlich kontaktieren kann. Messen dienen nicht nur der Kunden-, sondern auch der Vertretungsakquisition.
10. Zum Brancheninsider werden. Verlieren Sie keine Zeit, so rasch wie möglich eine bekannte und interessante Persönlichkeit in Ihrer Branche zu werden. Lernen Sie von Ihren Kollegen. Netzwerken Sie! Auch wenn auf einer Messe die Füße noch so weh tun: Gehen Sie auf die Gartenparty des Unternehmens XY

oder zum Discoabend der Messegesellschaft. Schöpfen Sie aus dem Branchentratsch, damit Sie zu den Ersten gehören, die über eine frei werdende Vertretung informiert sind.

10.5 Mustervertrag

HANDELSAGENTENVERTRAG

zwischen

der Firma _____, in _____, _____

(„Unternehmer")

und dem Handelsagenten _____, in _____, _____

(„Handelsagent")

wird nachstehender Vertrag geschlossen:

1. Umfang der Vertretung

[Alternative 1]

1.1   Der Unternehmer betraut den Handelsagenten mit der Alleinvertretung sämtlicher derzeit und auch in Zukunft hergestellter Produkte für das Gebiet _____, _____,

_____, _____ („Vertretungsgebiet").

[Alternative 2]

1.1   Der Unternehmer betraut den Handelsagenten mit der Alleinvertretung folgender Produkte:

_____, _____, _____, _____

für   das   Gebiet   _____

(„Vertretungsgebiet").

1.2   Die Alleinvertretung umfasst alle im Vertretungsgebiet derzeit befindlichen und zukünftigen Kunden sowie die mit diesen getätigten Geschäfte. Sollte der Unternehmer im Vertragsgebiet eigene Erzeugungs- oder Vertriebsstätten oder Tochtergesellschaften errichten, wird der Unternehmer diese der vorliegenden Alleinvertretungsvereinbarung unterwerfen.

2. Aufgaben und Pflichten des Unternehmers

2.1   Der Unternehmer wird den Handelsagenten bei Ausübung seiner Tätigkeit nach besten Kräften unterstützen. Insbesondere wird er dem Handelsagenten alle erforderlichen Unterlagen, wie Muster, Preislisten, Konditionen, AGB, Bestellformulare und dergleichen, kostenlos zur Verfügung stellen und alle erforderlichen Informationen rechtzeitig erteilen.

2.2   Preisänderungen wird der Unternehmer dem Handelsagenten zumindest _____ Monate vor deren Inkrafttreten bekanntgeben.

2.3   Der Unternehmer wird dem Handelsagenten innerhalb von 7 Kalendertagen – schriftlich – die Ablehnung eines vom Handelsagenten vermittelten Geschäfts mitteilen. Erfolgt innerhalb von 7 Kalendertagen keine Mitteilung, gilt das vermittelte Geschäft als angenommen.

2.4   Der Unternehmer hat den Handelsagenten unverzüglich zu unterrichten, wenn und sobald absehbar ist, dass er die Geschäfte nur in erheblich geringerem Umfang wird ausführen können, als der Handelsagent nach den Umständen, insbesondere aufgrund des bisherigen Geschäftsumfanges oder den Angaben des Unternehmers, hätte erwarten können. Bei nicht oder nicht rechtzeitig erfolgter Verständigung hat der Handelsagent jedenfalls Anspruch auf Provision für die vermittelten Aufträge, auch wenn sie der Unternehmer nicht annimmt.

2.5   Der Unternehmer ist verpflichtet, den Handelsagenten unverzüglich (mit Kopie) über jede Korrespondenz mit Kunden sowie Auftragsbestätigungen, Fakturen, Lieferungen etc. zu informieren. Ebenso hat er den Handelsagenten über jede Korrespondenz mit Dritten, soweit sie das durch den Handelsagenten bearbeitete Gebiet berührt, zu informieren.

2.6   Der Unternehmer hat dem Handelsagent unverzüglich Mitteilung zu machen, wenn ein Kunde ein vereinbartes Zahlungsziel nicht einhält.

2.7   Der Erfüllungsort aus der partnerschaftlichen Tätigkeit ist der Firmensitz des Handelsagenten.

3. Aufgaben und Pflichten des Handelsagenten

3.1   Der Handelsagent ist bei seiner Vermittlungstätigkeit verpflichtet, mit der Sorgfalt eines ordentlichen Kaufmannes das Interesse des Unternehmers zu wahren.

3.2   Der Handelsagent hat alle ihm bekannt werdenden Umstände, welche die Kreditwürdigkeit eines Kunden infrage stellen könnten, dem Unternehmer mitzuteilen. Behauptet der Unternehmer eine Verletzung dieser Pflicht, so obliegt der Beweis dem Unternehmer. Keinesfalls trifft den Handelsagenten irgendeine Haftung wegen Nichtzahlung der Fakturen oder im Falle der Insolvenz des Kunden.

3.3   Der Handelsagent ist berechtigt, sich bei Ausübung seiner Tätigkeit für den Unternehmer geeigneter Personen zu bedienen.

4. Kundenstock

4.1   Alle Kunden im Vertragsgebiet, mit denen bereits Geschäftsverbindungen bestehen, werden dem Handelsagenten vom Unternehmer zur weiteren Betreuung übergeben. Diese sind in einer Aufstellung, die den jeweiligen Jahresumsatz enthält und einen integrierenden Bestandteil dieses Vertrages bildet, genannt (Altkunden). Kunden, die nicht in dieser Aufstellung genannt werden, gelten nicht als Altkunden des Unternehmers.

4.2   Altkunden, bei denen die bereits bestehende Geschäftsverbindung durch den Handelsagenten umsatzmäßig wesentlich erweitert wird, gelten, unabhängig davon, ob die Umsatzerweiterung bei anderen als schon bisher vom Unternehmen bezogenen Waren erfolgt oder nicht, ebenso wie neu zugeführte Kunden, als Neukunden.

5. Haftungsausschluss

5.1   Der Unternehmer sichert dem Handelsagent zu, alle zum Schutz des Verbrauchers im Vertretungsgebiet geltenden rechtlichen Bestimmungen über die Beschaffenheit, Kennzeichnung und Verpackung der Ware zu beachten. Ebenso sichert er zu, dass durch die Herstellung und den Vertrieb der vertragsgegenständlichen Produkte keine Patent-, Musterschutz-, Markenschutz- (Warenzeichen) und Urheberrechte Dritter verletzt werden.

5.2   Der Unternehmer verpflichtet sich, den Handelsagenten hinsichtlich aller möglichen Verletzungen von Patent-, Musterschutz-, Markenschutz- (Warenzeichen) und Urheberrechten schadlos und klaglos zu halten. Sollte der Handelsagent diesbezüglich von Dritten in Anspruch genommen werden, gehen alle notwendigen Rechtsberatungs-, Prozess- und sonstigen Kosten und Aufwendungen zur Anspruchsabwehr zulasten des Unternehmers. Der Unternehmer ist verpflichtet, sämtliche für die Anspruchsabwehr erforderlichen Unterlagen und Auskünfte unverzüglich und kostenlos an den Handelsagenten herauszugeben. Gleiches gilt hinsichtlich von Ansprüchen wegen Fehlerhaftigkeit der vom Unternehmer hergestellten bzw. vertriebenen Produkte (Produkthaftung).

6. Kostenersatz

6.1   Der Handelsagent hat Anspruch auf Erstattung der im Auftrag des Unternehmers aufgewendeten Auslagen, wie Porti, Telegramme, Ferngespräche, Musterkoffer etc. durch den Unternehmer.

6.2   Darüber hinaus wird die Erstattung folgender Kosten und Auslagen des Handelsagenten durch den Unternehmer vereinbart: _____, _____,

_____, _____, _____, _____ .

6.3   Für weitere Aufwendungen des Handelsagenten im Interesse des Unternehmers erhält der Handelsagent vom Unternehmer einen fixen Spesenzuschuss in Höhe von €_____ monatlich.

7.   P r o v i s i o n

7.1   Der Handelsagent erhält vom Unternehmer für alle direkten und indirekten Geschäfte eine Provision von _____ %, in Worten _____ Prozent, zuzüglich der jeweils gültigen Umsatzsteuer (Mehrwertsteuer) vom Nettoauftragswert vor Abzug allfälliger Skonti.

7.2   Der Anspruch auf Provision entsteht mit der Rechtswirksamkeit des vermittelten oder sonst zustande gekommenen Geschäftes, jedenfalls dann, wenn der Unternehmer das Geschäft ausgeführt hat oder der Unternehmer nach dem Vertrag mit dem Kunden das Geschäft hätte ausführen sollen, oder der Kunde das Geschäft durch Erbringung seiner Leistung ausgeführt hat.

8.   P r o v i s i o n s a b r e c h n u n g

8.1   Der Unternehmer gibt für jeden Monat, spätestens bis zum letzten Tag des Folgemonats, dem Handelsagenten eine Provisionsabrechnung über die gemäß dem vorstehenden Absatz entstandenen Provisionsansprüche. Der Provisionsabrechnung ist ein ordnungsgemäßer Buchauszug (dazu gehören Name, Anschrift des Kunden, Datum, Gegenstand und Umfang der Leistung und der Rechnung, Preis pro Einheit und Gesamtpreis, tatsächlich verrechneter Preis und eingegangene Zahlungen) beizufügen und die betreffenden Rechnungskopien anzuheften.

8.2   Der laut Abrechnung dem Handelsagenten zustehende Provisionsbetrag ist sofort zahlbar. Zu viel oder zu wenig bezahlte Provision wird bei der nächsten Abrechnung berücksichtigt. Nach Abschluss des Geschäftes gewährte Rabatte, Skonti oder sonstige Preisnachlässe bleiben für die Provisionsabrechnung unberücksichtigt. Erfüllungsort ist der Sitz des Handelsagenten.

8.3   Der Anspruch auf Provision entfällt, wenn und soweit feststeht, dass der Vertrag zwischen dem Kunden und dem Unternehmer nicht ausgeführt wird und dies nicht auf Umständen beruht, die vom Unternehmer zu vertreten sind. Bei Zahlungsverzug des Kunden hat aber der Unternehmer durch tatsächliche Klage- und Exekutionsführung nachzuweisen, dass er alle zumutbaren Schritte zur Ausführung des Vertrages unternommen hat.

9.   V e r t r a g s d a u e r   u n d   K ü n d i g u n g

9.1   Dieser Vertrag tritt am _____ in Kraft und wird auf unbestimmte Zeit abgeschlossen.

9.2 Der Vertrag endet erst durch Kündigung durch einen der beiden Vertragspartner zum Ende eines Kalendermonats, im ersten Vertragsjahr unter Einhaltung einer einmonatigen Kündigungsfrist. Nach dem angefangenen zweiten Vertragsjahr beträgt die Kündigungsfrist 2 Monate, nach dem angefangenen dritten Vertragsjahr 3 Monate, nach dem angefangenen vierten Vertragsjahr 4 Monate, nach den angefangenen fünften Vertragsjahr 5 Monate und nach dem angefangenen sechsten Vertragsjahr und in den folgenden Vertragsjahren 6 Monate.

Die Kündigung des Vertrages hat durch eingeschriebenen Brief zu erfolgen.

9.3 Der Vertrag kann jederzeit ohne Einhaltung einer Kündigungsfrist von jedem der beiden Vertragspartner aus wichtigem Grund gem. § 22 HVertrG 1993 gelöst werden.

10. Ausgleichsanspruch

10.1 Bei Kündigung durch den Unternehmer bzw. bei Vorliegen anderer im österreichischen Handelsagentengesetz (HVertrG 1993) diesen Anspruch begründenden Umständen gebührt dem Handelsagenten ein Ausgleich in der Höhe einer Jahresvergütung (berechnet aus dem Durchschnitt der letzten 5 Jahre bzw. bei kürzerer Vertragsdauer aus dem Gesamtdurchschnitt der Vergütungen).

11. Rechtswahl und Gerichtsstand

[Alternative 1][1]

11.1 Zur Entscheidung von Streitigkeiten aus und im Zusammenhang mit dem vorliegenden Vertrag einschließlich der Frage des gültigen Zustandekommens, des Bestandes oder Nichtbestandes und einer allfälligen Anfechtung dieses Vertrags ist ausschließlich das für den Standort des Handelsagenten sachlich und örtlich zuständige Gericht zuständig.

---

[1] Diese Vereinbarung der Zuständigkeit des Gerichts am Standort des Handelsagenten empfiehlt sich, wenn der Unternehmer seinen Sitz in Österreich, einem Mitgliedsstaat der EU oder in Island, Norwegen oder der Schweiz hat. Ein von einem österreichischen Gericht erlassenes Urteil wird nämlich auch in diesen Staaten nach den Bestimmungen des Brüsseler bzw. Luganer Gerichtsstands- und Vollstreckungsübereinkommens (BGBl. 1998 III 209, BGBl 1996/448) anerkannt und ist vollstreckbar.

[Alternative 2][2]

11.1 Zur Entscheidung von Streitigkeiten aus und im Zusammenhang mit dem vorliegenden Vertrag einschließlich der Frage des gültigen Zustandekommens, des Bestandes oder Nichtbestandes und einer allfälligen Anfechtung dieses Vertrags ist ausschließlich das Internationale Schiedsgericht der Wirtschaftskammer Österreich in Wien nach dessen Schieds- und Schlichtungsordnung (Wiener Regeln) zuständig.

Die Anzahl der Schiedsrichter beträgt .... *(1 oder 3)*. Schiedsort ist Wien. Verfahrenssprache ist Deutsch.

11.2 Es gilt ausschließlich österreichisches Recht. Die Anwendung der Bestimmungen des österreichischen IPRG und sonstiger Kollisionsnormen sowie das Übereinkommen der Vereinten Nationen über Verträge über den internationalen Warenkauf (UN CISG) ist ausgeschlossen.

12. Vertragsänderungen und Ergänzungen

12.1 Änderungen und/oder Ergänzungen dieses Vertrages – auch das Abweichen von der Schriftform – bedürfen der Schriftform. Mögliche Nebenabreden sind aufgehoben.

12.2 Die Ungültigkeit einzelner Bestimmungen dieses Vertrages, aus welchem Grund auch immer, lässt die Gültigkeit der anderen Vertragsbestimmungen unberührt. Anstelle der ungültigen Bestimmung gilt eine Regelung, die dem Vertragszweck und den Interessen der Vertragsparteien am ehesten entspricht.

Ort: _____ Ort: _____

Datum: _____ Datum: _____

_____ _____
Unterschrift des Handelsagenten   Unterschrift des Unternehmers

---

[2] Hat der Unternehmer seinen Sitz hingegen nicht in einem der in der Fußnote 1 genannten Staaten und auch kein vollstreckbares Vermögen in diesen, so empfiehlt sich hingegen diese Vereinbarung der Zuständigkeit des Internationalen Schiedsgerichts der Wirtschaftskammer Österreich. Das Verfahren vor dem Schiedsgericht ist zwar kostspieliger (allerdings auch schneller) als jenes vor einem staatlichen Gericht, Schiedssprüche werden aber dafür in fast allen ausländischen Staaten nach den Bestimmungen des New Yorker Übereinkommens (BGBl. 1961/200) anerkannt und vollstreckt.

Quellen

Bundesgremium der Handelsagenten (2016-2018) Auszug aus diversen Informationsmedien. www.handelsagenten.at. Zugegriffen: 11. Oktober 2018

Bundesgremium der Handelsagenten (2018) Handelsagenten – FAQs. https://www.wko.at/branchen/handel/handelsagenten/handelsagenten-faq.html. Zugegriffen: 11. Oktober 2018

Bundesgremium der Handelsagenten (2018) Mustervertrag. https://www.wko.at/branchen/handel/handelsagenten/Mustervertrag_deutsch_2014.docx. Zugegriffen: 11. Oktober 2018

▶ Fast 9.000 Handelsagenten sind in Österreich tagtäglich unterwegs um Produkte am Markt zu platzieren. Sie leisten damit einen wesentlichen Beitrag um den Wirtschaftsmotor am Laufen zu halten. Sie arbeiten im Business-to-Business-Bereich und verbinden Produktionsbetriebe mit dem kommerziellen Handel. Sie kennen den Markt und die Produkte und haben ständig mit Menschen zu tun. In den folgenden Interviews gewähren drei Vertreter aus unterschiedlichen Bereichen Einblicke in ihre Arbeit bzw. ihre Berührungspunkte mit Handelsagenten.[1]

11.1 Katharina Kaspar, Kaspar Agency für Mode (Bergheim, Salzburg)

„Immer unterwegs"

Der Beruf des Handelsagenten ist eigentlich einsam, weil du extrem viel unterwegs bist. Wenn du nicht am Standort wohnst, bist du mehr in Hotels oder im Schauraum zu finden als zu Hause. Ich würde aber durchdrehen, wenn ich fünf Tage die Woche zu Hause vor dem Computer sitzen müsste.

Wie darf man sich Ihre Arbeit vorstellen?

Es gibt internationale Messen, auf denen man sich umschaut, was angeboten wird. Was hat Potenzial für den eigenen Markt? Ziel ist, eine Partnerschaft einzu-

---

[1] Die folgenden Interviews wurden ursprünglich in der Radiosendung Ö1 Moment des ORF am 19.03.2018 gesendet.

© Springer Fachmedien Wiesbaden 2019
A. Paffhausen, Ch. Rebernig, *Erfolgreich als Handelsagent mit Fokus Österreich*,
DOI 10.1007/978-3-658-23508-6_11

gehen. Wenn man schon lange am Markt ist, kommt man auch über Empfehlungen an seine Produkte, die zu vertreten sind.

Was heißt das konkret in Ihrem Bereich?

Man übernimmt dann die ganze Kollektion und bekommt die Schaustücke. Die Kunden kommen dann entweder in den Schauraum, oder man besucht sie im Geschäft. Sie suchen sich aus der Gesamtreihe von Kleidungsstücken ihre individuelle Auswahl für das Geschäft aus. Dann werden die Aufträge geschrieben. Es wird also ein Angebot gestellt, wird es angenommen, dann kommt man ins Geschäft.

Könnte man nicht auf die Arbeit der Handelsagenten verzichten?

Handelsagenten sind wichtig, weil sie viele Zusatzaufgaben leisten. Wenn jemand professionell und kompetent arbeitet, beginnt die eigentliche Arbeit erst ab dem Angebot. Man verkauft die Ware. Wenn die Ware ins Geschäft kommt, besucht man den Kunden. Man spricht mit den Mitarbeitern, man macht Produktschulungen. Man führt das Produkt in das Unternehmen ein, damit jene, die dort verkaufen, wissen, worum es geht. Man schaut, was funktioniert und was nicht funktioniert. Es gibt Renner-Penner-Austausche, Renner werden reingegeben, Penner werden rausgezogen.

Arbeiten Sie in einer Schlangengrube?

Ich kenne keine Branche, die keine Schlangengrube ist. Es gibt auch hier liebe und nicht liebe Branchenteilnehmer. Eine Schlangengrube ist es nur dann, wenn man sich selbst hineinbegibt.

Ich bin in diesem Bereich aufgewachsen. Meine Eltern waren schon vor 30 Jahren in der Branche. Mein Vater war nicht viel daheim. Wenn jemand ein guter Handelsagent ist, ist er hauptsächlich unterwegs und beim Kunden.

Bei Ihren Fahrten haben Sie aber auch viel Zeit?

Beim Autofahren wird telefoniert. Ich erledige in dieser Zeit meine Tätigkeiten am Telefon. Drei, vier Stunden nichts tun, das wäre eine Verschwendung von Zeit.

Was machen Sie als Nächstes?

Diese Woche bin ich in Salzburg und in Tirol. Nächste Woche geht es nach Wien und Niederösterreich und in die Steiermark. Übernächste Woche geht es nach Vorarlberg.

Verdienen Sie Geld auch im Schlaf?

Du kannst in der Branche überhaupt kein Geld mehr verdienen, wenn du schläfst. Keine Chance. Du musst ständig am Arbeiten sein. Selbstständig bedeutet „selbst und ständig". Nur weil wir auf Provisionsbasis arbeiten, heißt das nicht, dass man schlafen kann und trotzdem etwas verdient.

11.2 Bernhard Bastien, Buchhandlung Lerchenfeld (Wien)

Was haben Sie mit Handelsagenten zu tun?

Ich bin Buchhändler. Für mich gehört zum Buchhandel der Handelsagent, der jedenfalls zweimal im Jahr zu mir kommt und mir neue Bücher vorstellt. Ich kenne viele 20 Jahre und länger. Viele sind in Pension gegangen, es sind neue nachgekommen. Das ist ein freundschaftliches Verhältnis mit vielen von ihnen.

Ist der Kontakt wichtig?

Es ist nicht so, dass ich das Gefühl habe, jetzt kommt wer, und will mir was verkaufen, sondern es kommt jemand zu mir, und will mir helfen, gut einzukaufen. Das nehme ich gerne wahr, weil ich nicht alle Bücher vorher kennen und lesen kann. Jeder Handelsagent bringt Bücher aus seinem Programm den Buchhändlern näher.

Geht es nicht ohne Handelsagenten?

Es ist eine große Hilfe für mich, zweimal im Jahr nicht nur den Katalog zu bekommen oder eine anonyme E-Mail eines Verlages, sondern wirklich auch Hintergrundinformationen zu dem Buch. Vielleicht auch nur ein kleines Detail, vielleicht sagt er, da kommt kurz mal Bob Dylan, oder Musik ist ein Schwerpunkt in diesem Roman, und dann weiß ich, das könnte was für mich sein, weil ich das meinen Kunden näherbringen könnte. Ich bin also über die Handelsagenten sehr froh und könnte mir nicht vorstellen, ohne sie so gut einkaufen zu können.

Wie läuft eine Begegnung ab?

Der Kontakt findet auch zwischendurch statt. Wir haben Mail- oder Telefonkontakt, wenn wir etwas brauchen oder wenn etwas dazwischen angeboten wird. Manchmal kommen sie kurz rein, oder zeigen mir einen Schnellschuss, „das wäre was für euch, wie viel brauchst du?". Sonst läuft es so, dass ich mir ein paar Tage vorher die Kataloge des betreffenden Handelsagenten anschaue, dann kommt er, und wir setzen uns zusammen. Das dauert zwischen einer halben Stunde und zwei Stunden, je nachdem, wie viel er im Programm hat, das zu uns passt. Wir plaudern über die Literatur und die Bücher, die er anbietet. So entsteht die Bestellung.

Wer muss warten?

Bei uns ist es so, dass der Besuch des Handelsagenten während des Betriebs stattfindet. Freizeit ist heilig, gerade bei uns als Selbstständigen, wir arbeiten ohnehin genug. Wenn ein Kunde kommt oder anruft, oder wenn etwas schnell reinkommt, dann wird das Gespräch mit dem Handelsagenten unterbrochen und nachdem der Kunde bedient wurde, wird weitergemacht.

11.3   Christian Rebernig, Branchenvertreter der Handelsagenten (Wien)

Wie sagt man richtig?

Wir sprechen in Österreich vom Handelsagenten. Im Gegensatz zu unseren Kollegen in Deutschland, die Handelsvertreter verwenden. Wir möchten damit transportieren, dass es um einen Selbstständigen geht. Auch international ist der „Agent" Teil der Bezeichnung, im Englischen heißt es „Commercial Agent", in Italien, „Agente Commerciale" oder in Frankreich „Agent Commercial". Der Vertreter könnte auch angestellt sein. Der Handelsagent organisiert sein Unternehmen hingegen alleine.

Was macht ein Handelsagent?

Der Handelsagent versucht für einen Auftraggeber, Produkte am Markt zu platzieren. In der Regel ist der Kunde ein Fachhändler und das Geschäft läuft daher zwischen gewerblichen Unternehmern ab. Business-to-Business (B2B) also.

Warum ist das wichtig?

Der Vorteil ist, dass der Handelsagent beim Auftraggeber keine Kosten verursacht, der in der Regel ein Erzeuger aus dem KMU-Bereich ist, aus dem klein- und mittelbetrieblichen Bereich. Der Handelsagent verursacht für ihn daher weder Fixkosten noch Sozialabgaben, auch Reisekosten muss der Unternehmer nicht für den Handelsagenten bezahlen. Der Handelsagent bekommt nur, wenn er das Produkt erfolgreich am Markt platziert, eine Provision. Mit dieser Erfolgsprämie bestreitet er seinen Betrieb.

Wie viel verdient man als Handelsagent?

Unsere Studien zeigen, dass die Provision im Durchschnitt über sämtliche Branchen hinweg um etwa 4 % des Warenwertes ausmacht. Es könnte aus meiner Sicht auch vorkommen, dass man eine Provision von 40 % bekommt, aber das ist dann wirklich sehr branchenspezifisch, und es gibt auch viele Branchen, die sich wesentlich unter diesem Schnitt bewegen. € 23,2 Milliarden beträgt der Warenwert der Produkte, die jährlich durch österreichische Handelsagenten am Markt platziert werden. Auf einen Handelsagenten bezogen beträgt der jährliche, durchschnittliche Warenumsatz, den er für seinen Auftraggeber vermittelt, rund € 2,7 Millionen. Nehmen wir 4 % Provision an, bleibt dem Handelsagenten eine Jahres-Einnahme von knapp € 110.000. Damit bestreitet er seinen Betrieb, seine Reisekosten, seinen Unternehmerlohn und sonstige Aufwendungen.

Man muss den Kontakt zu Menschen schon mögen, oder?

Wir finden Handelsagenten in allen Branchen. Um überzeugend Produkte am Markt platzieren zu können, müssen Handelsagenten über Produktkenntnis und Branchenerfahrung verfügen. Zusätzlich benötigen sie Geschick im Umgang mit Menschen. Der Handelsagent muss die Menschlichkeit jedenfalls bei seinen Geschäftspartnern rüberbringen. Ansonsten lässt sich das Produkt beim Kunden nicht entsprechend platzieren. Dies ist ein großer Vorteil des Handelsagenten, da auch in Zukunft Geschäfte zwischen Menschen gemacht werden.

Quelle

ORF (2018) Ö1 Moment. Auszug aus einer Radiosendung: ORF Radio Österreich 1, 19.03.2018, 15:30 – 15:45 Uhr, durchgeführt von Lothar Bodingbauer

Ansprechpartner
in der Branchenvertretung

Burgenland
Willibald KRAJASICH, Obmann
Martina RAUCHBAUER, MSc, Geschäftsführerin
Robert Graf-Platz 1, 7000 Eisenstadt
T 05 90 907 DW 3330
E martina.rauchbauer@wkbgld.at

Dr. Gustav BREITER, Vertrauensanwalt
T 02236 220 50
E office@vbsn.at

Dr. Susanne KUEN, LL.M. Vertrauensanwältin
T 01 526 38 97
E office@ra-kuen.at

Kärnten
Wolfgang ZEICHNER, Obmann
Mag. Nikolaus GSTÄTTNER, Geschäftsführer
Europaplatz 1, 9021 Klagenfurt am Wörthersee
T 05 90 904 DW 300
E nikolaus.gstaettner@wkk.or.at

Mag. Alexander TODOR-KOSTIC, LL.M., Vertrauensanwalt
T 04274 200 80
E office@todor-kostic.at

Niederösterreich

Karl GERSTL, Obmann
Mag. Armin KLAUSER, Geschäftsführer
Wirtschaftskammerplatz 1, 3100 St. Pölten
T 02742 851 DW 19340
E handel.gremialgruppe4@wknoe.at

Dr. Gustav BREITER, Vertrauensanwalt
T 02236 220 50
E office@vbsn.at

Oberösterreich

Ing. Harald HUMPL, Obmann
DI Bernadette STEINMETZ, Geschäftsführerin
Hessenplatz 3, 4020 Linz
T 05 90 909 DW 4330 oder 4333
E handel3@wkooe.at

Mag. Wolfgang DENKMAIR, Vertrauensanwalt
T 0732 601 208
E wolfgang.denkmair@h2wd.at

Salzburg

Komm.-Rat Axel STURMBERGER, Obmann
Mag. Julia PEHAM-ZVER, Geschäftsführerin
Julius-Raab-Platz 1, 5027 Salzburg
T 0662 88 88 DW 259
E handelsagenten@wks.at

Dr. Erich SCHWARZ, Vertrauensanwalt
Mag. Christopher SCHMIED
T 0662 87 61 57-0
E kontakt@rechtsanwalt-salzburg.at

Steiermark

Komm.-Rat Johann FÜRNTRATT, Obmann

Mag. Johannes KLEMM, Geschäftsführer

Körblergasse 111 – 113, 8010 Graz

T 0316 601 DW 574

E 311@wkstmk.at

Mag. Michael MEDWED, Vertrauensanwalt

T 0316 82 00 08

E office@medwed-graz.at

Mag. Robert PÖSCHL, Vertrauensanwalt

T 0316 82 87 49-0

E office@ra-poeschl.at

Tirol

Komm.-Rat Robert M. HIEGER, Obmann

Dr. Karolina HOLAUS, Geschäftsführerin

Wilhelm-Greil-Straße 7, 6020 Innsbruck

T 05 90 905 DW 1432

E karolina.holaus@wktirol.at

Mag. Harald LAJLAR, Vertrauensanwalt

T 0512 58 30 740

E lajlar@kanzlei-tirol.at

Vorarlberg

Peter AMANN, Obmann

Wolfgang WÖLFLE, Geschäftsführer

Wichnergasse 9, 6800 Feldkirch

T 05522 305 DW 343

E woelfle.wolfgang@wkv.at

Dr. Ekkehard BECHTOLD, Vertrauensanwalt

T 05572 25706

E info@anwaltskanzlei-am-marktplatz.at

Wien

Komm.-Rat Walter KRAMMER, Obmann

Andreas GURGHIANU, Geschäftsführer

Schwarzenbergplatz 14, 1040 Wien

T 01 514 50 DW 3252

E handelsagenten@wkw.at

Dr. Gustav BREITER, Vertrauensanwalt

T 02236 220 50

E office@vbsn.at

Bundesgremium der Handelsagenten

Komm.-Rat Robert M. HIEGER, Obmann

Mag. Christian REBERNIG, Geschäftsführer

Wiedner Hauptstraße 57, 1040 Wien

T 05 90 900 DW 3375

E handelsagenten@wko.at

W www.handelsagenten.at

Dr. Gustav BREITER, Vertrauensanwalt

T 02236 220 50

E gustav.breiter@vbsn.at

Mag. Ursula KILZER, Vertrauens-Steuerberaterin

Tel. 01 211 78

E u.kilzer@bollenberger.com

IUCAB – Internationally United Commercial Agents and Brokers

Olivier MAZOYER, Präsident

Mag. Christian REBERNIG, Generalsekretär

Wiedner Hauptstraße 57, 1040 Wien

T 05 90 900 DW 3379

E info@iucab.com

W www.iucab.com

Ehrenkodex der Handelsagenten Österreichs

Der Ehrenkodex enthält die Maxime qualitäts- und verantwortungsbewusster österreichischer Handelsagenten. Der Ehrenkodex verdeutlicht das Selbstverständnis des gesamten Berufsstandes und dient der freiwilligen Selbstkontrolle des einzelnen Handelsagenten.

Die 10 Punkte des Ehrenkodex

1. Die Handelsagenten sind sich ihrer unternehmerischen Verantwortung gegenüber Auftraggebern, Kunden und Mitarbeitern bewusst.

2. Sie handeln daher jederzeit mit der Sorgfalt eines ordentlichen Kaufmannes.

3. Sie bemühen sich darum, die Qualität ihrer Dienstleistung hinsichtlich Kompetenz und Organisation den Erfordernissen anzupassen.

4. Sie betrachten es als ihre vorrangige Aufgabe, die Interessen ihrer Auftraggeber in allen kaufmännischen Belangen mit der gebotenen Verlässlichkeit zu schützen und zu fördern.

5. Gemäß ihrer Verantwortung gegenüber dem Auftraggeber übernehmen sie nur jene Vertretungen, für die sie eine professionelle Betreuung gewährleisten können.

6. Ebenso vermeiden sie es, unmittelbare Wettbewerber gleichzeitig zu vertreten.

7. Im Interesse aller beteiligten Parteien streben die Handelsagenten nach einem nachhaltigen, verantwortungsvollen und fairen Verhältnis zu ihren Kunden.

8. Die Vorteile der Synergien aus der gleichzeitigen Betreuung mehrerer Auftraggeber lassen Handelsagenten allen vertretenen Unternehmen in angemessener Weise zuteilwerden.

9. Gegenüber ihren Kollegen verhalten sich Handelsagenten gemäß den Grundsätzen des lauteren Wettbewerbs.

10. Durch seriöse und professionelle Berufsausübung leisten Handelsagenten ihren Beitrag zum positiven Image des Berufsstandes.